AF310849

LEÇONS DE SOLFÈGE

SUR TOUTES LES CLEFS ET A CHANGEMENTS DE CLEF

EN DEUX LIVRES

1er LIVRE	2e LIVRE
Leçons Faciles et de Moyenne Force	Leçons Difficiles et Très Difficiles

COMPOSÉES POUR LES CLASSES DU CONSERVATOIRE

PAR

ÉDOUARD BATISTE

Professeur de Solfège au Conservatoire

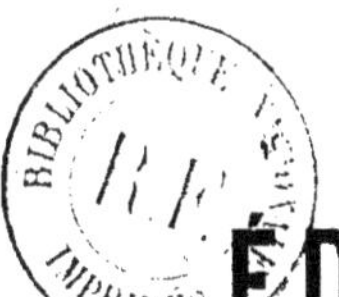

Pour faire suite à son traité **L'Étude élémentaire des Clefs**
et pour accompagner et compléter les **Leçons de Solfège à changements
de clef**, composées par Cherubini, Auber et Ambroise Thomas,
Directeurs successifs du Conservatoire de Paris

Chaque livre avec accompagnement de piano, prix net : **8** *francs*

Édition populaire sans accompagnement de piano
Chaque livre, prix net : **2** *fr.* **50** *c.*

PARIS

AU MÉNESTREL, 2bis, RUE VIVIENNE, HENRI HEUGEL

Éditeur des Solfèges et Méthodes du Conservatoire

PROPRIÉTÉ POUR TOUS PAYS — TOUS DROITS DE REPRODUCTION RÉSERVÉS

4886

Vm⁸. 1075

AU MÉNESTREL
Vivienne
HEUGEL

TABLE

PREMIER LIVRE

LEÇONS FACILES

DEUXIÈME LIVRE

PARIS. — IMPRIMERIE CHAIX, 20, RUE BERGÈRE. — 14708-6.

SOLFÉGES SUR TOUTES LES CLES

et

A CHANGEMENT DE CLÉS

par

EDOUARD BATISTE

2ᵉ LIVRE

LECONS ASSEZ DIFFICILES

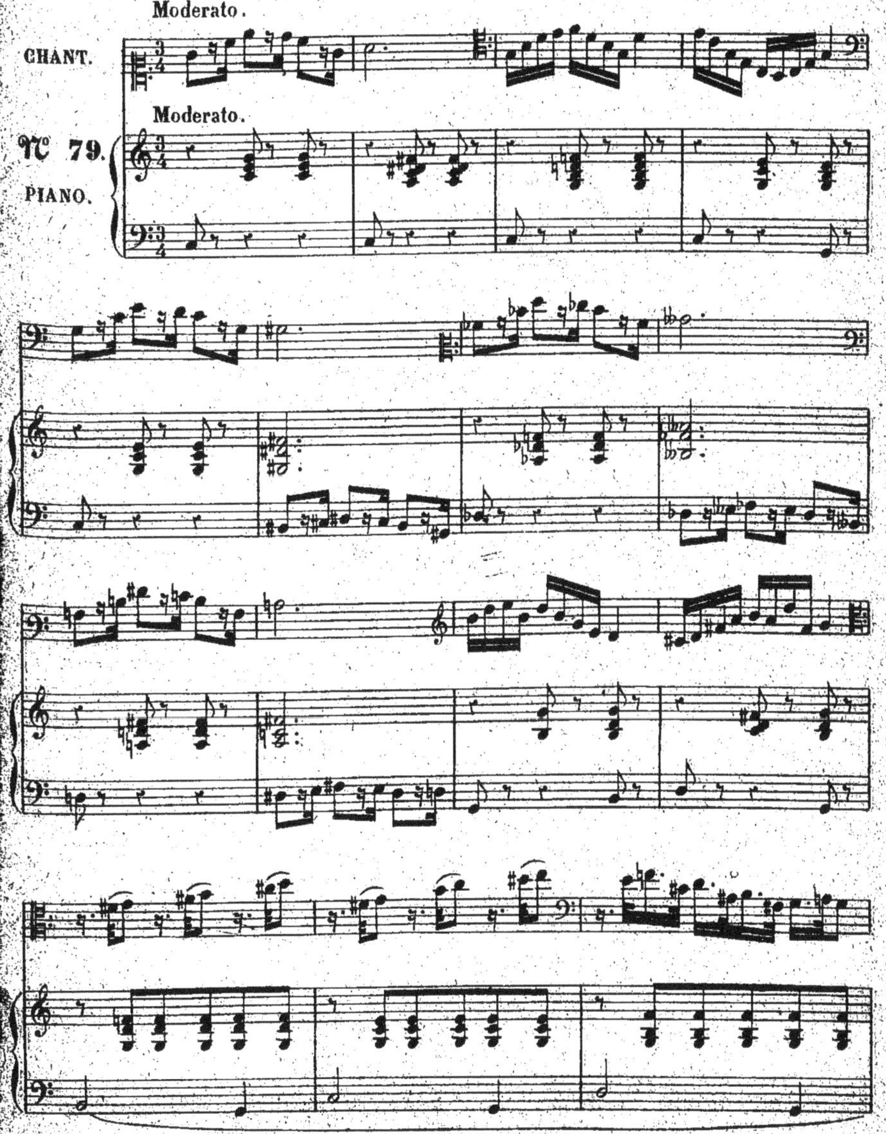

Paris, AU MÉNESTREL, 2ᵇⁱˢ rue Vivienne.

HENRI HEUGEL, Éditeur.

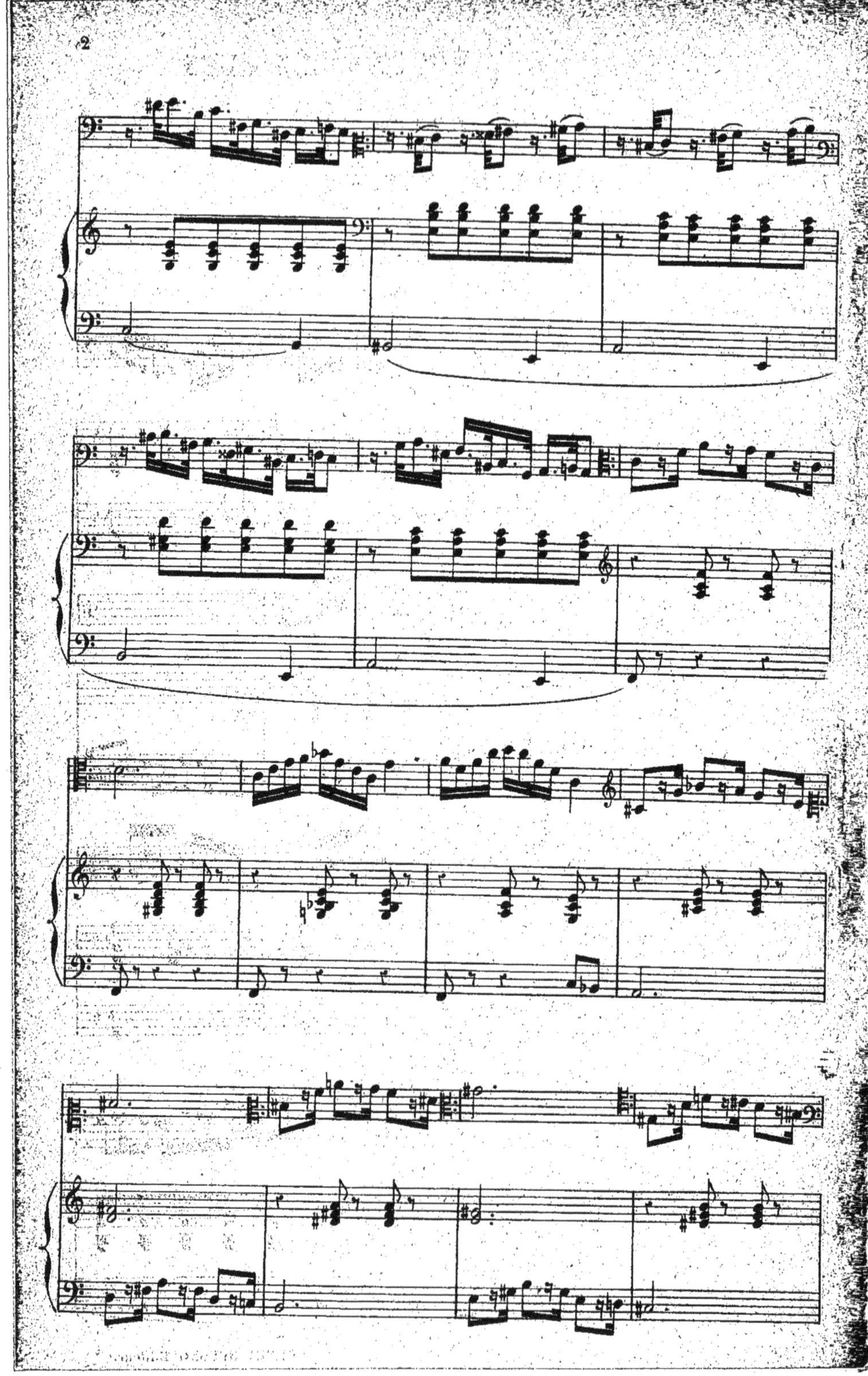

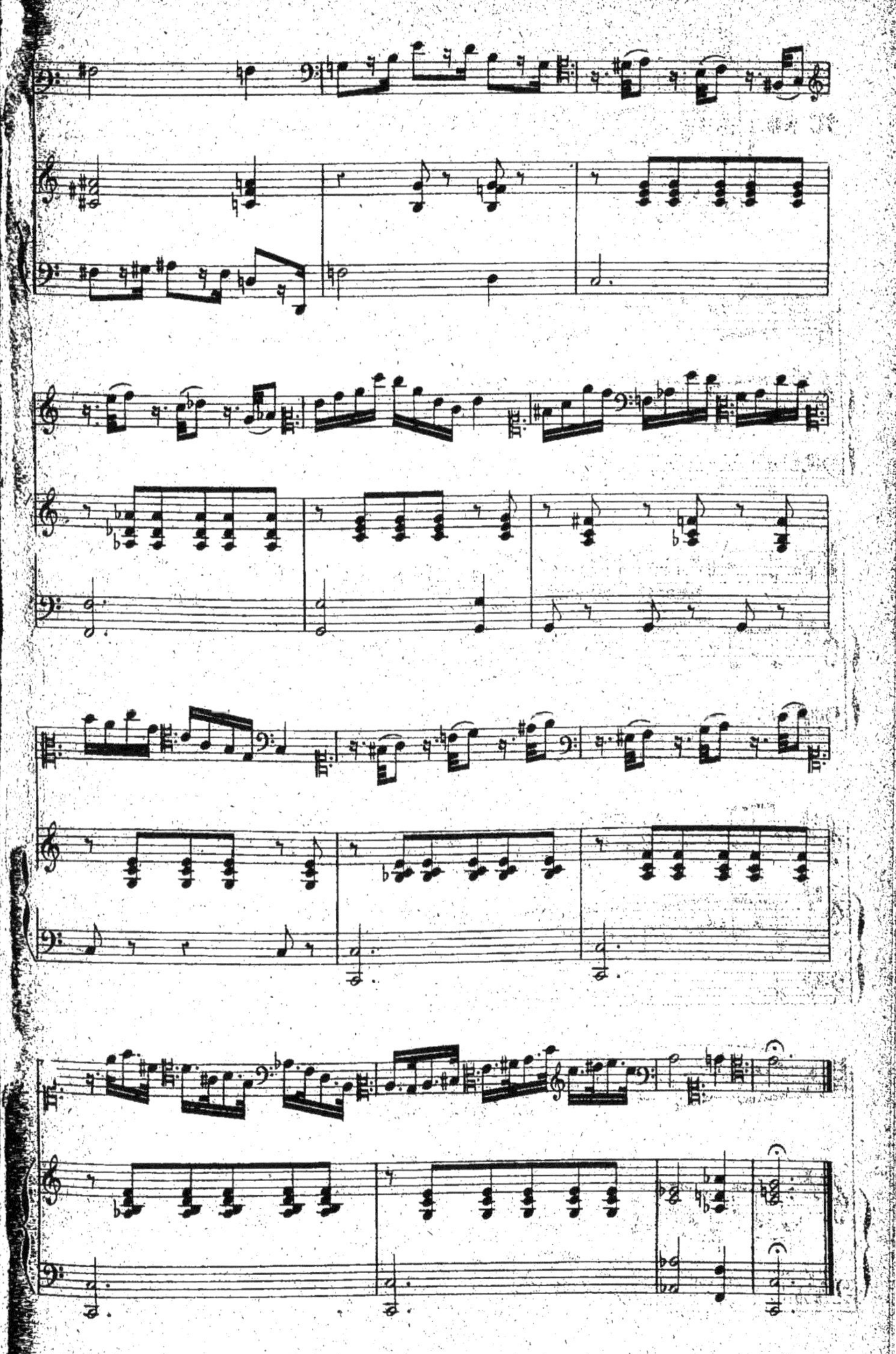

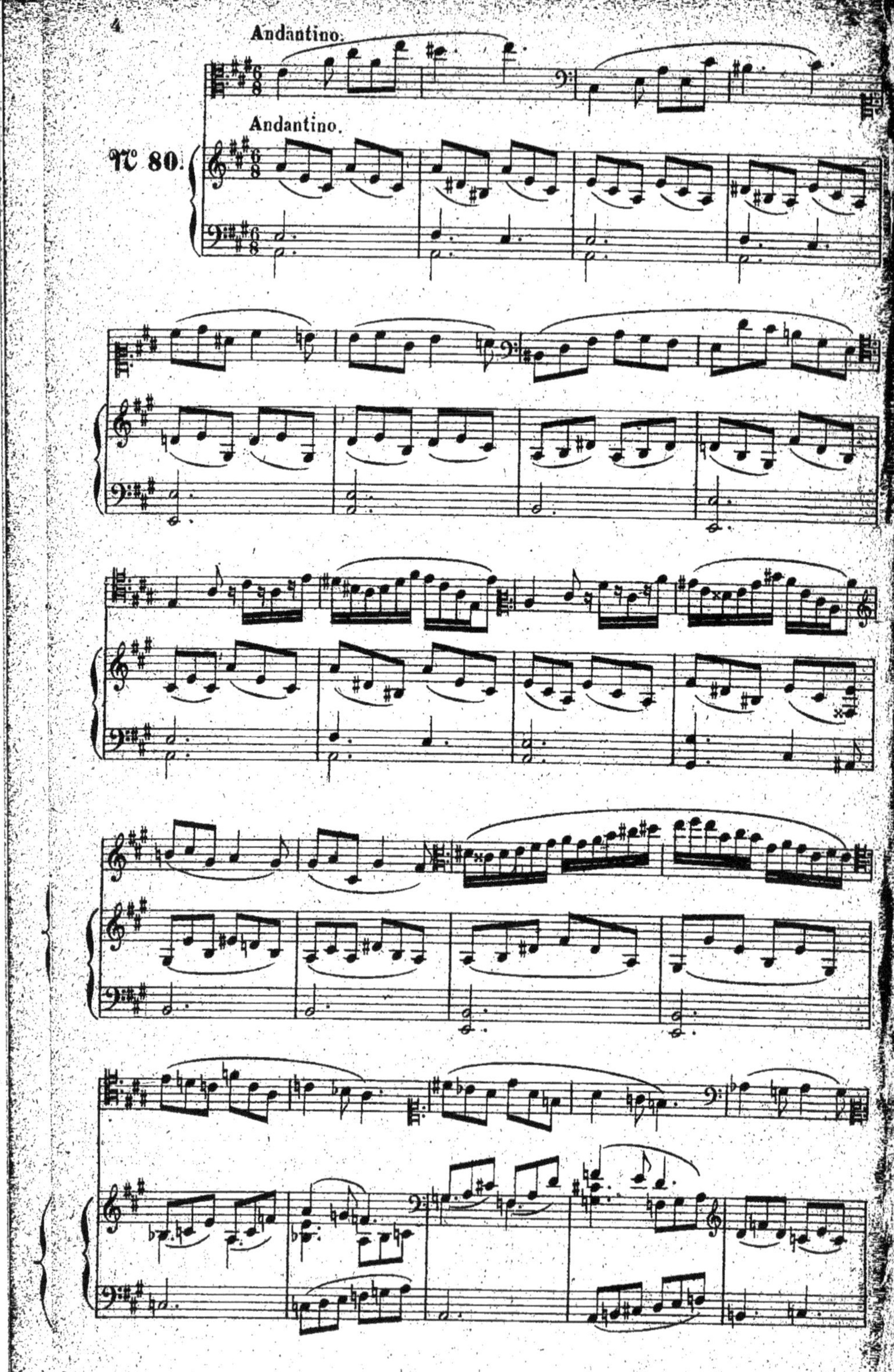
4
Andantino.
Andantino.
N° 80.

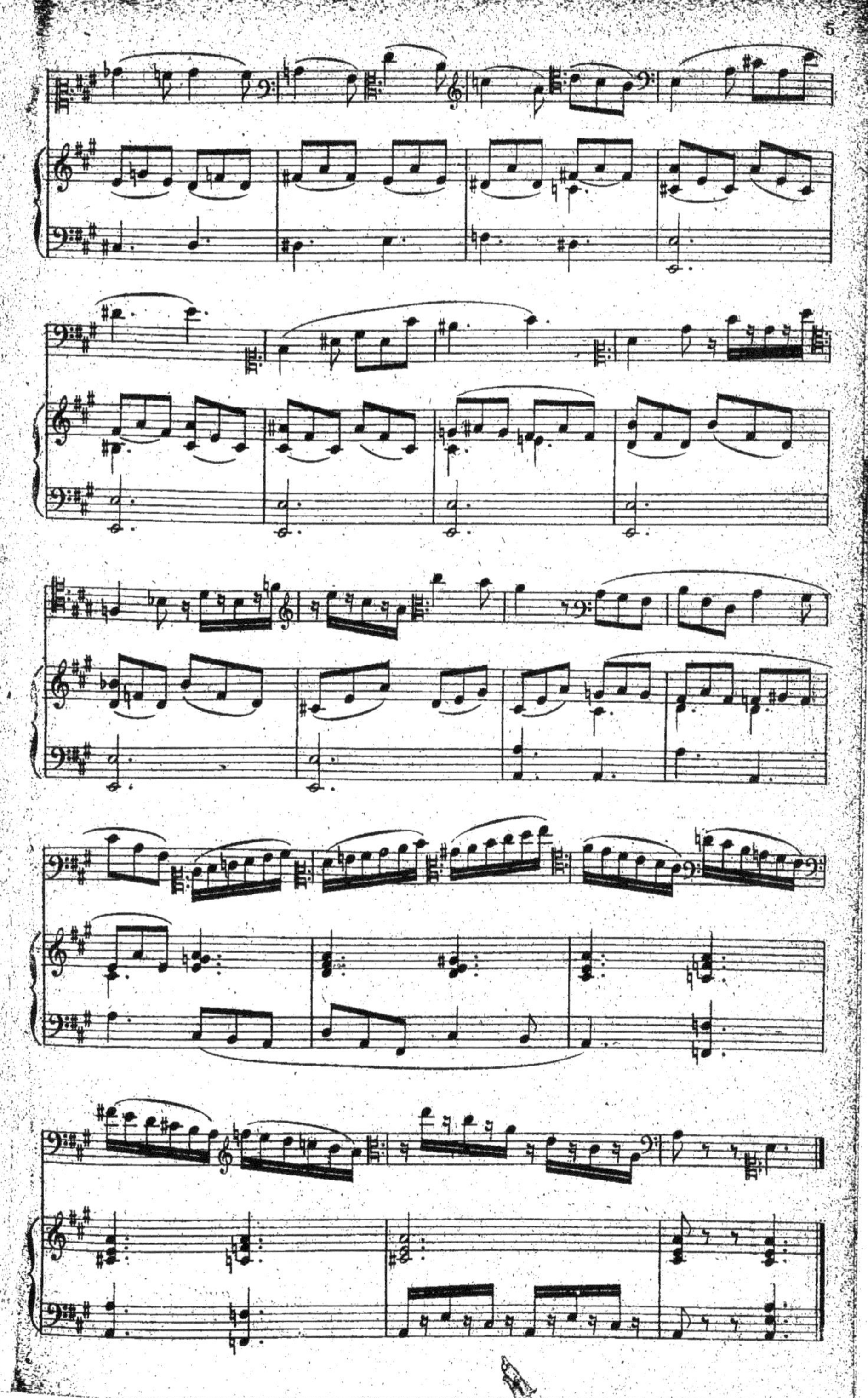

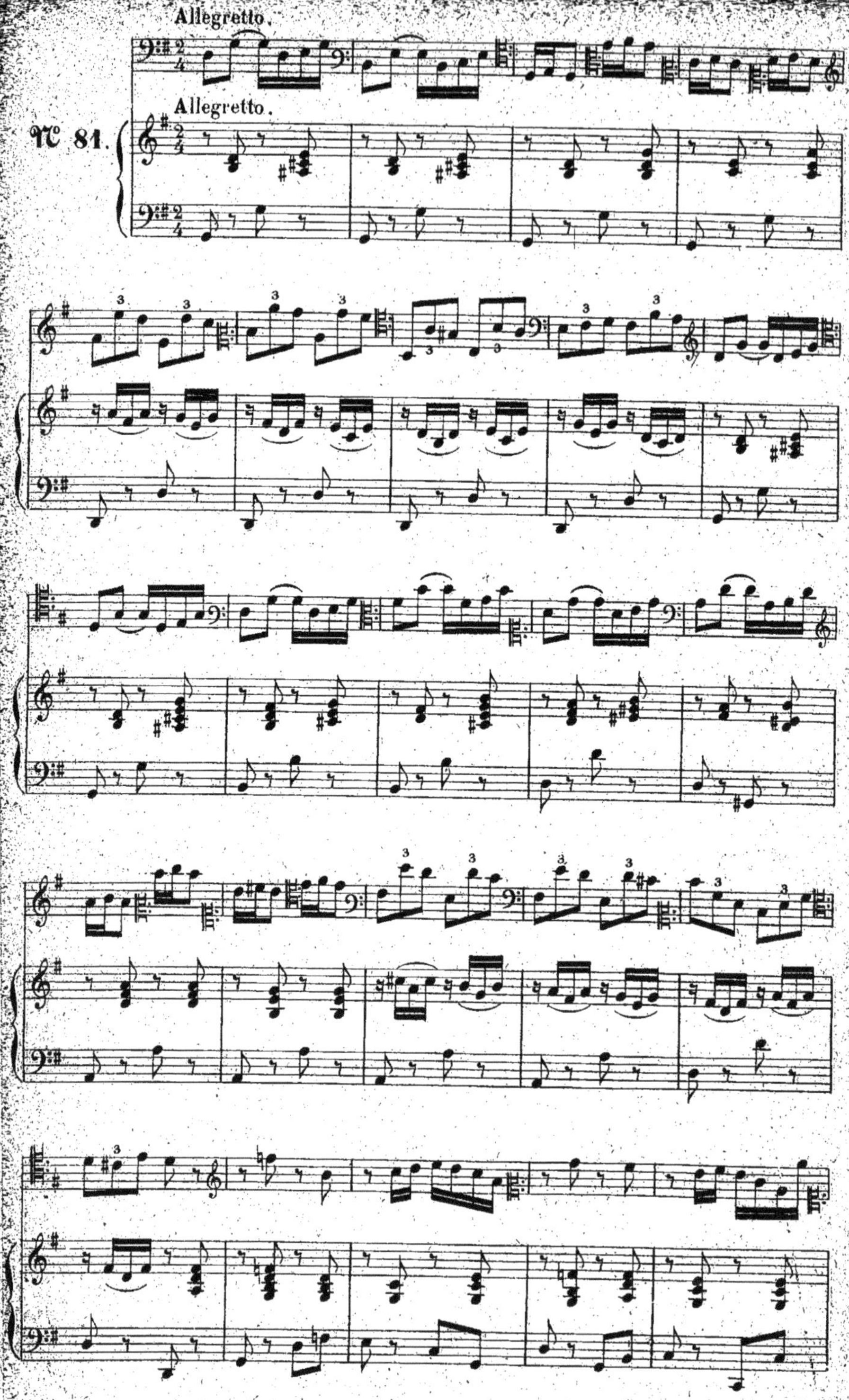

Allegretto.
Allegretto.
№ 81.

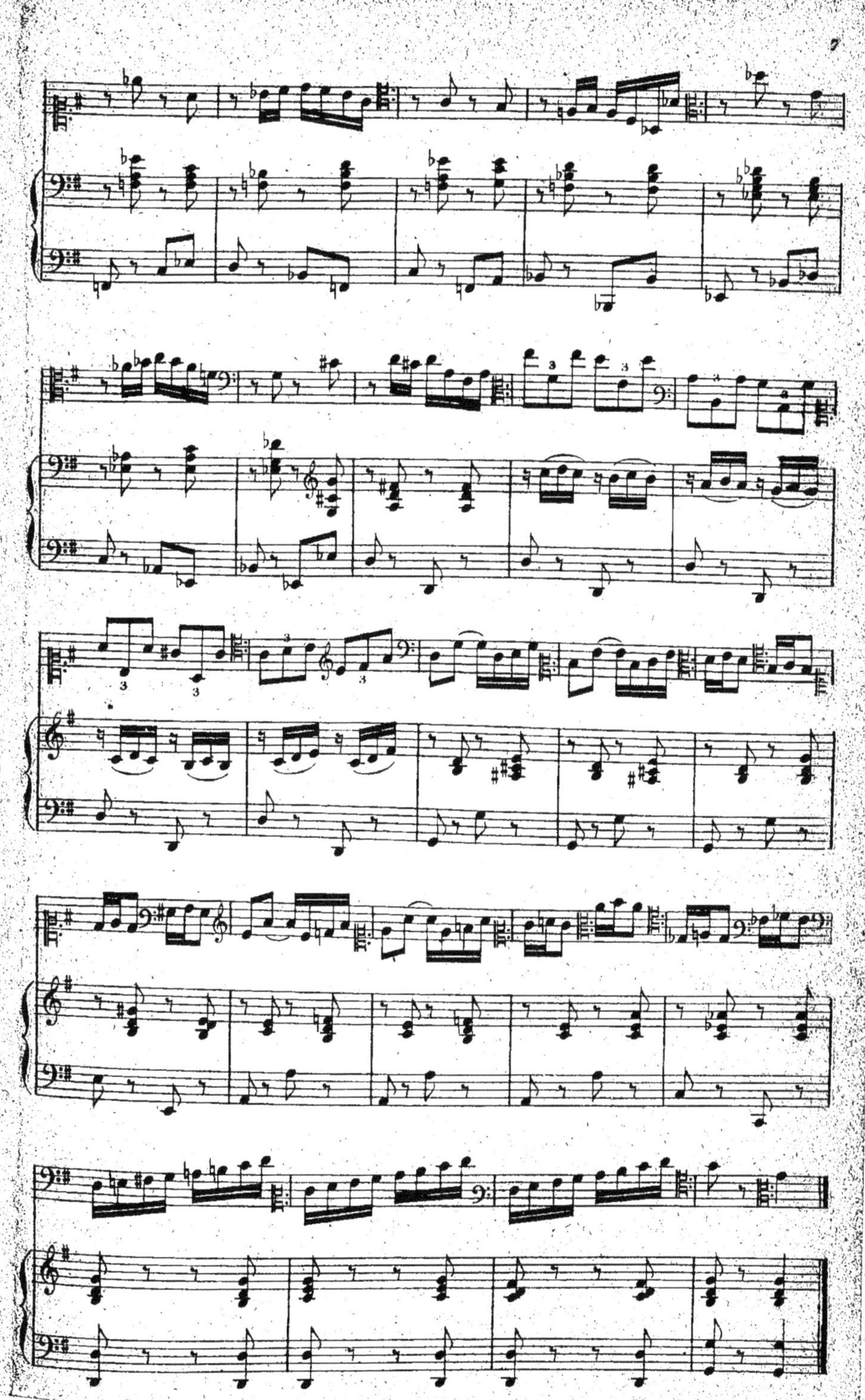

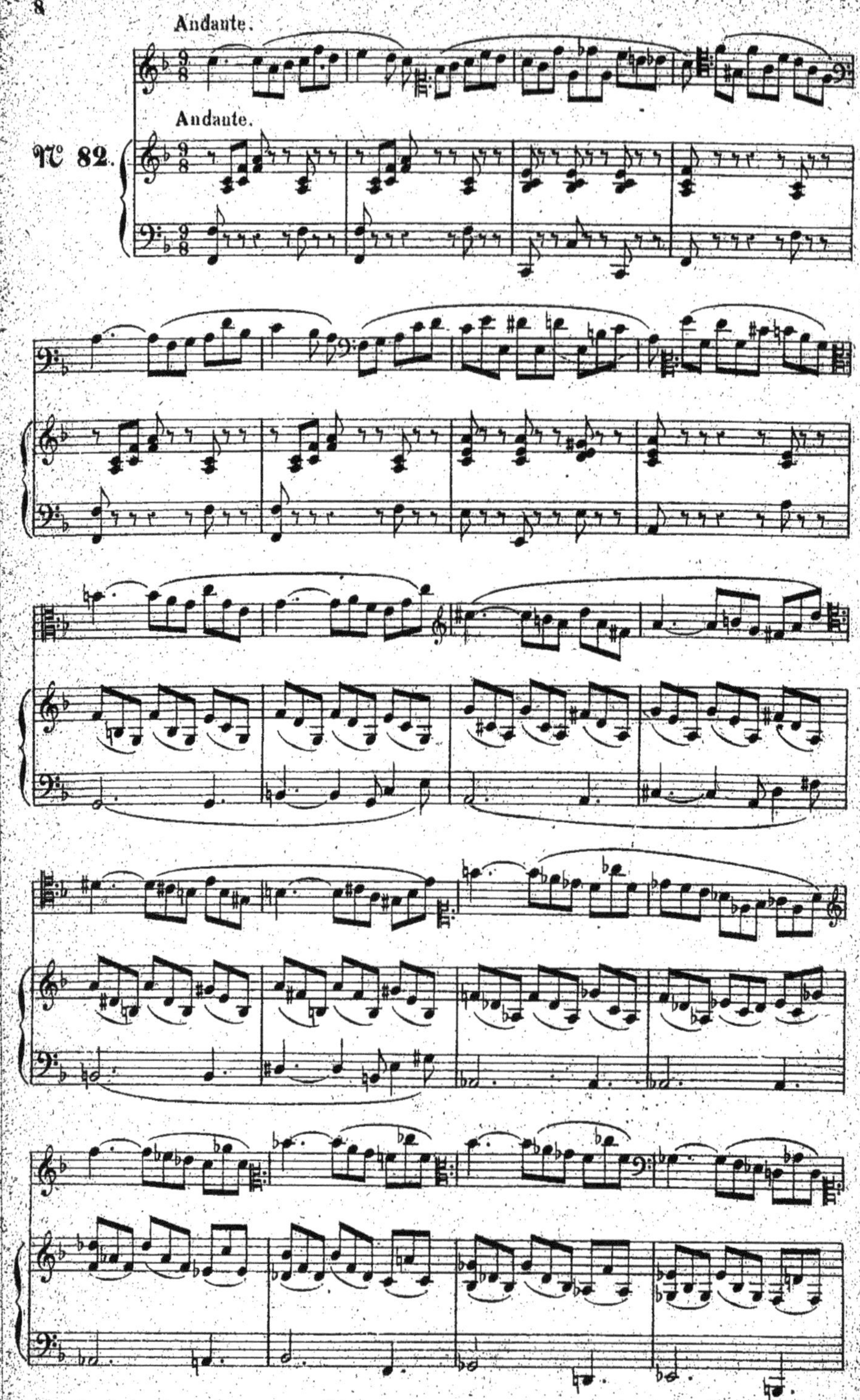
Andante.
Andante.
N.º 82.

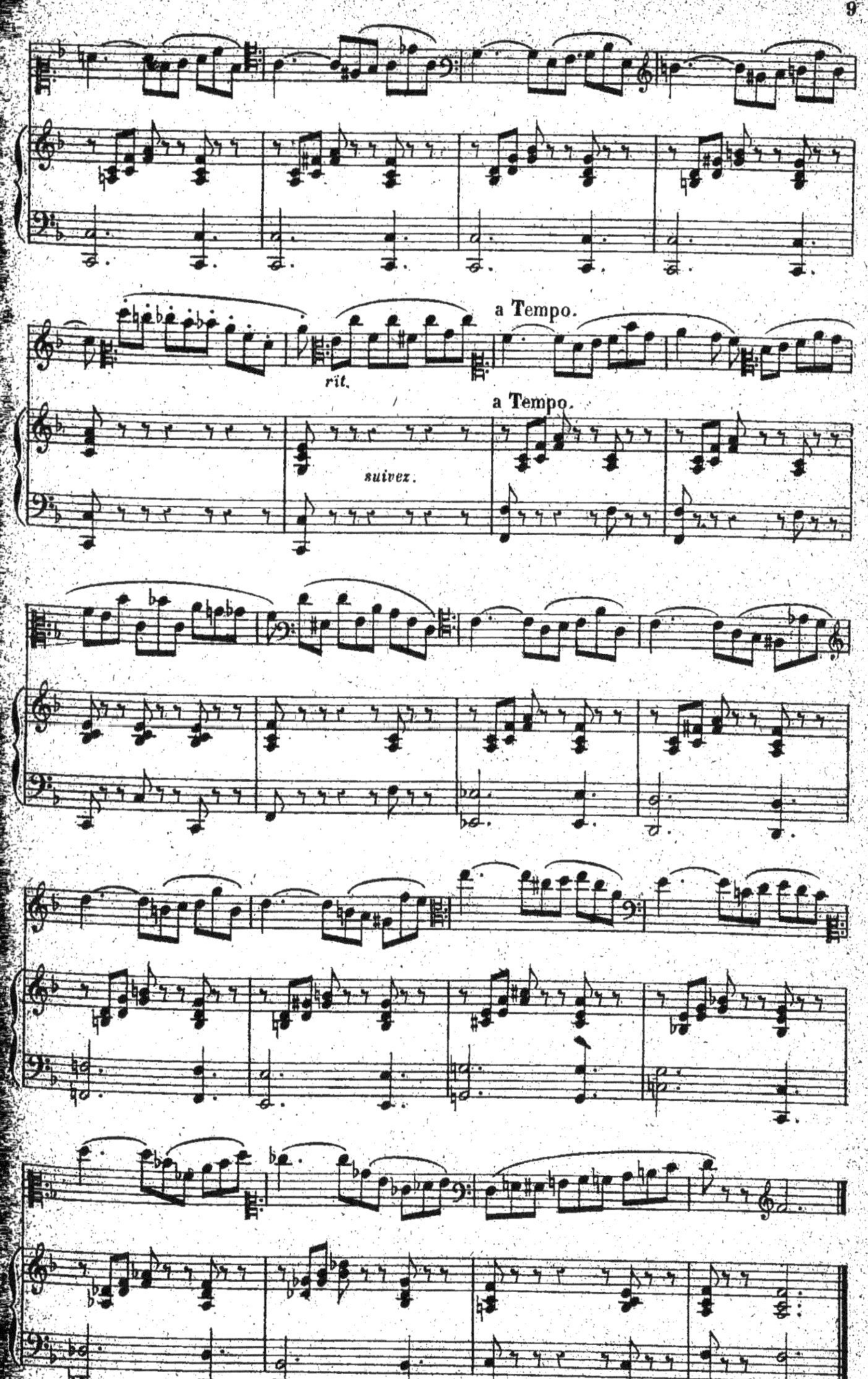
a Tempo.
rit.
a Tempo.
suivez.

10
Maestoso.
Maestoso.
№ 83.

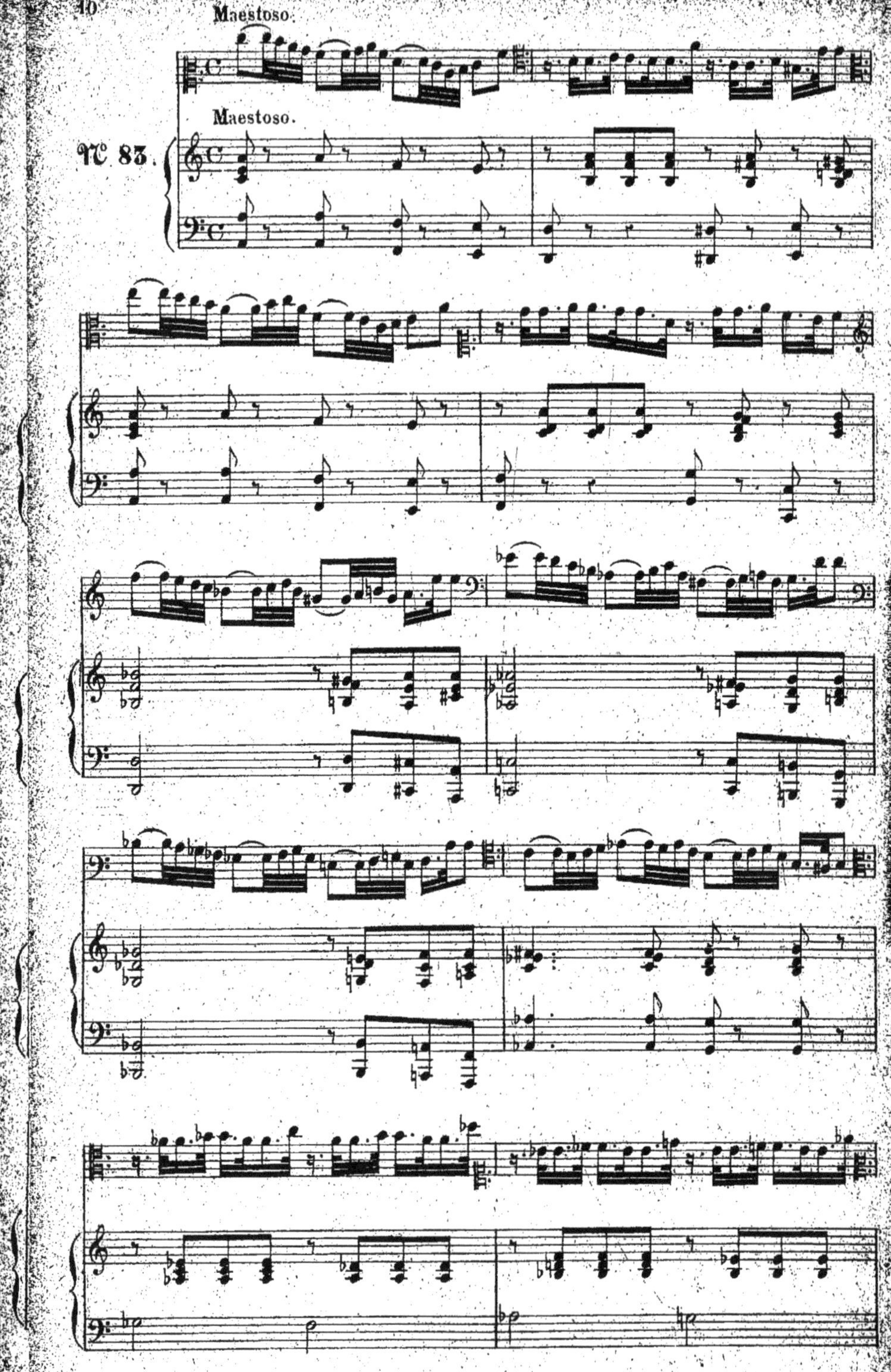

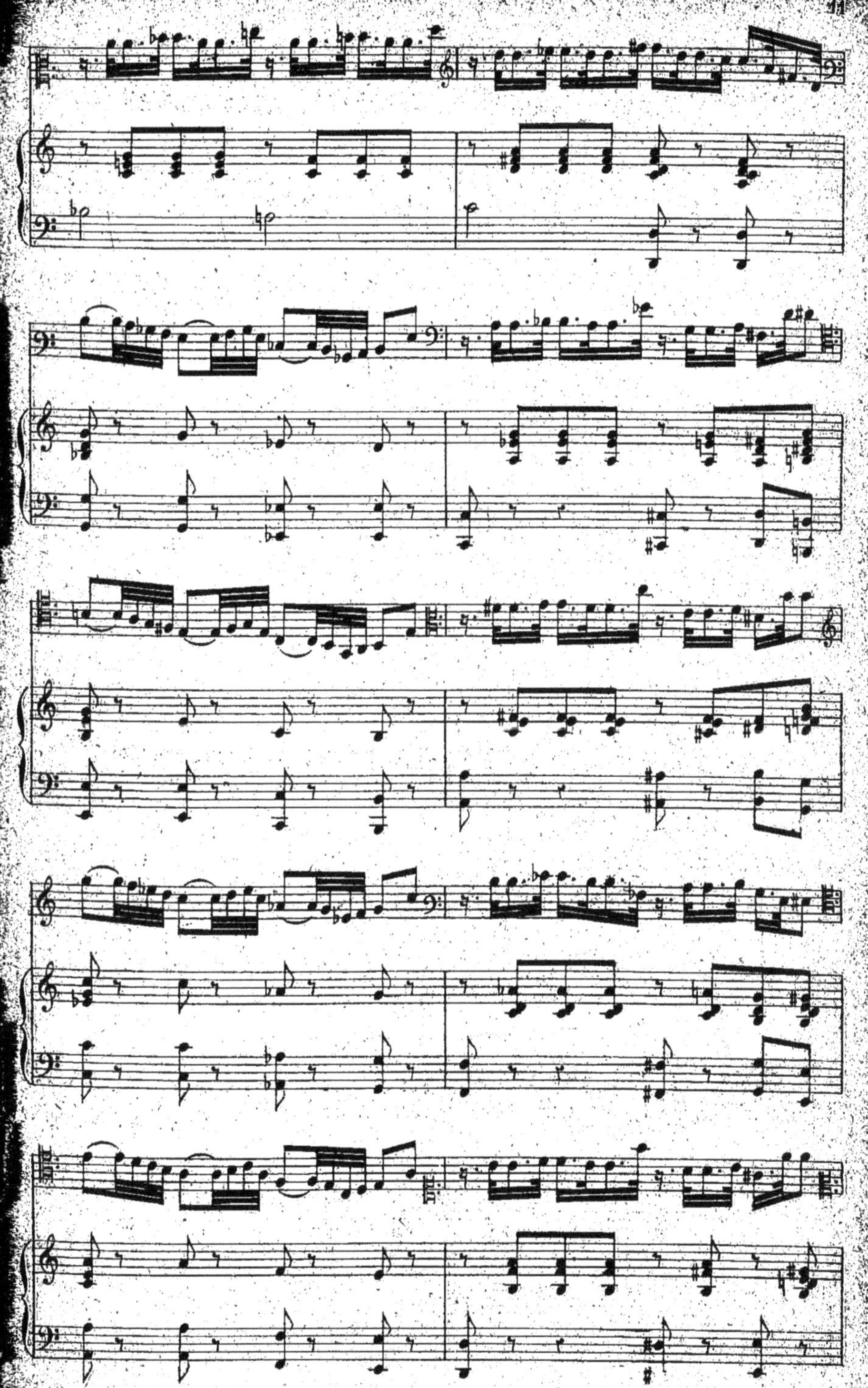

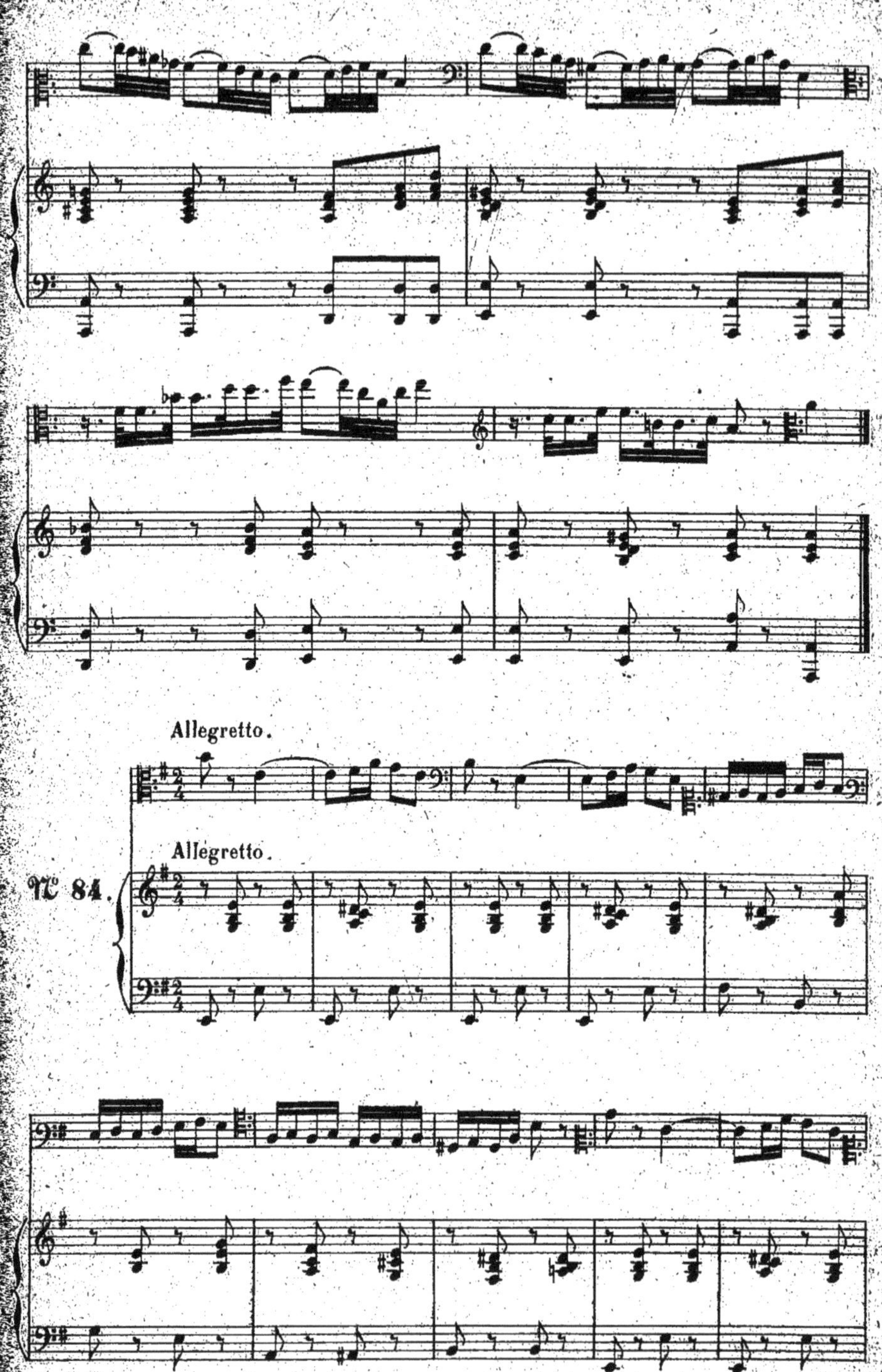

12.
Allegretto.
Allegretto.
N° 84.

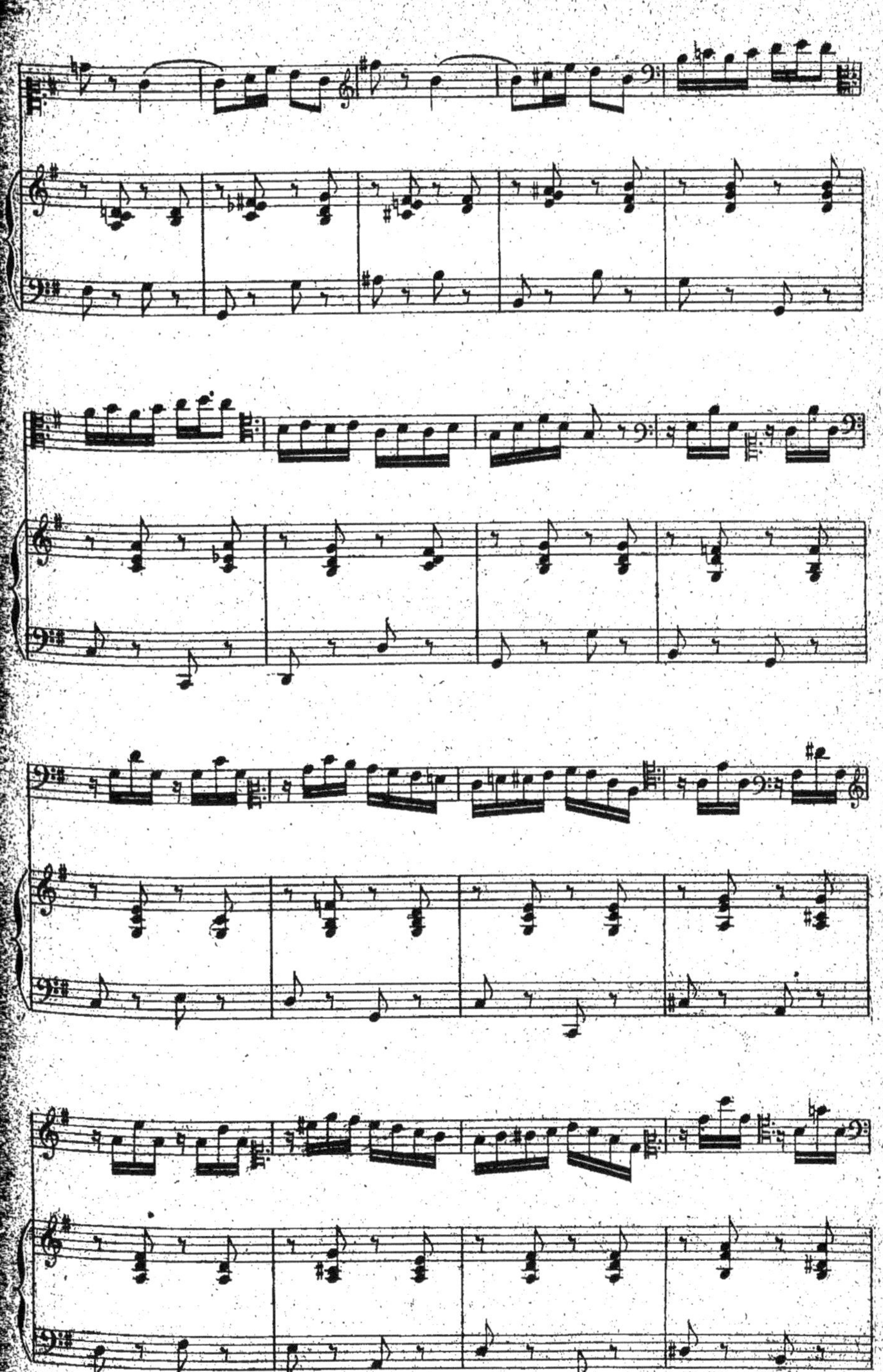

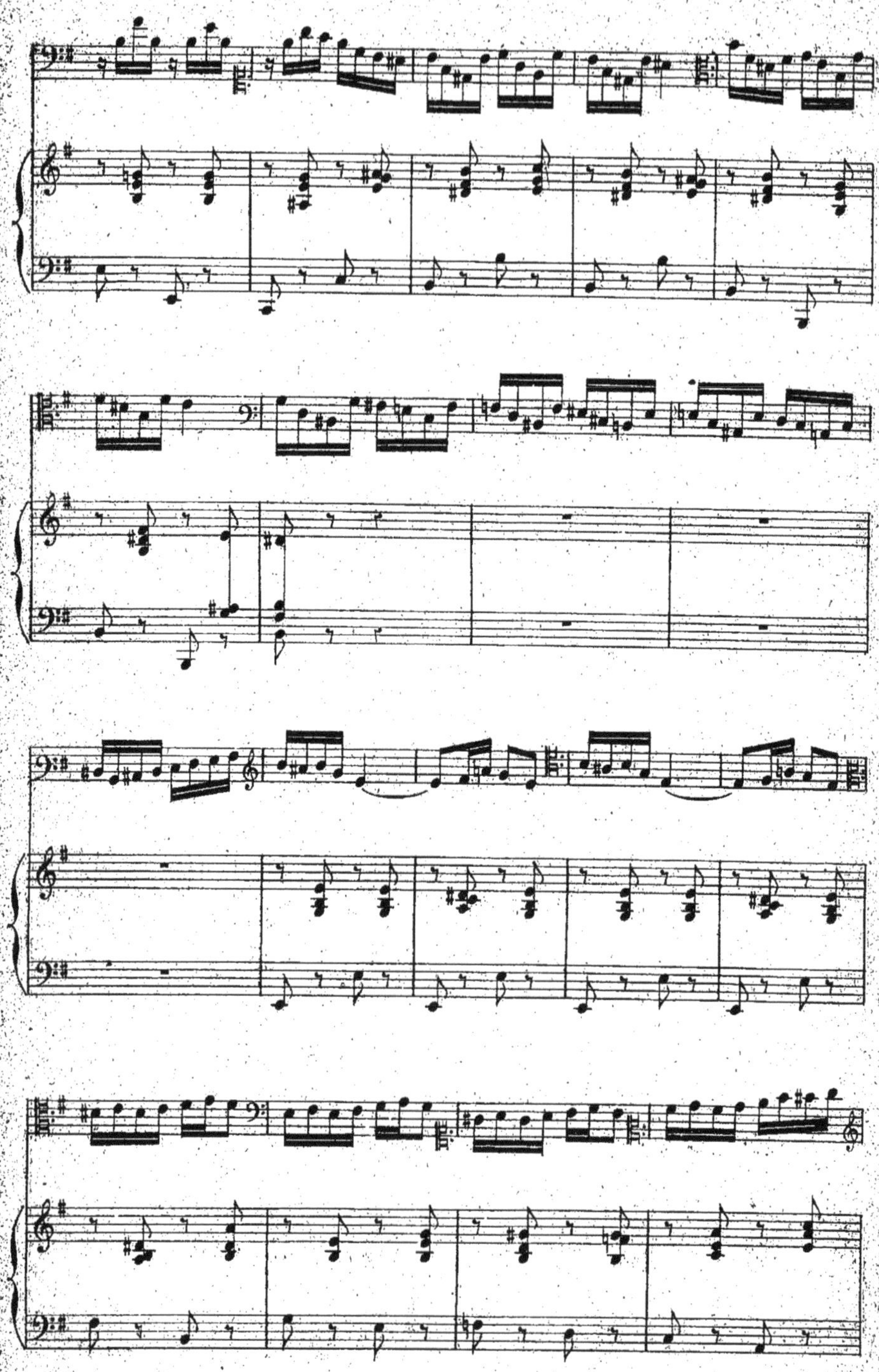

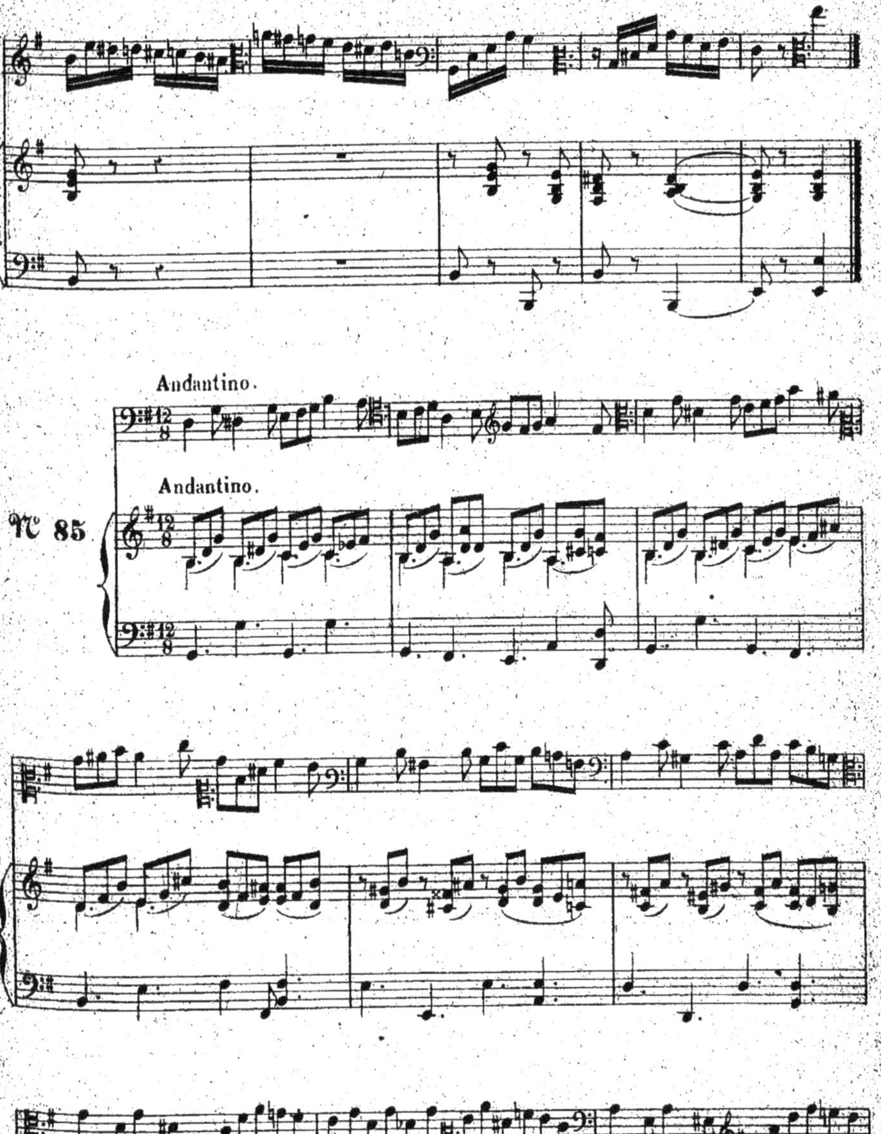

Andantino.
Andantino.
N° 85

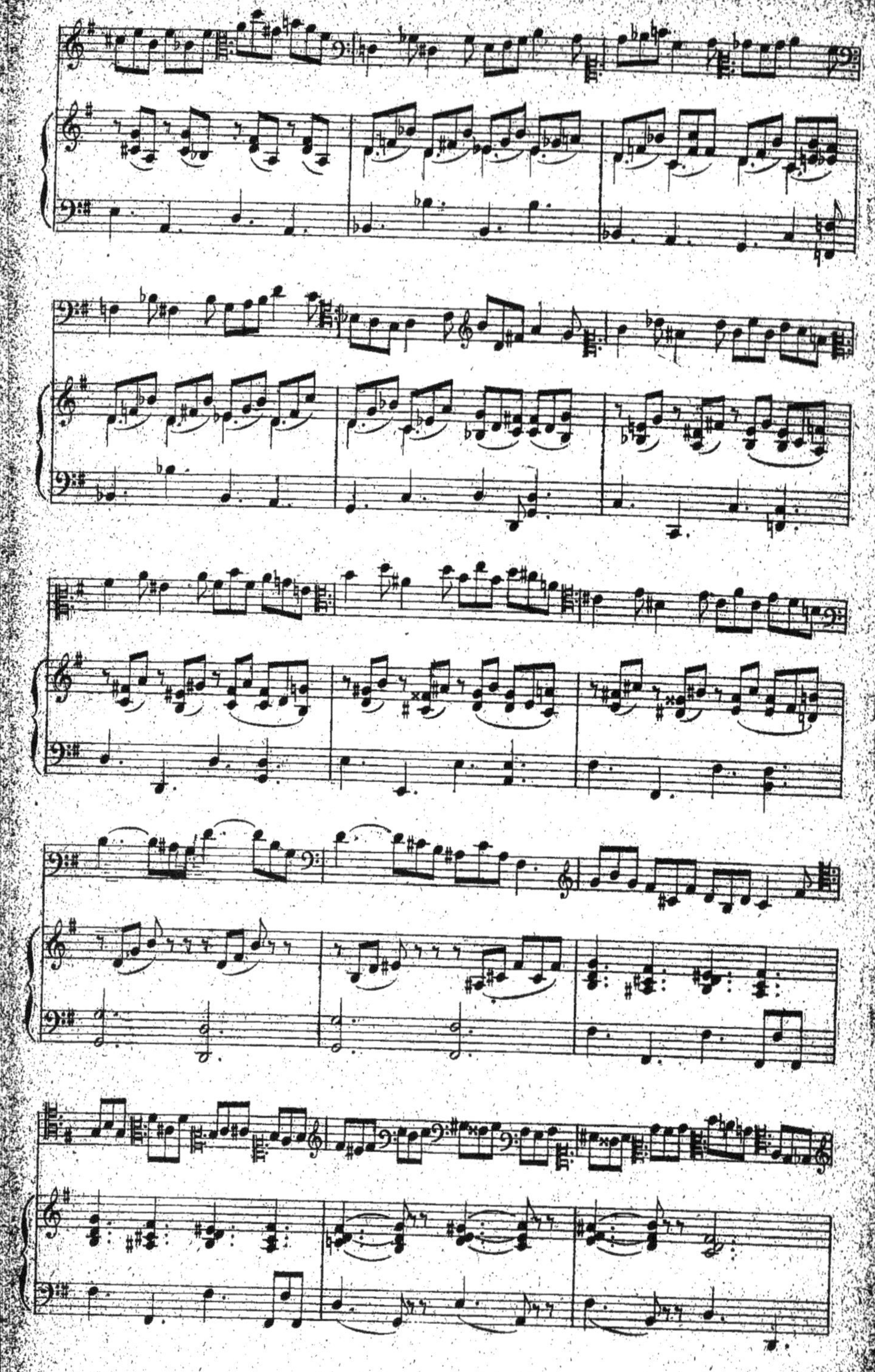

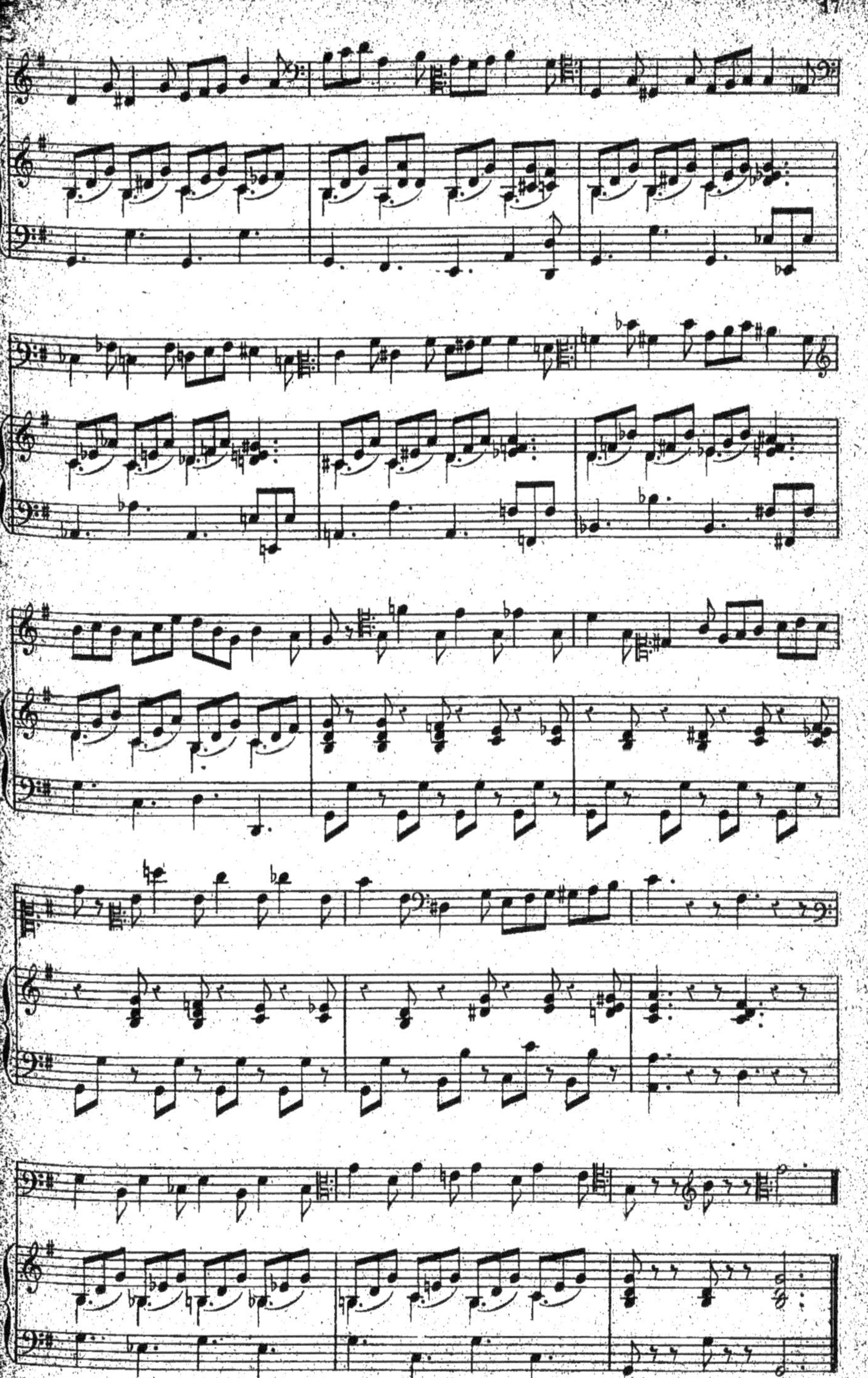

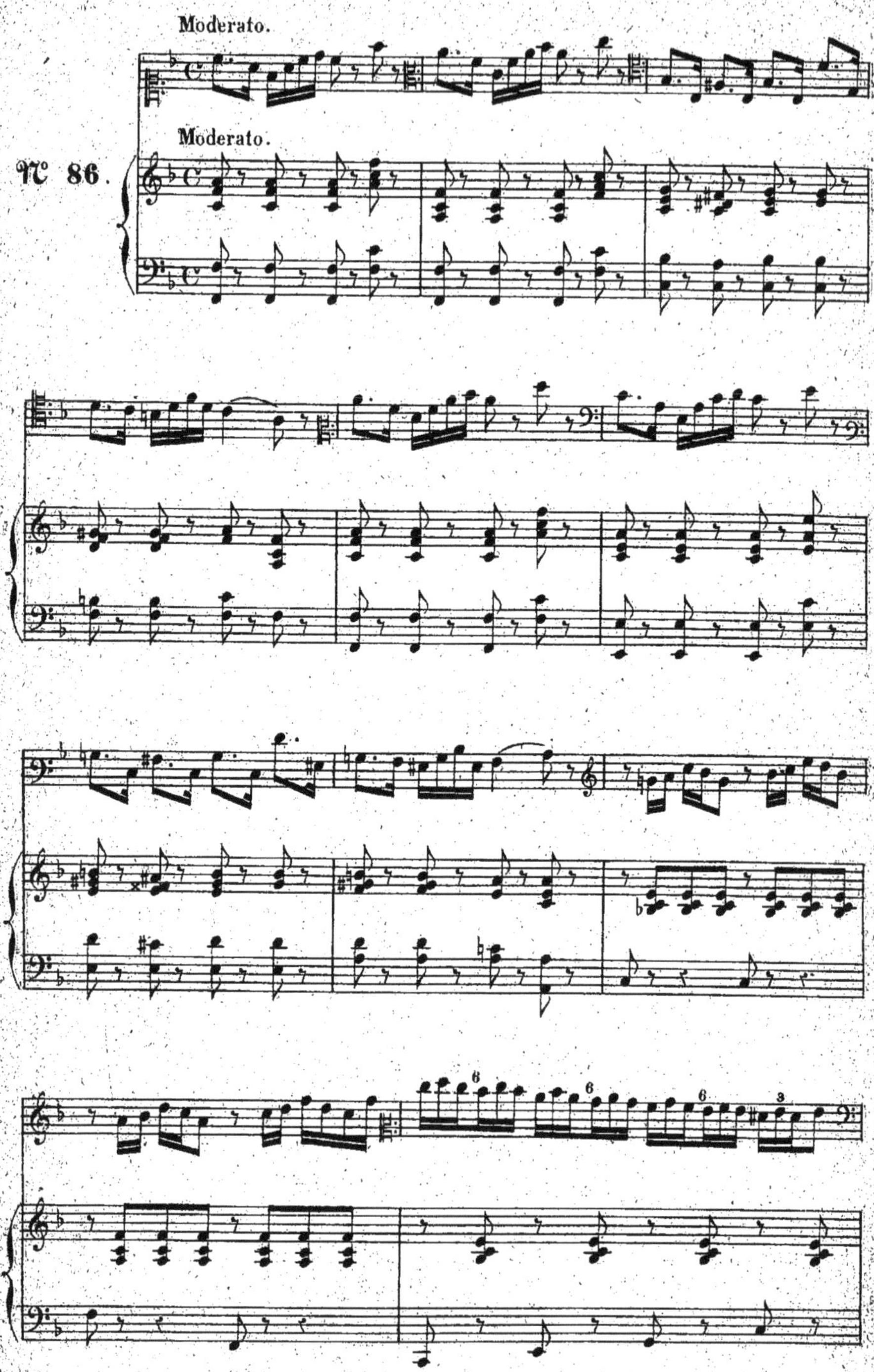
Moderato.
Moderato.
Nº 86.

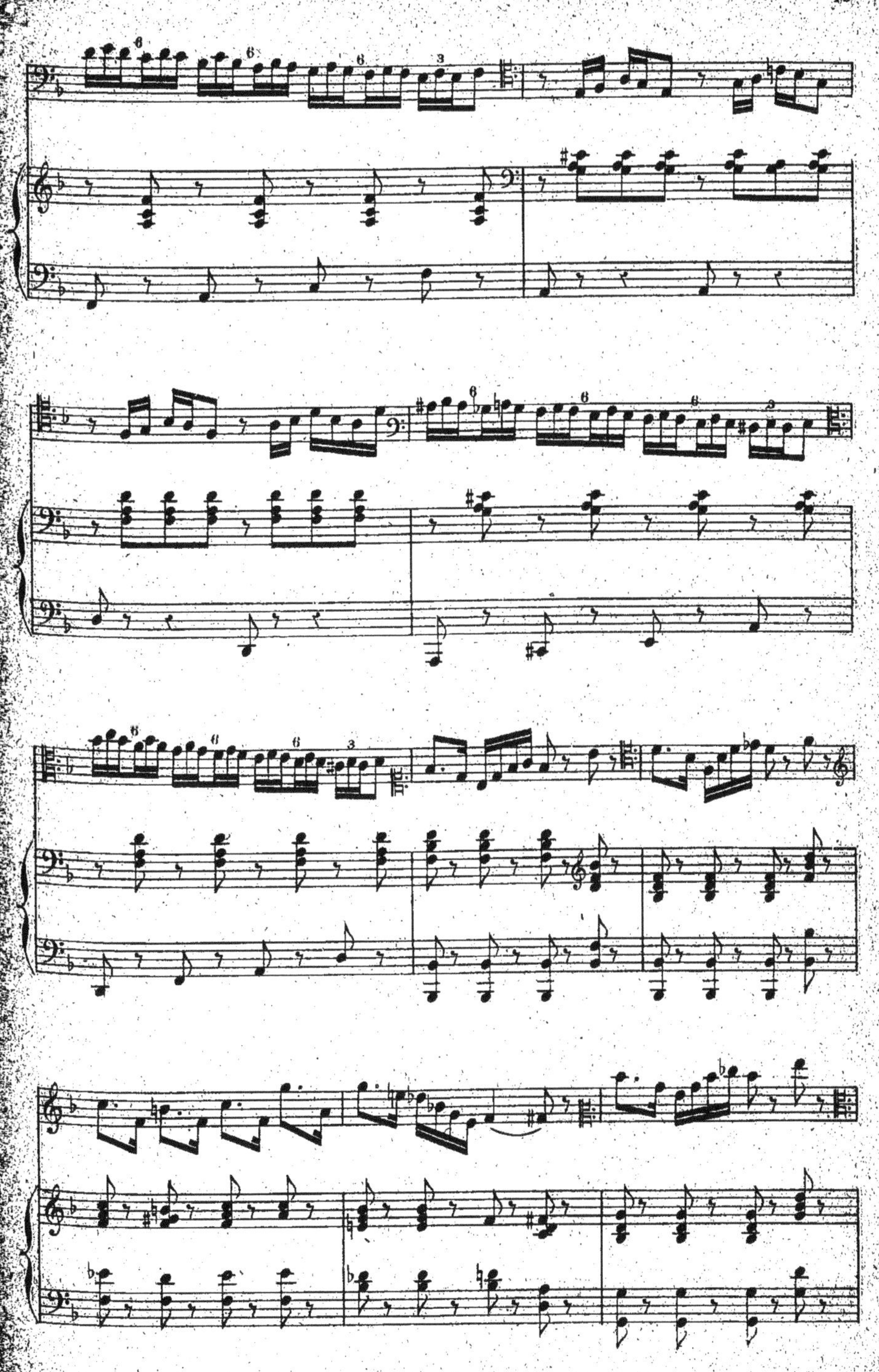

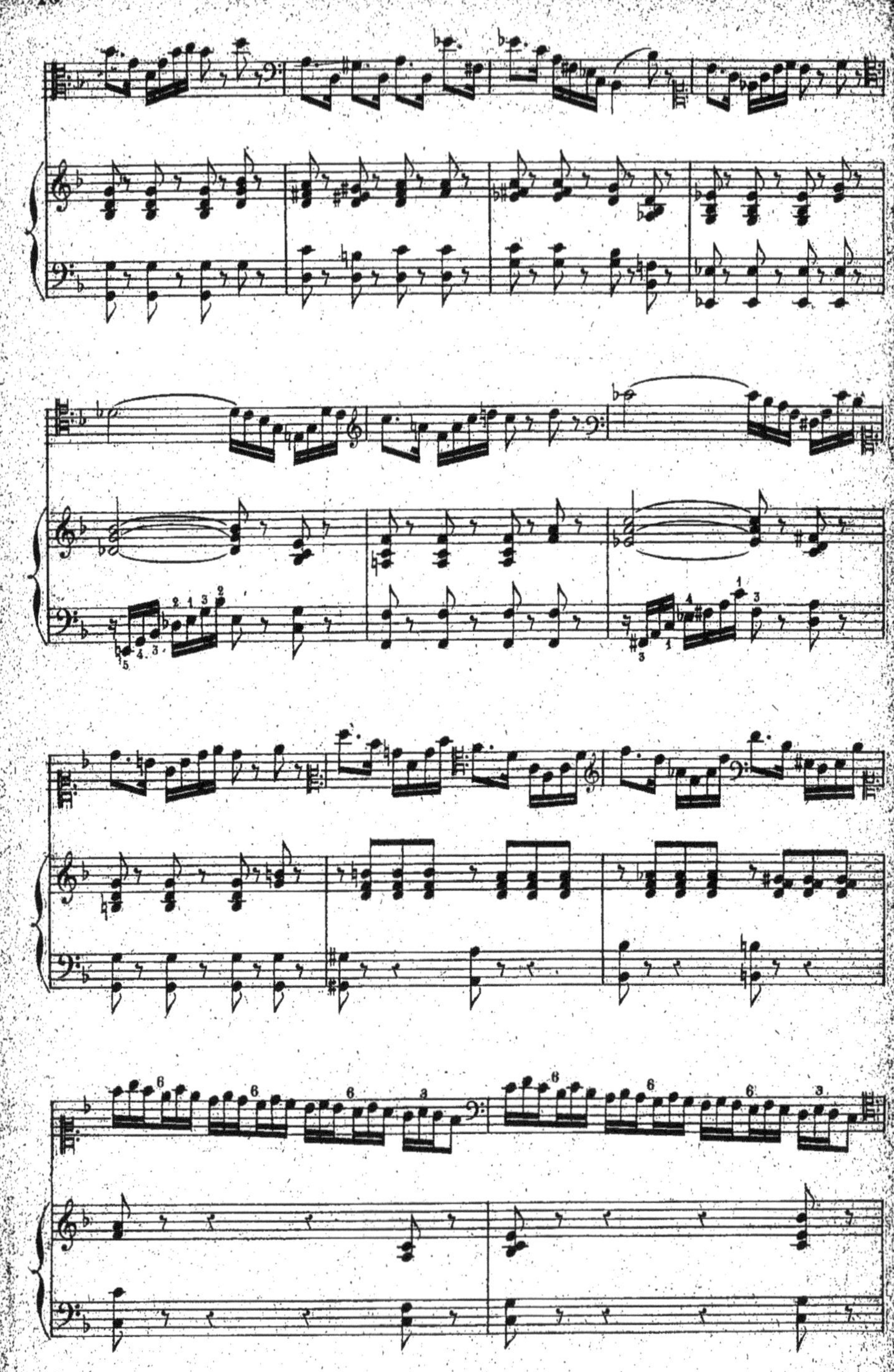

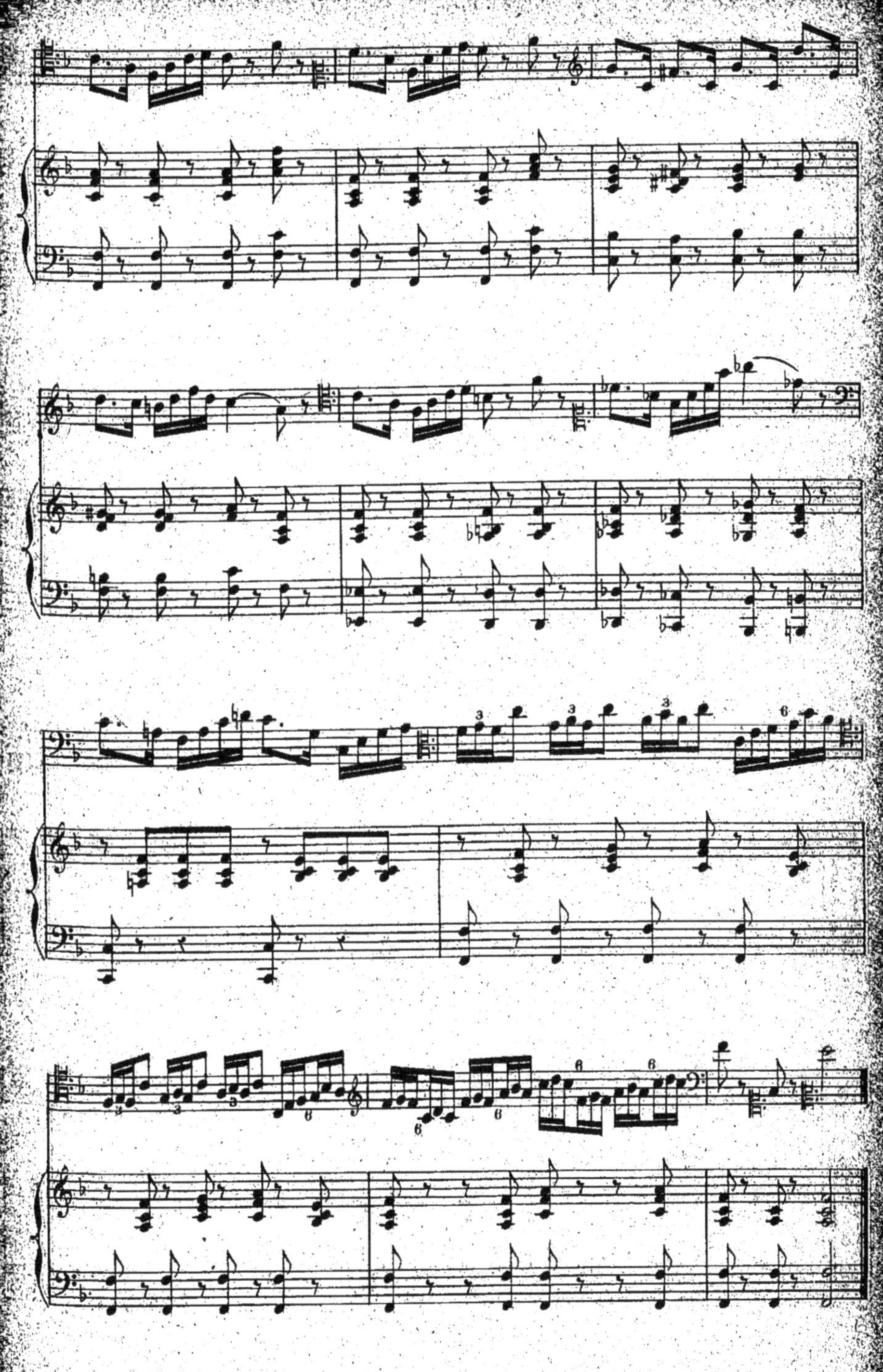

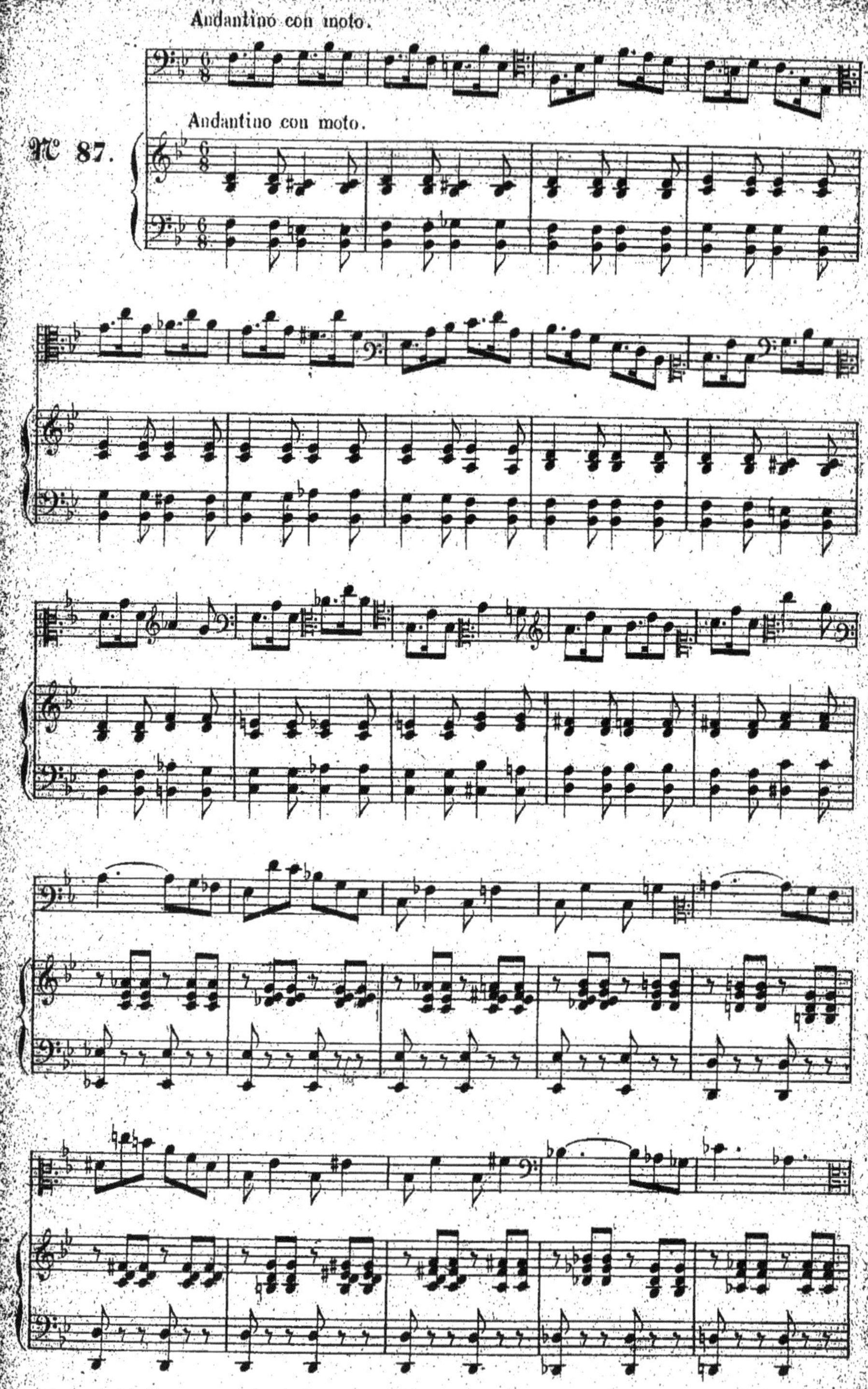
Andantino con moto.
Andantino con moto.
No 87.

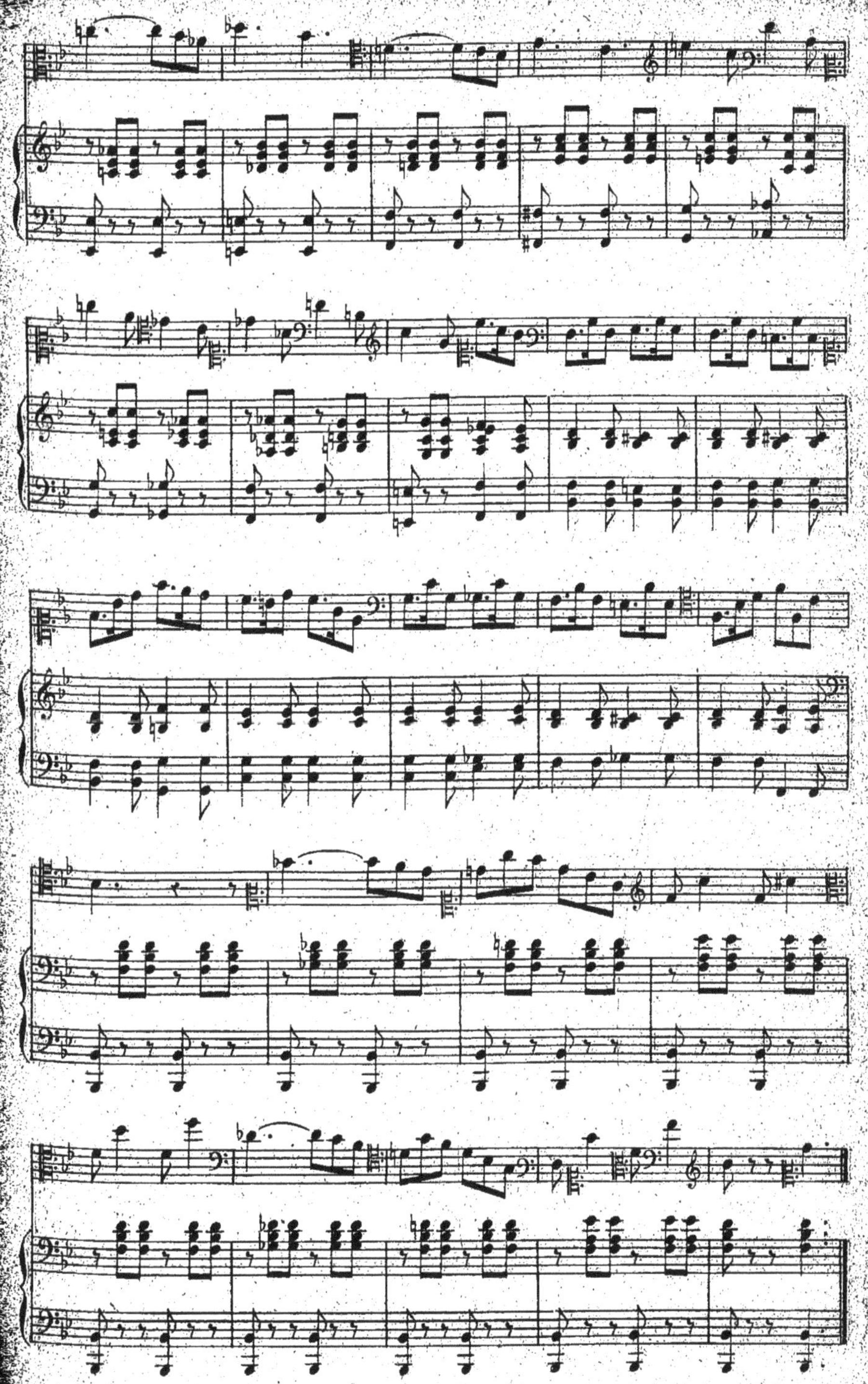

Allo. moderato.

Allo. moderato.

Nº 88.

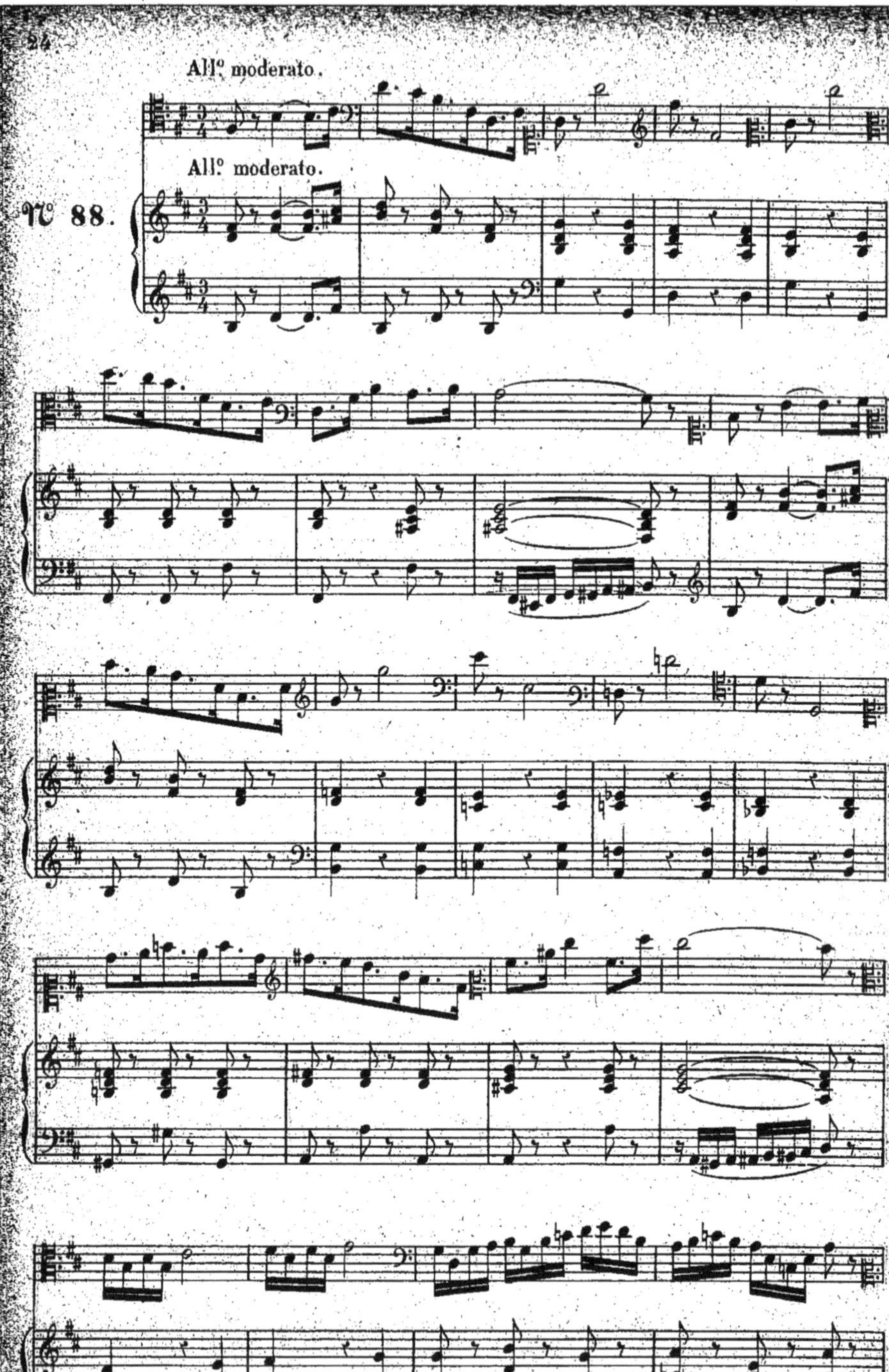

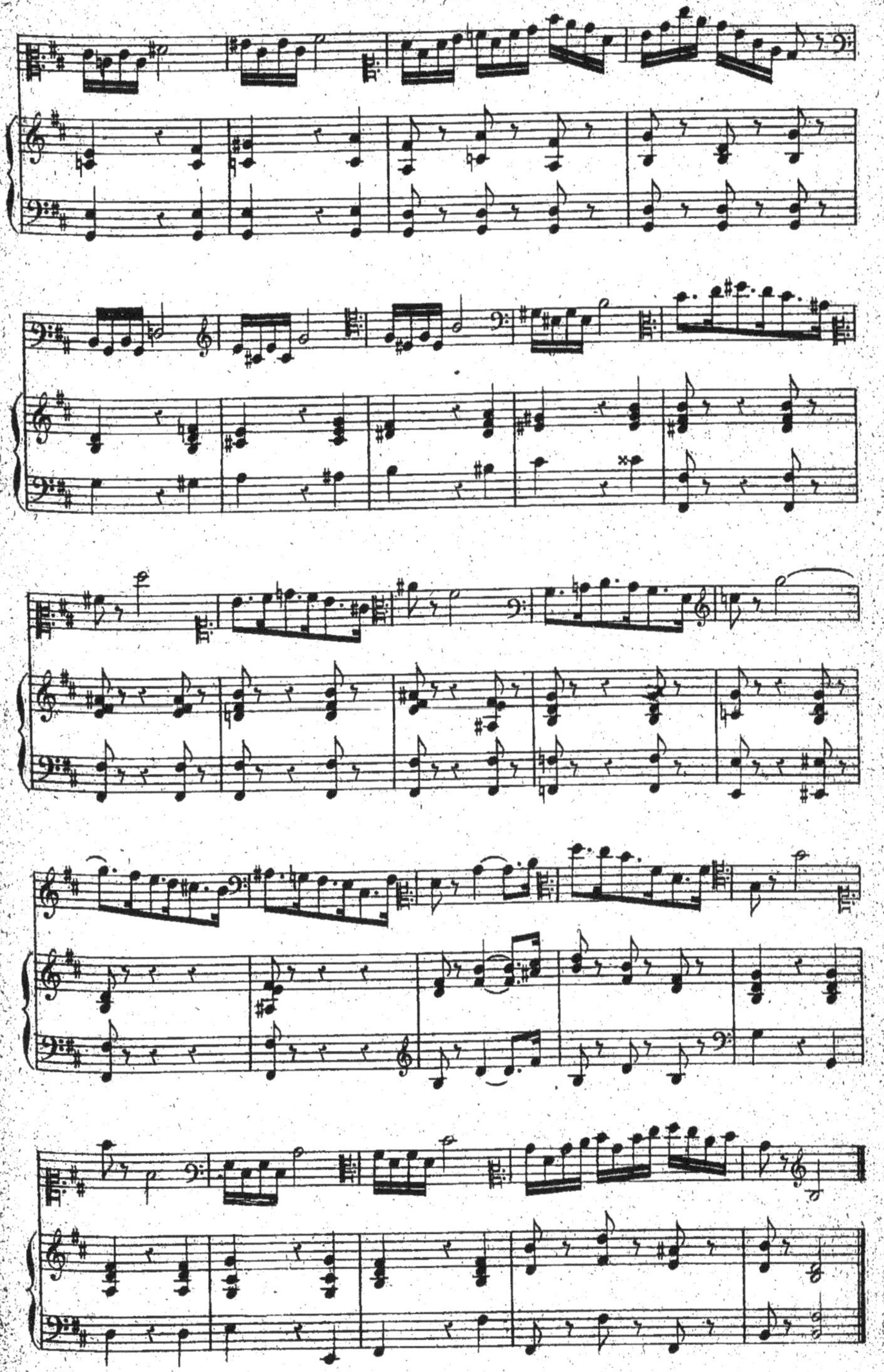

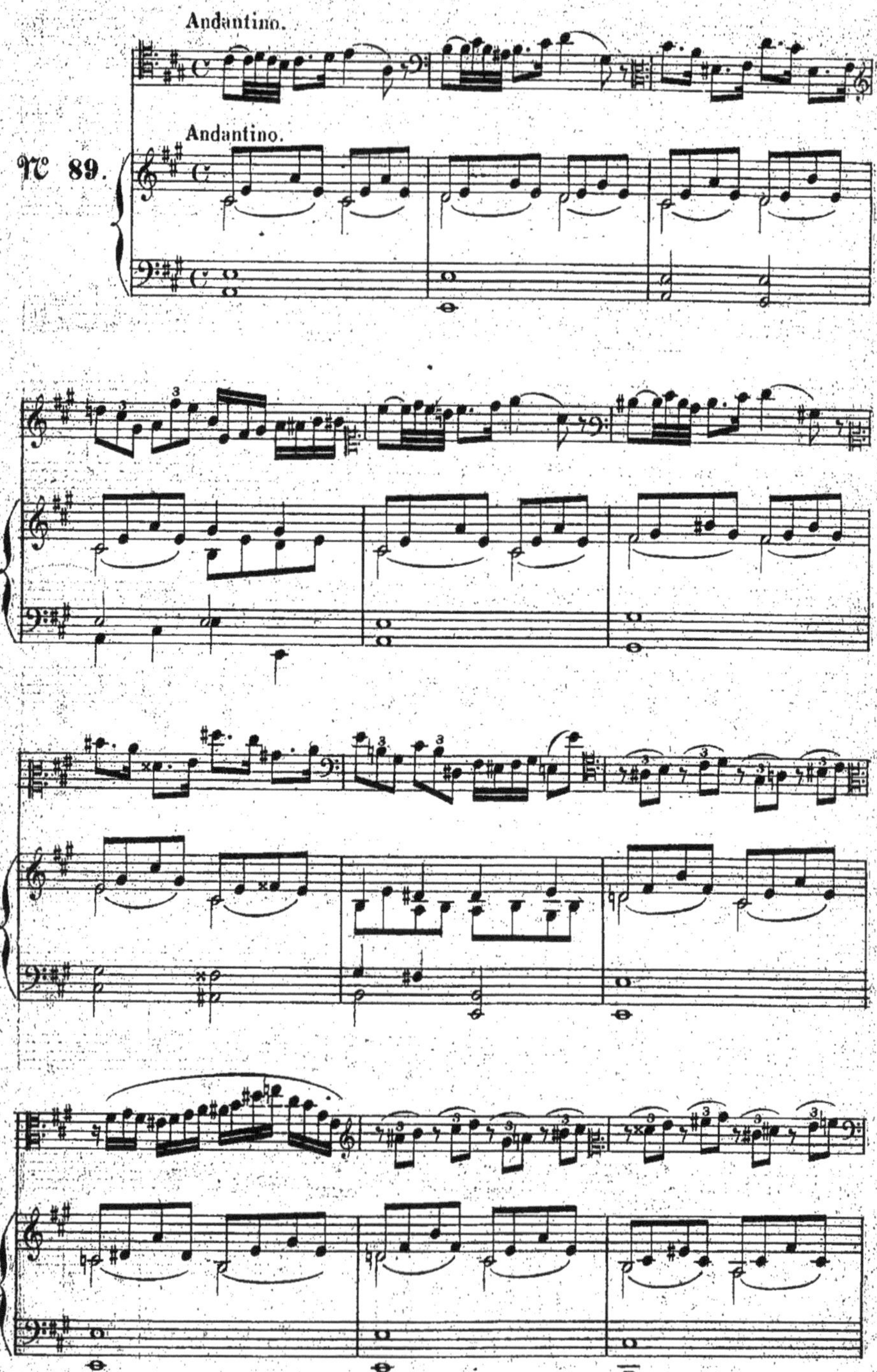
Andantino.
Andantino.
N° 89.

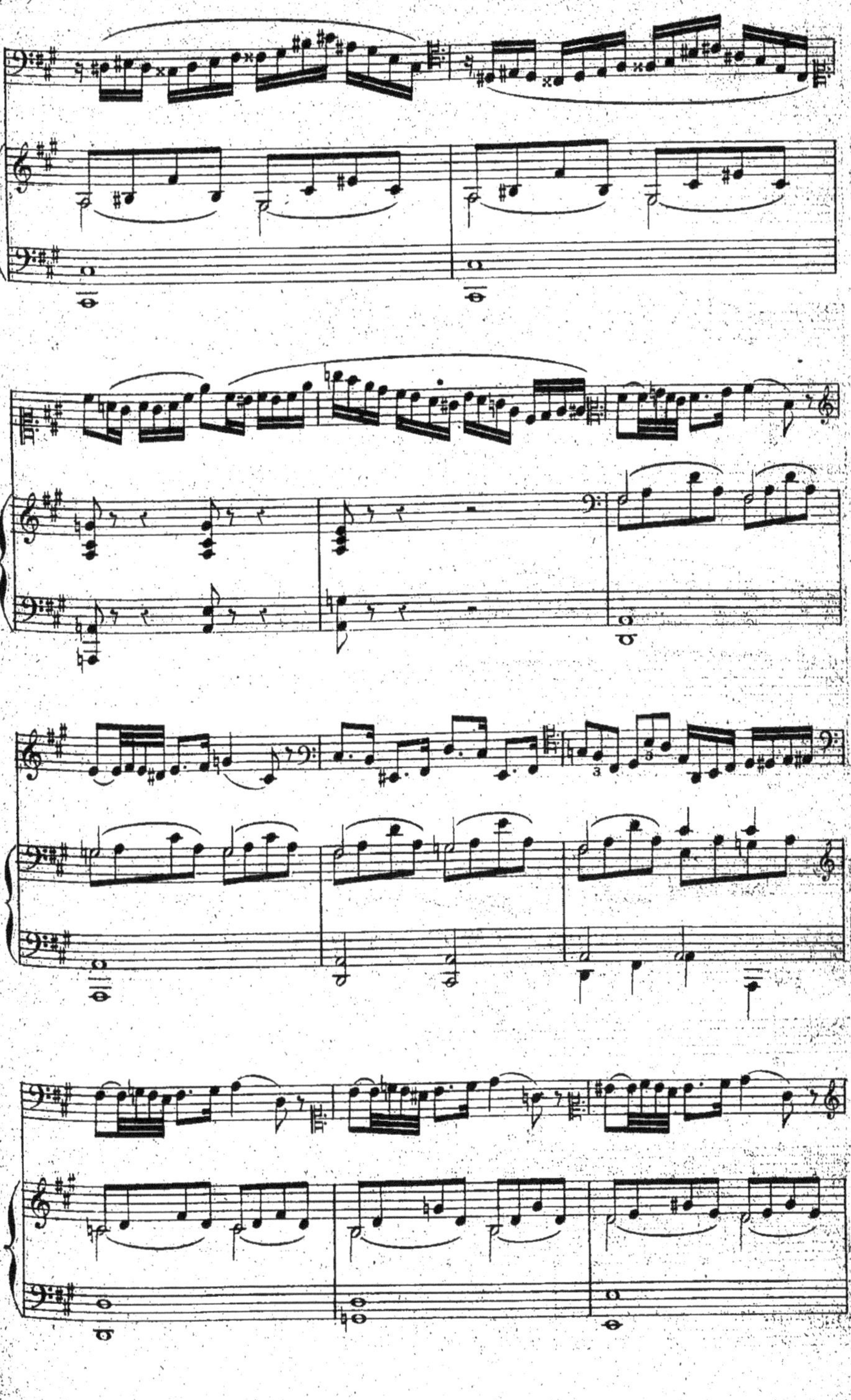

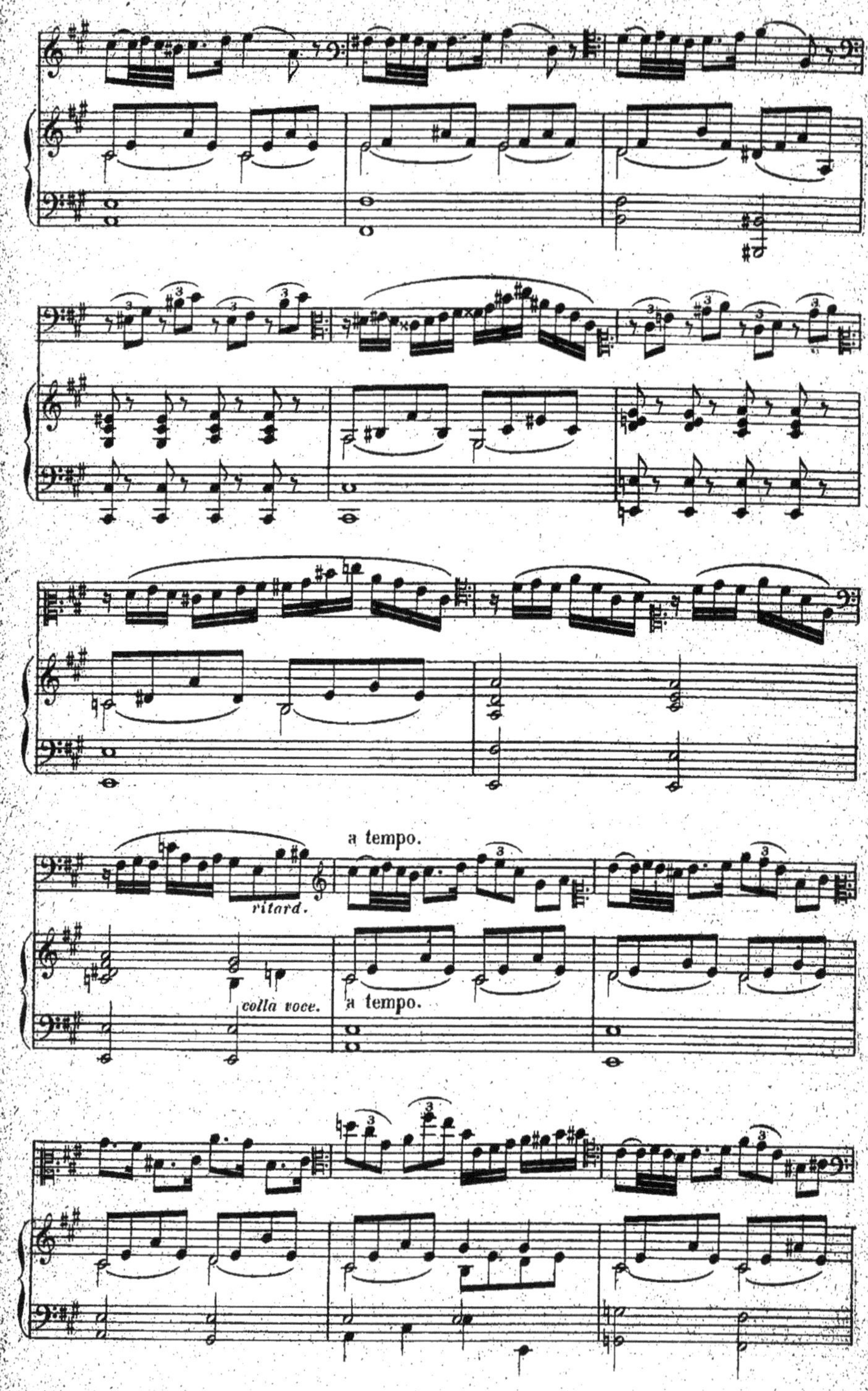

a tempo.
ritard.
colla voce.
a tempo.

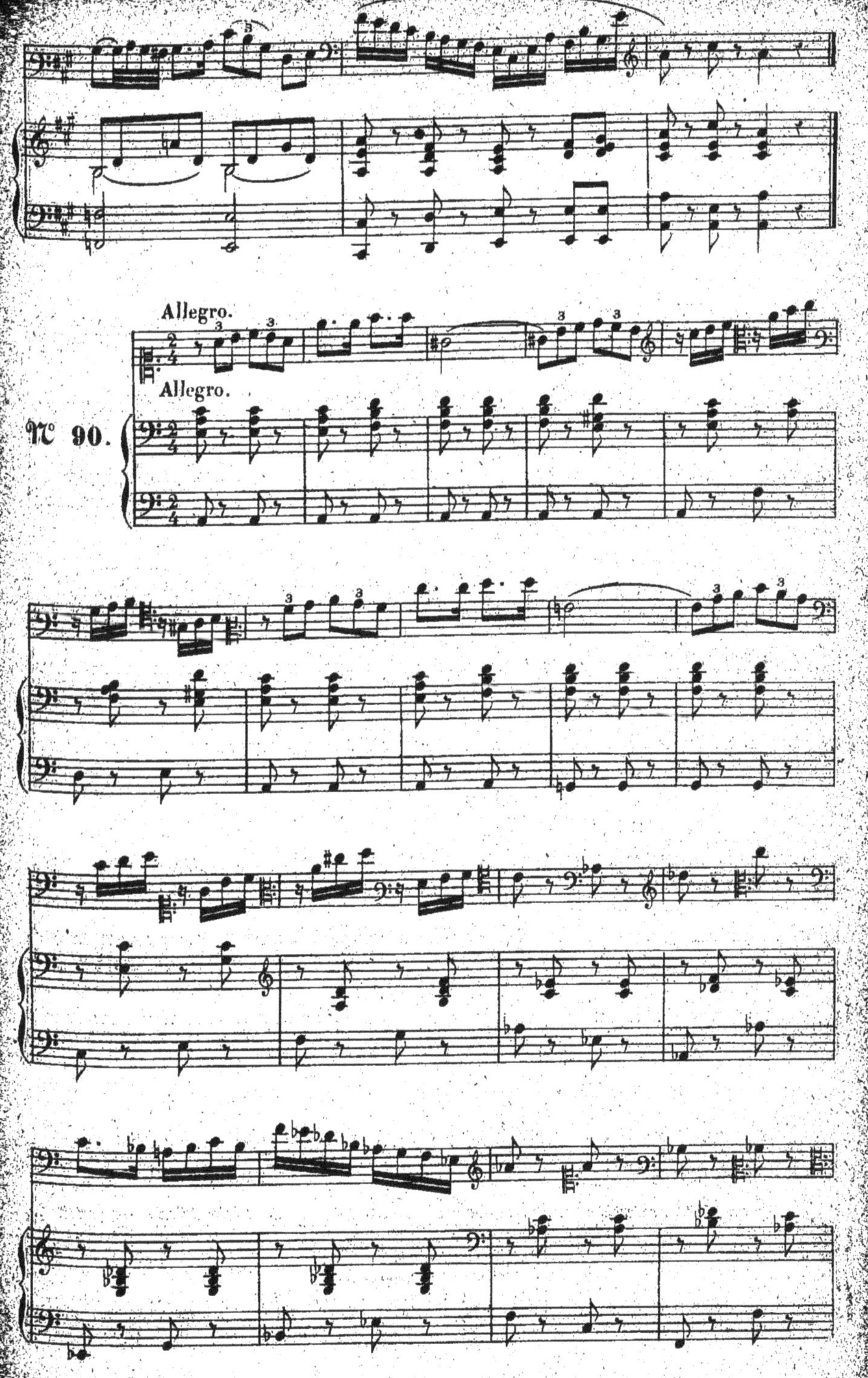
Allegro.
Allegro.
N° 90.

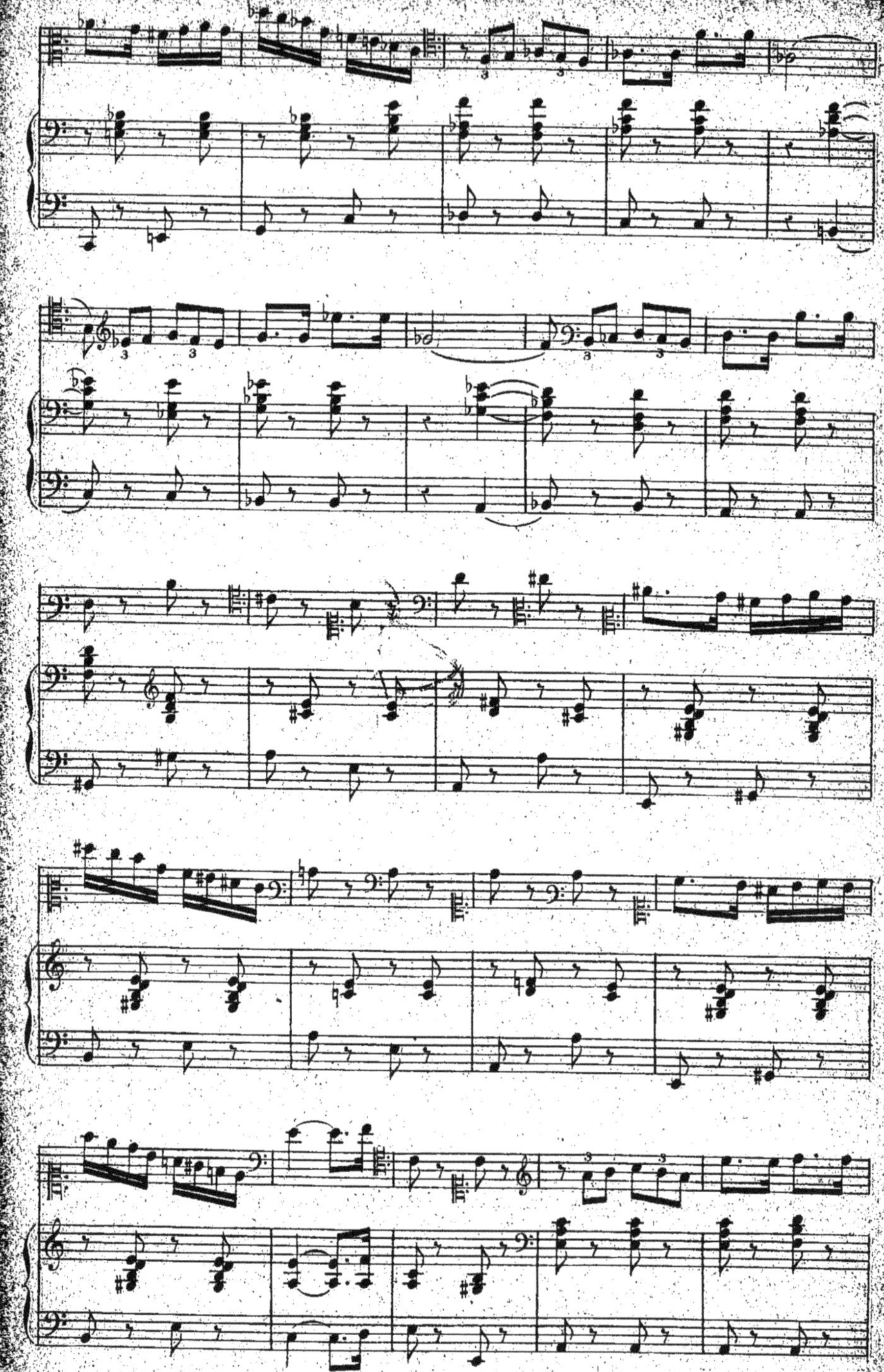

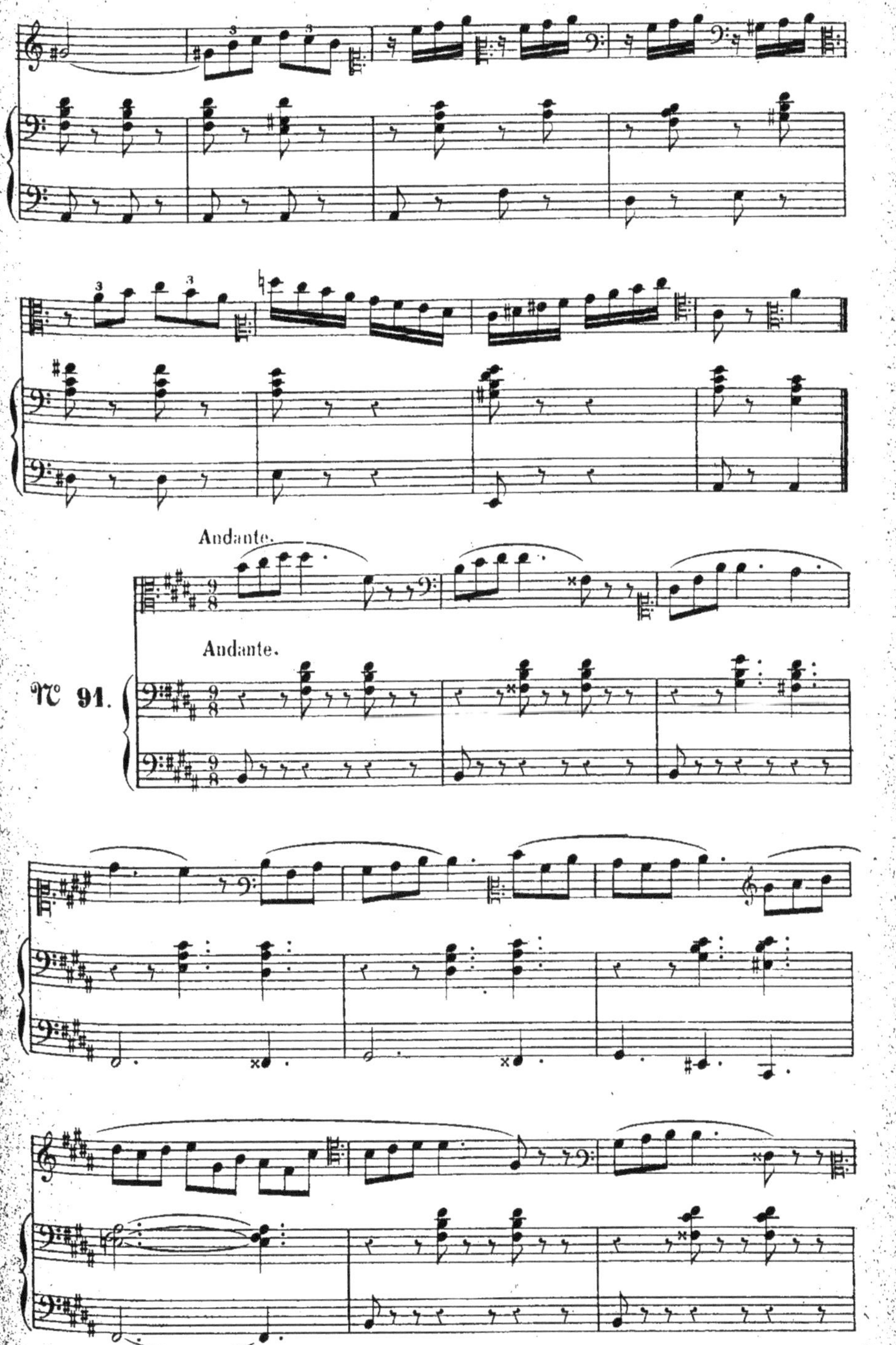
Andante.
Andante.
Nᵒ 91.

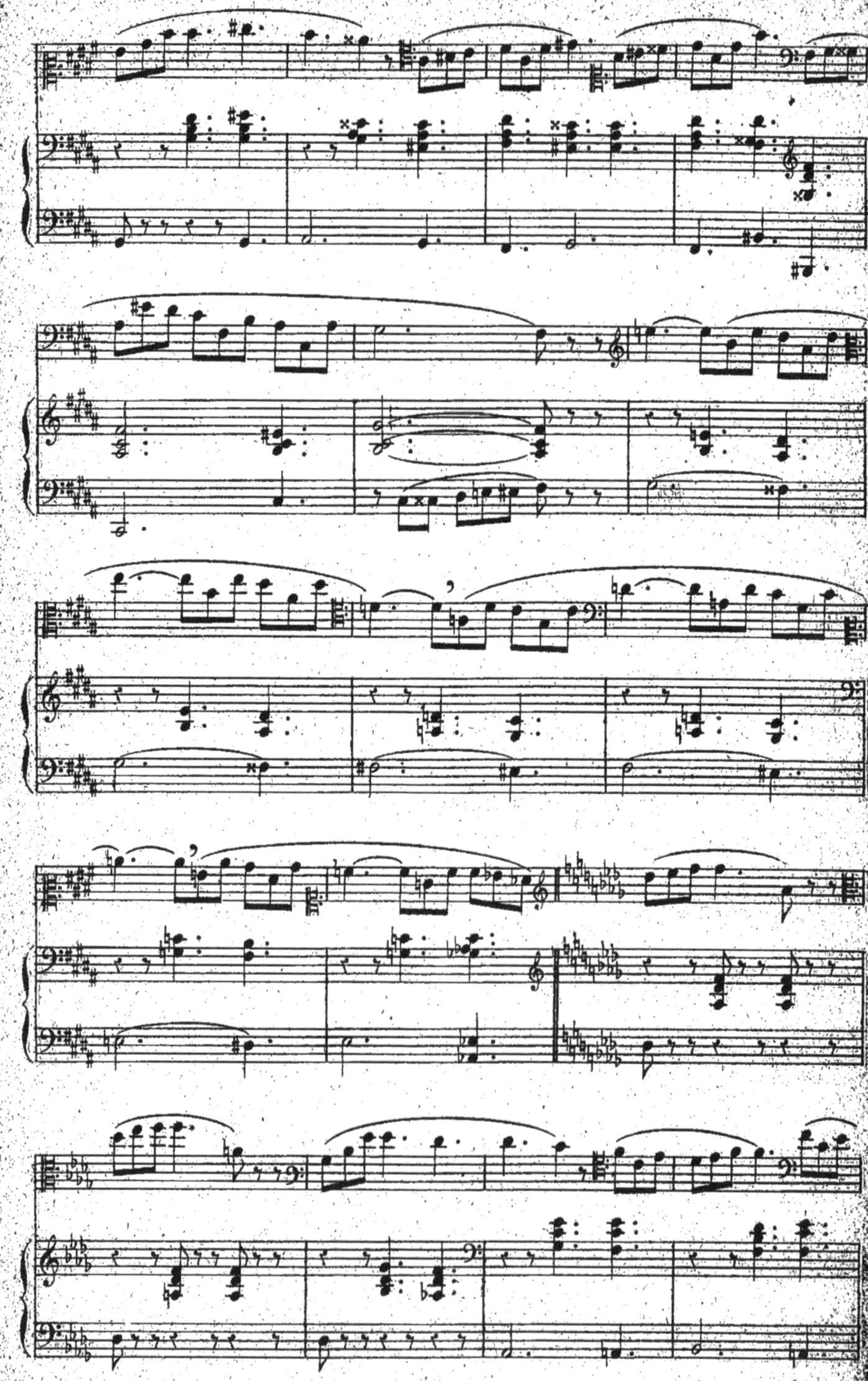

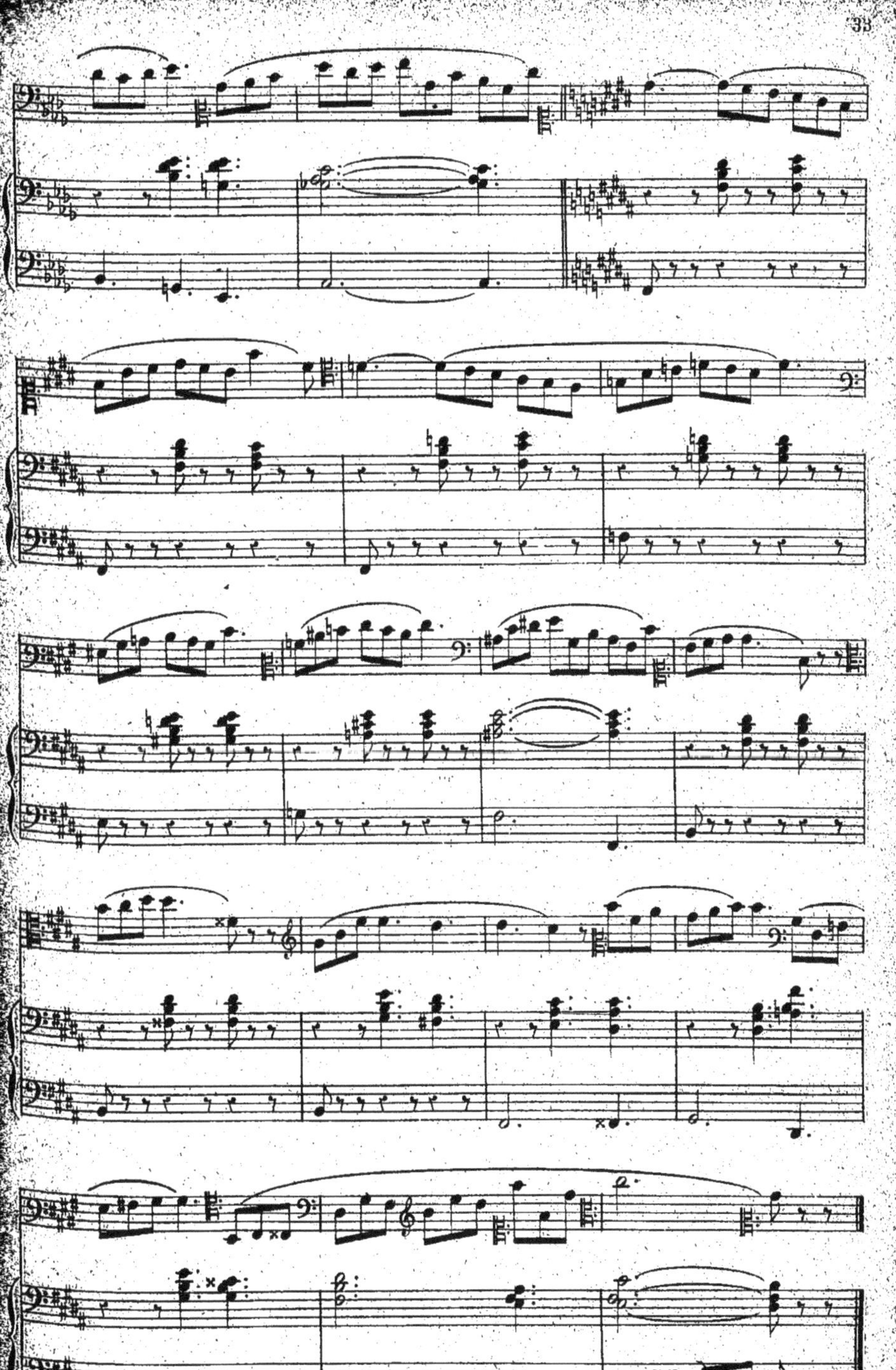

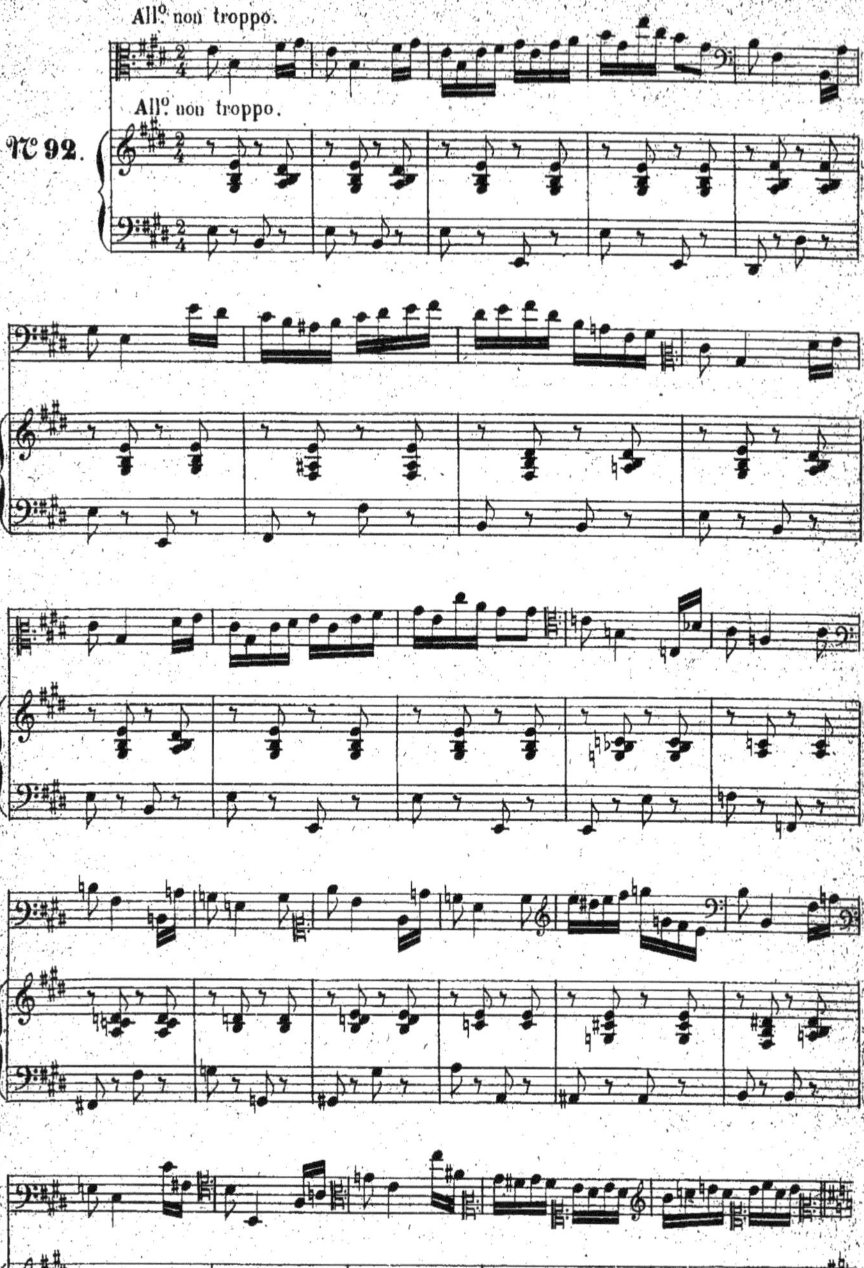

Allo. non troppo.
Allo. non troppo.
No 92.
No 92.

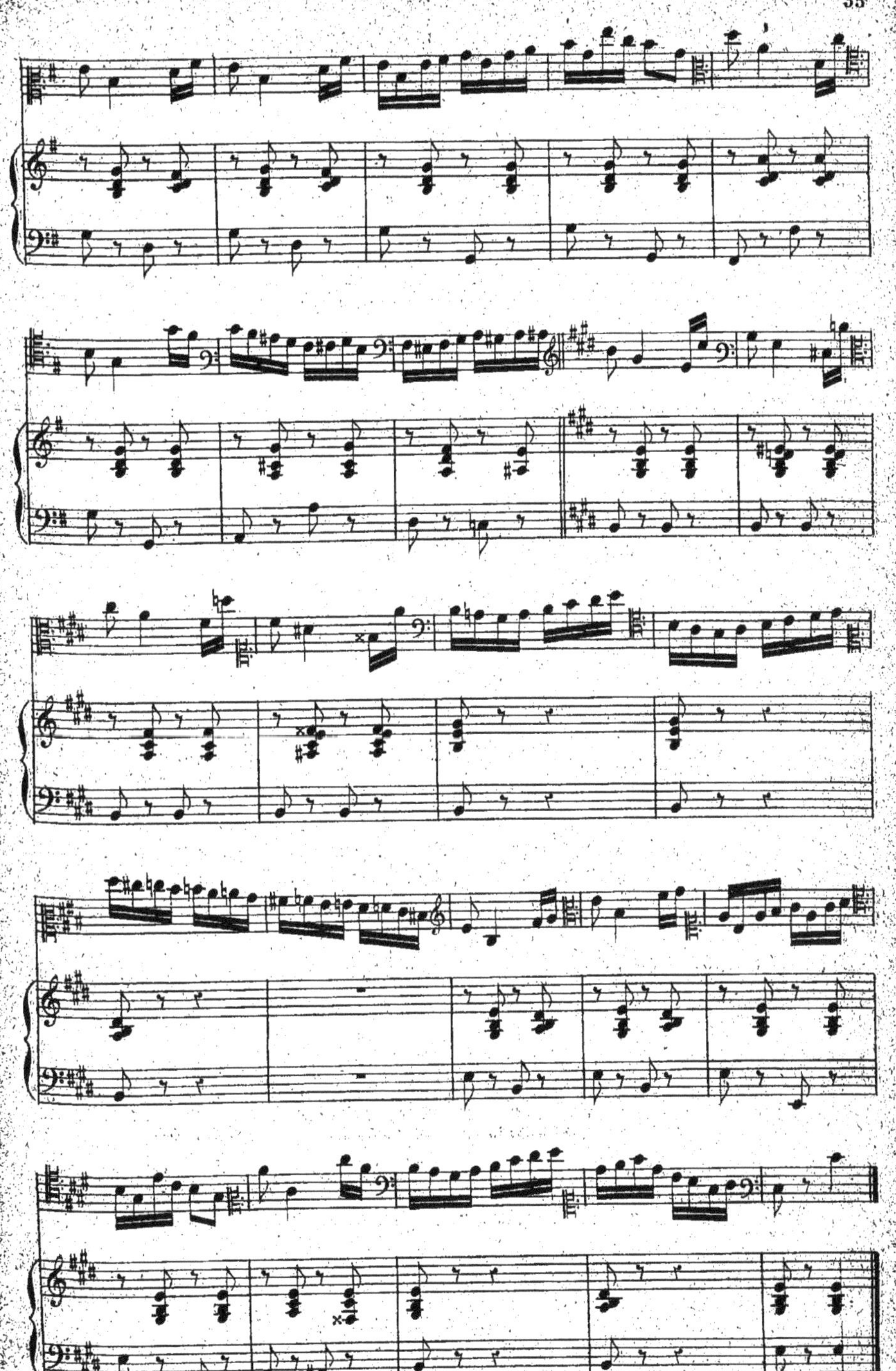

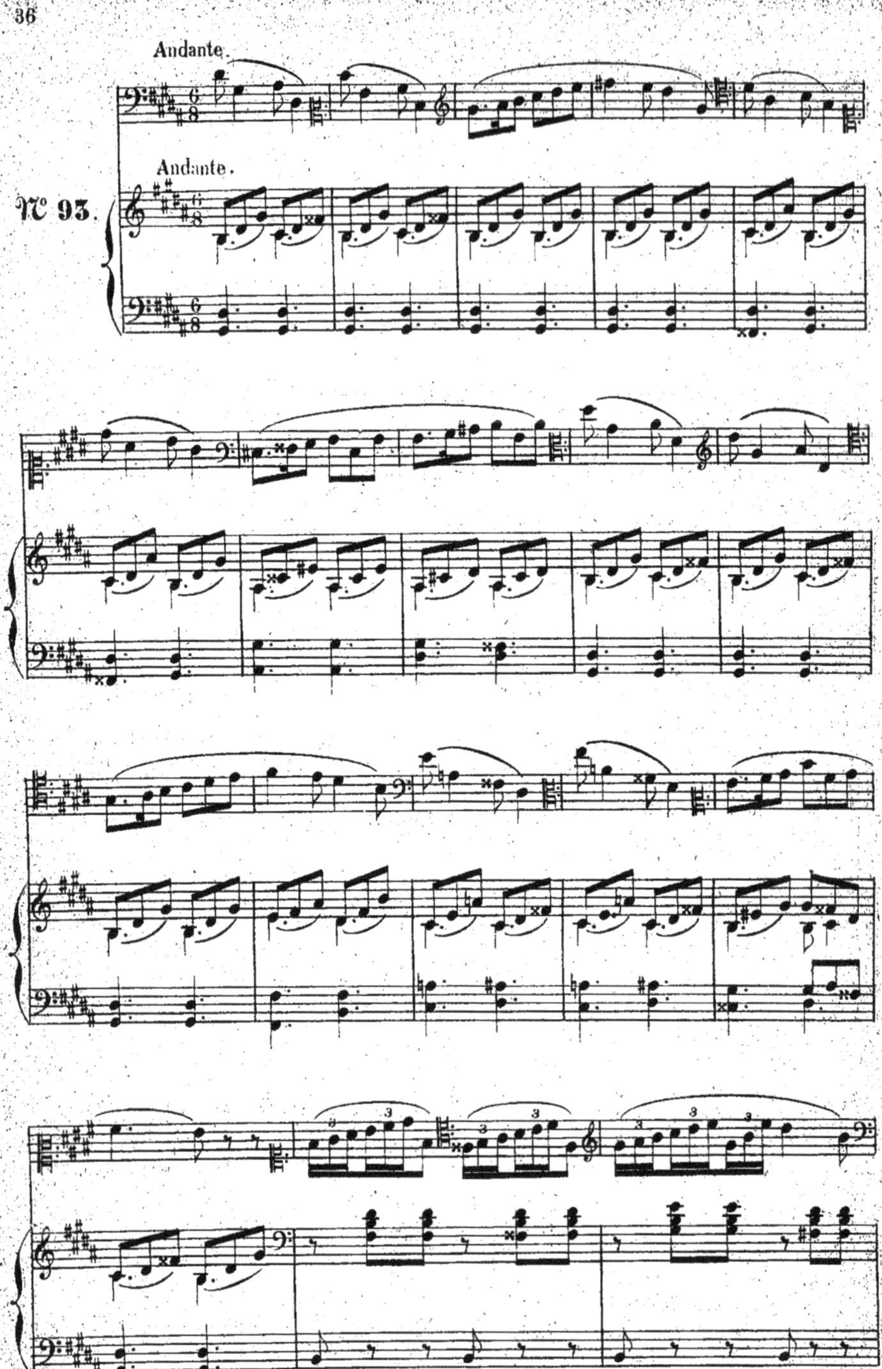
Andante.
Andante.
N? 93.

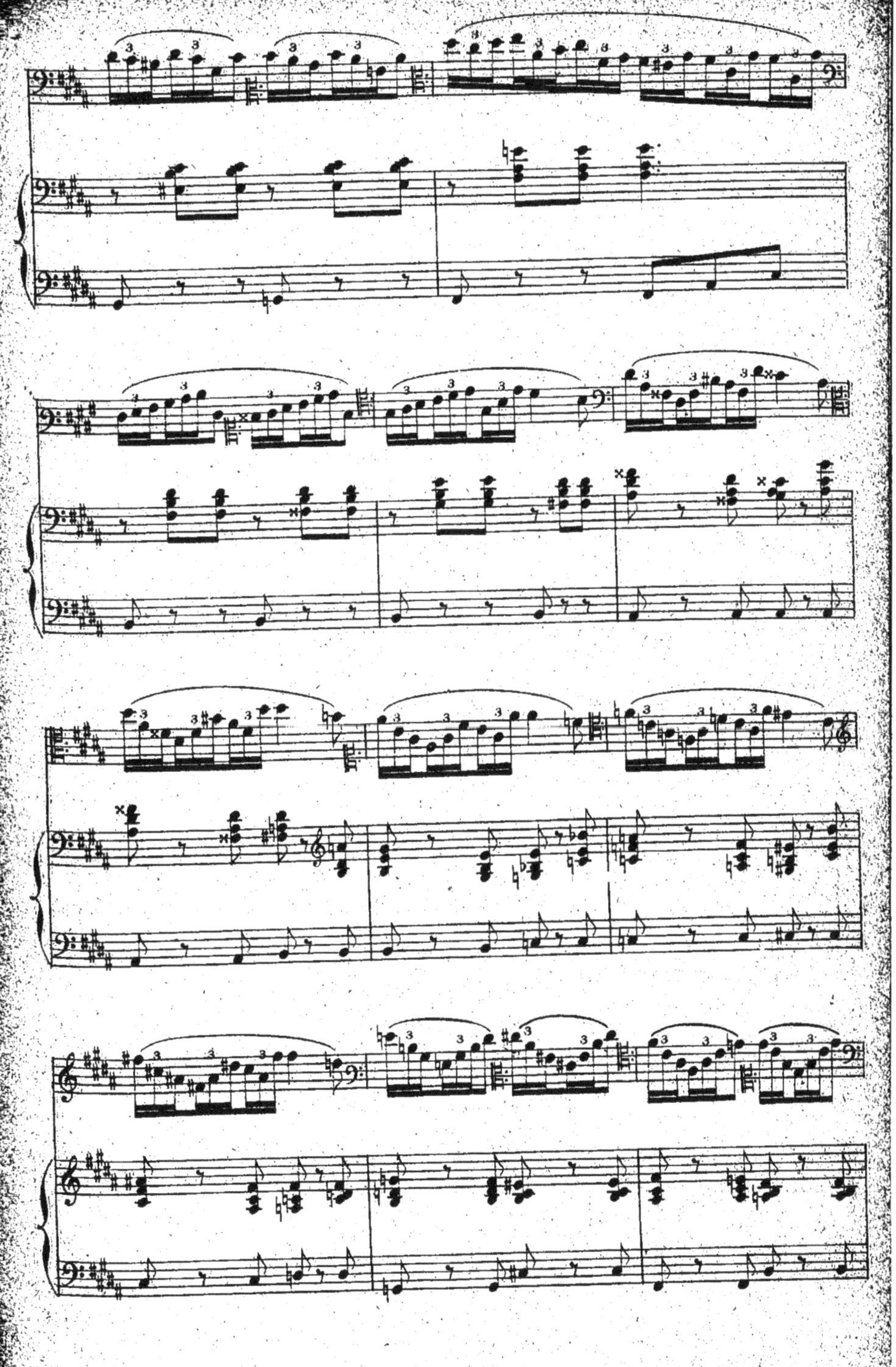

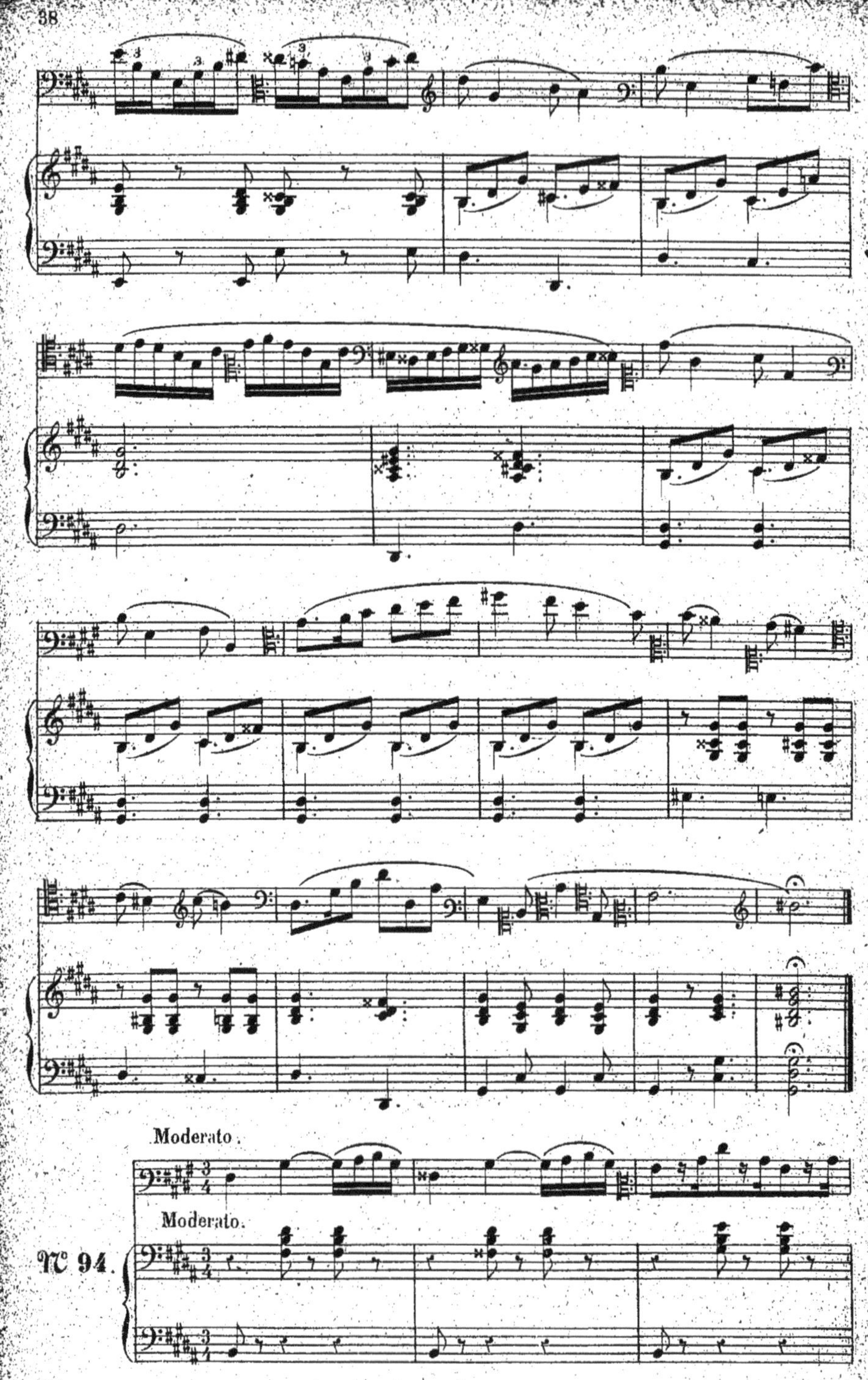

Moderato.
Moderato.
N° 94.

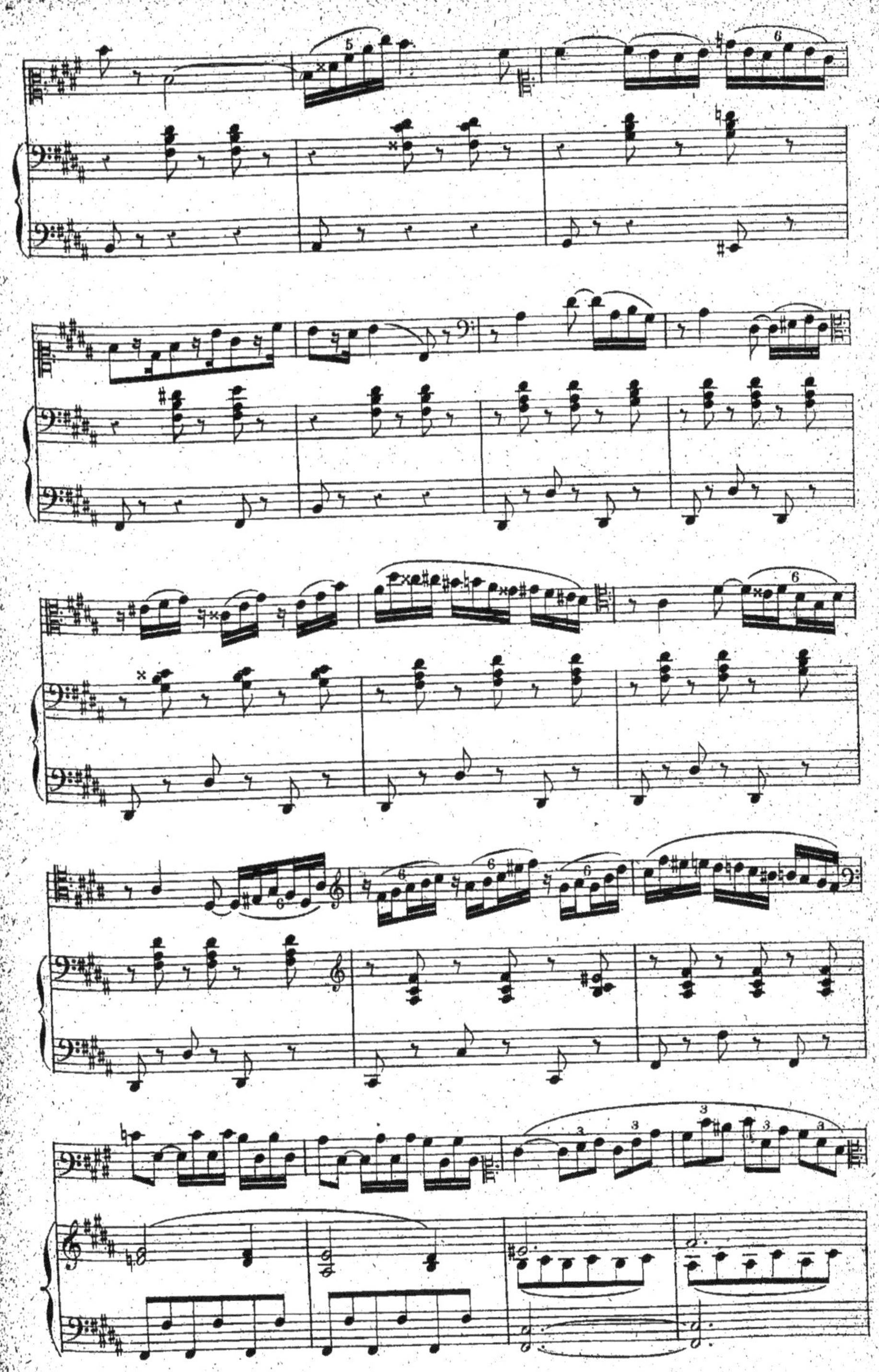

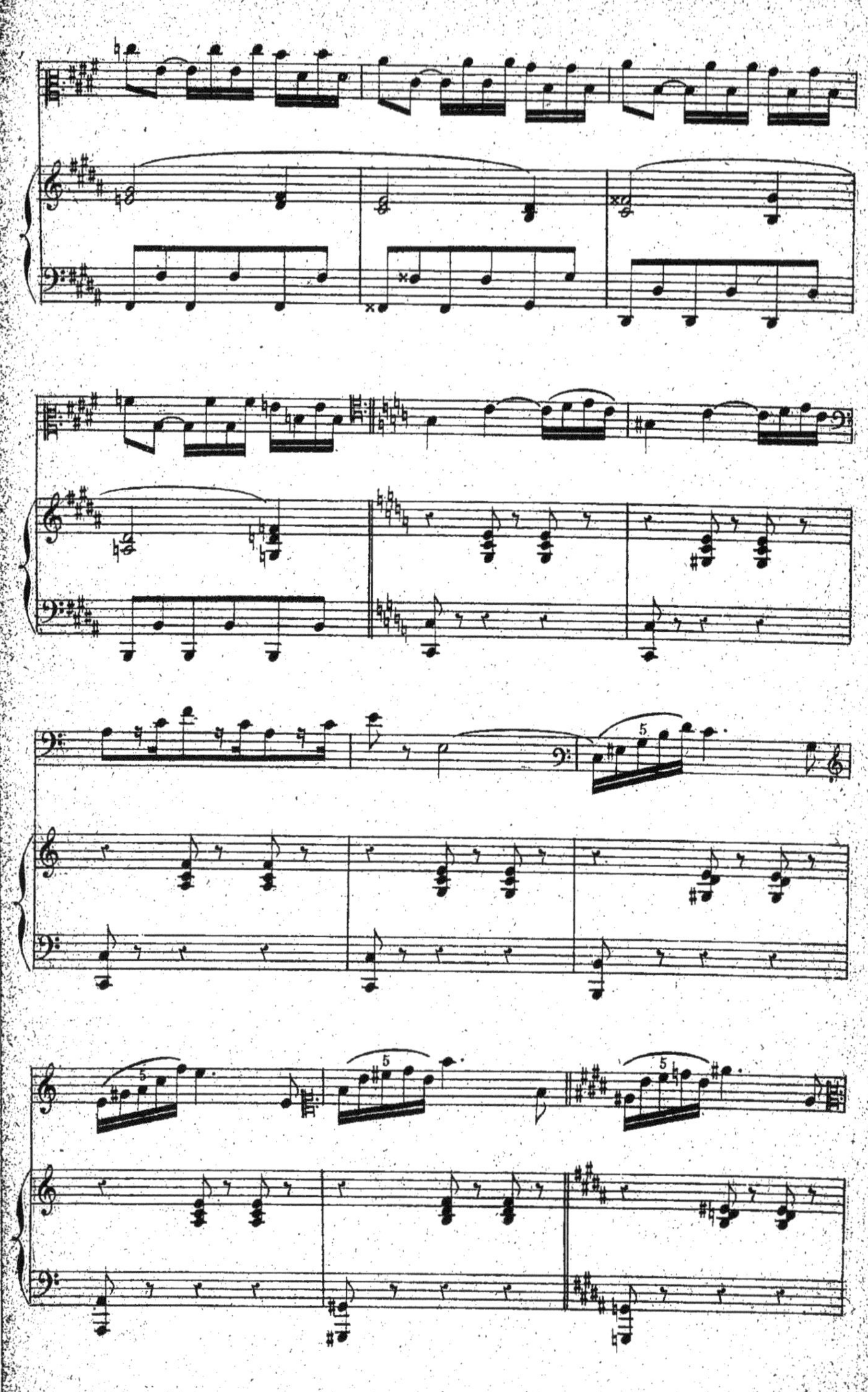
40

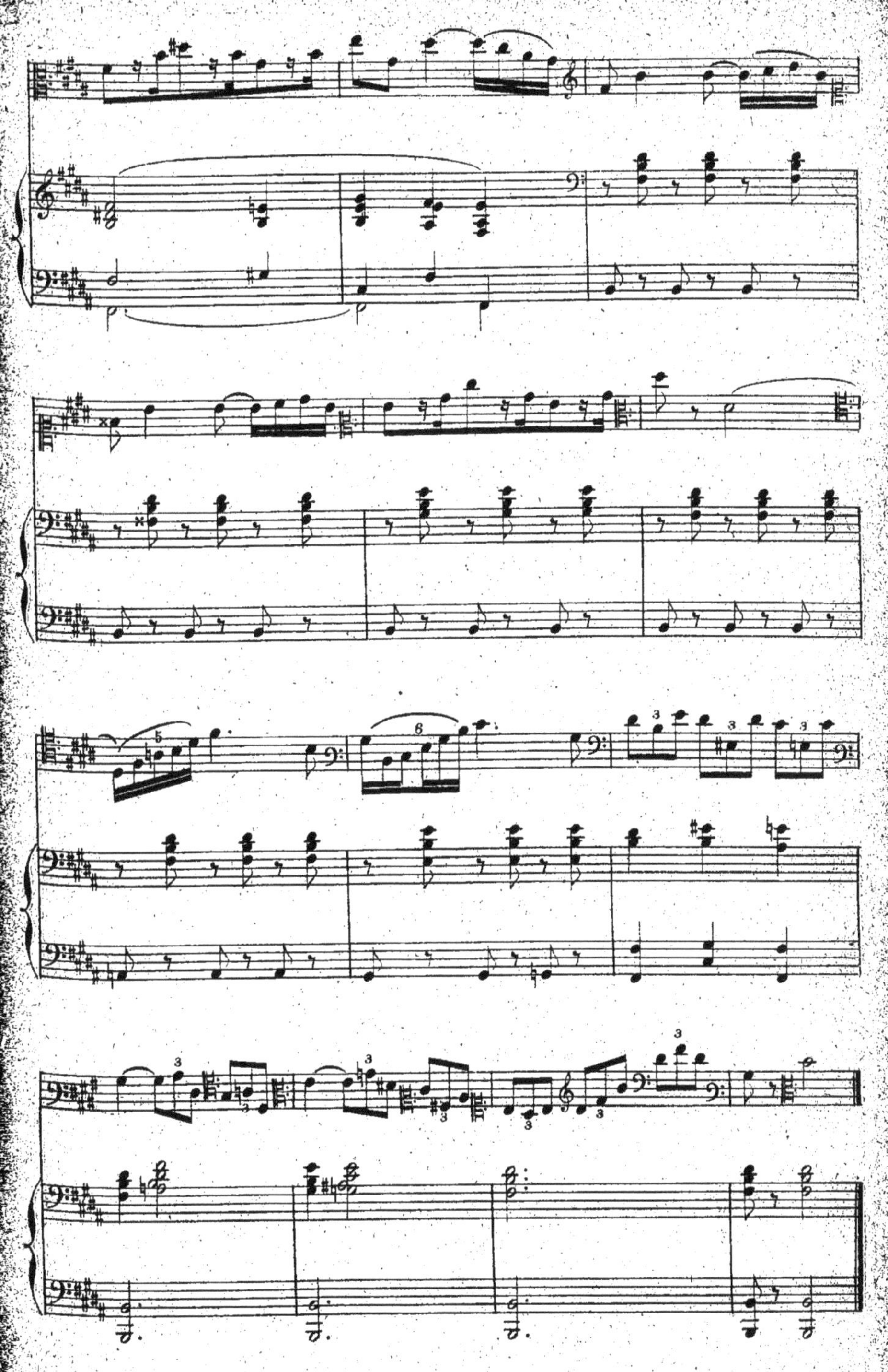

LEÇON À CINQ TEMPS A BATTRE AINSI

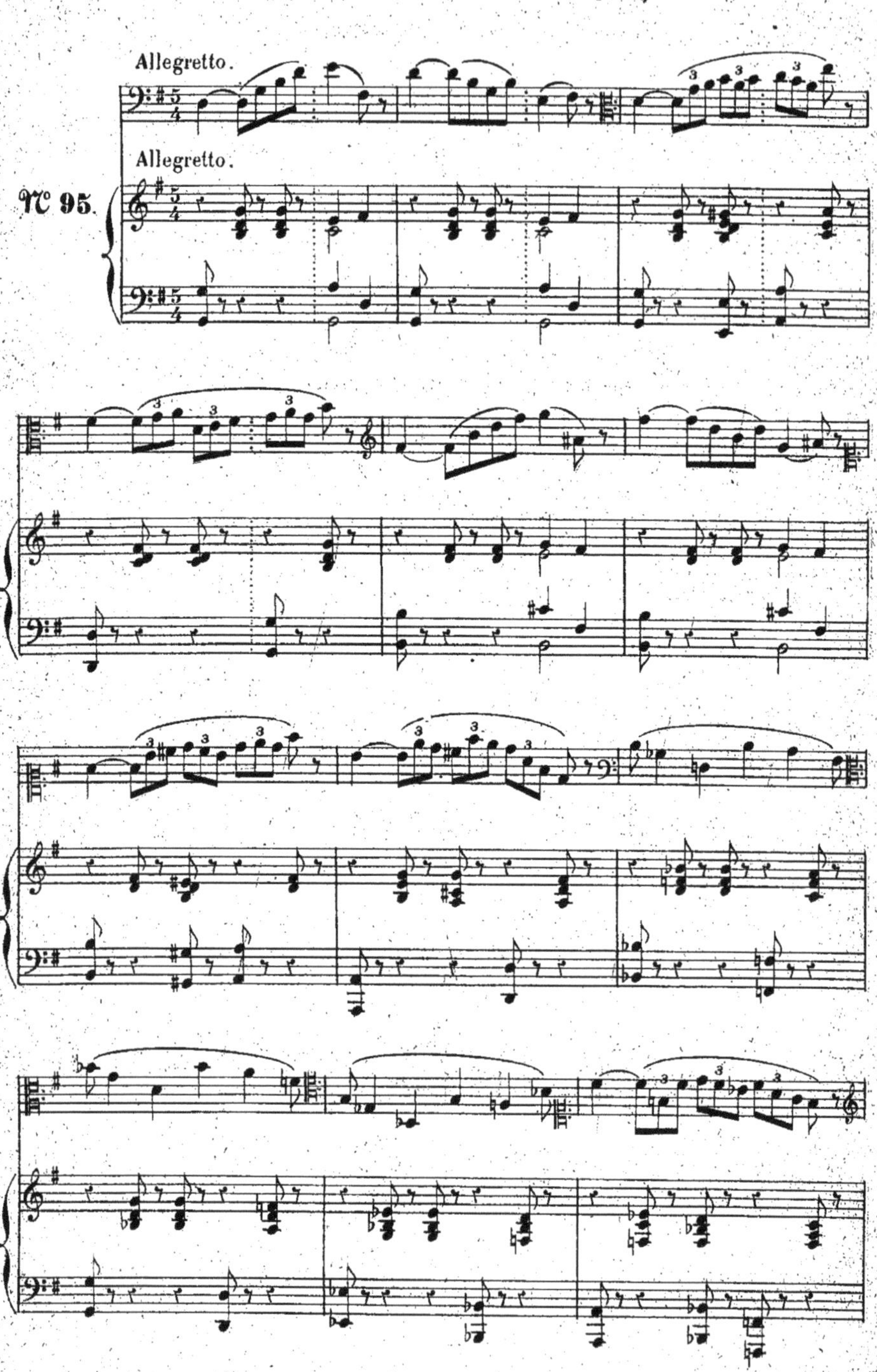

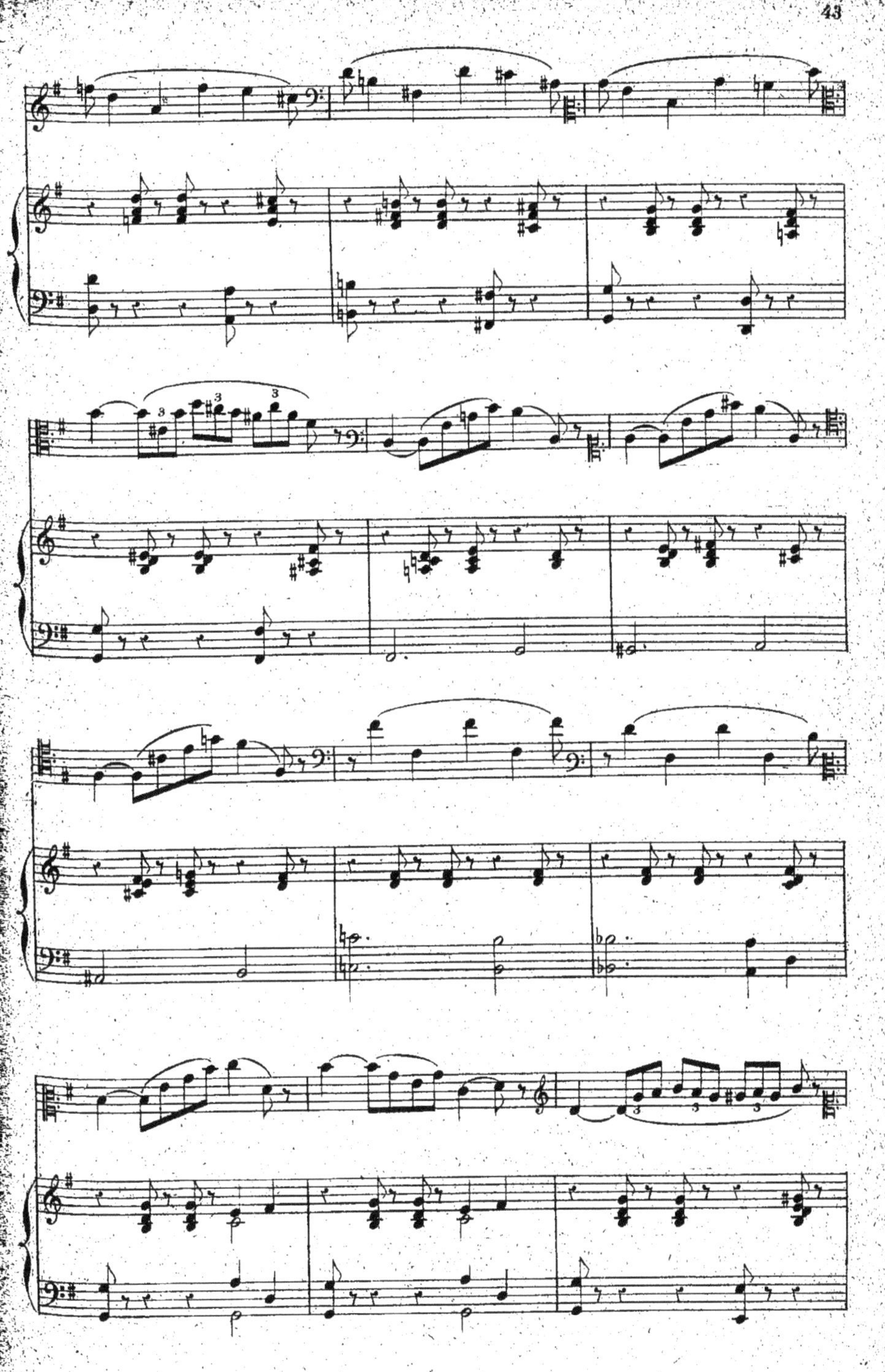

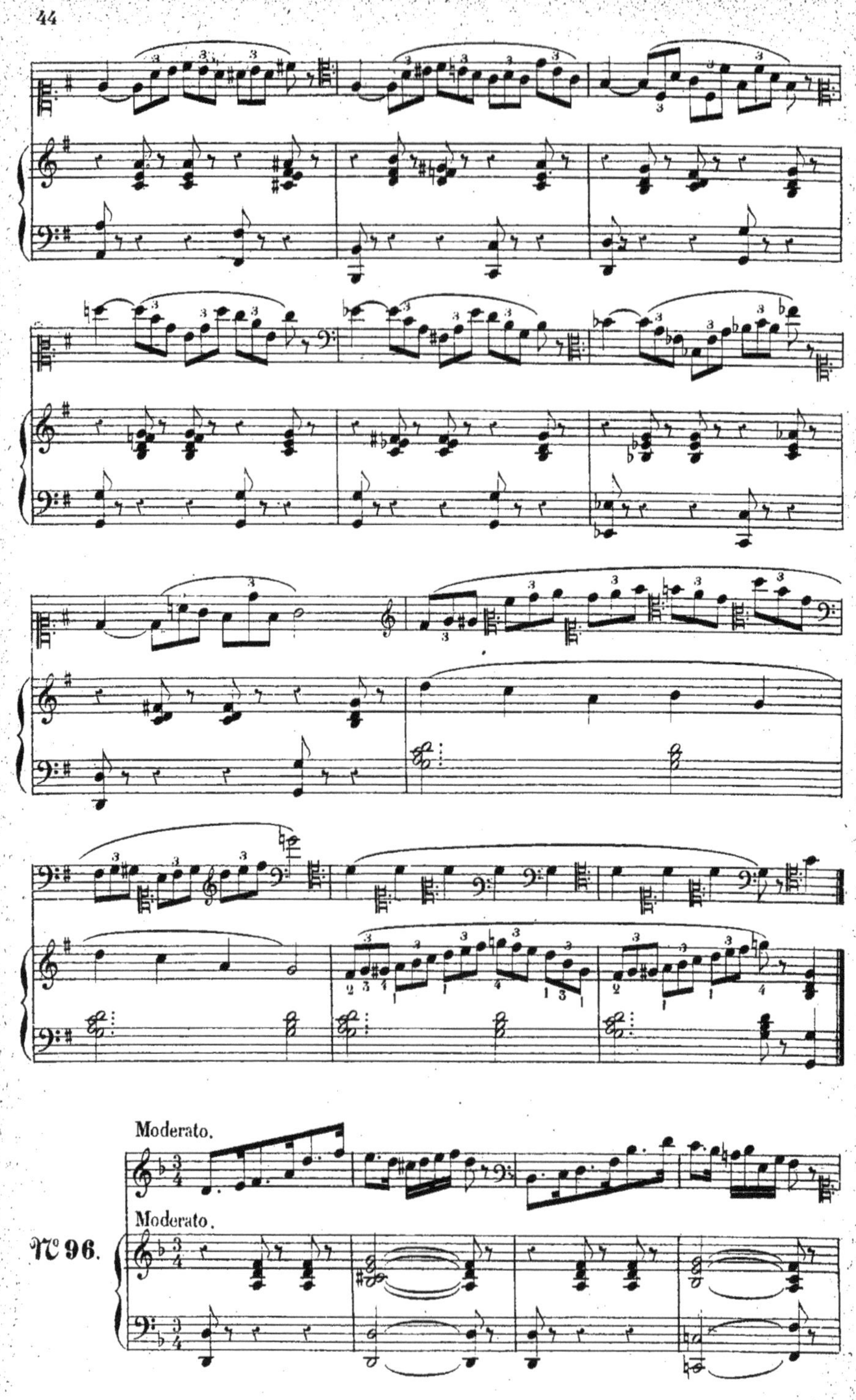
Moderato.
Moderato.
N° 96.

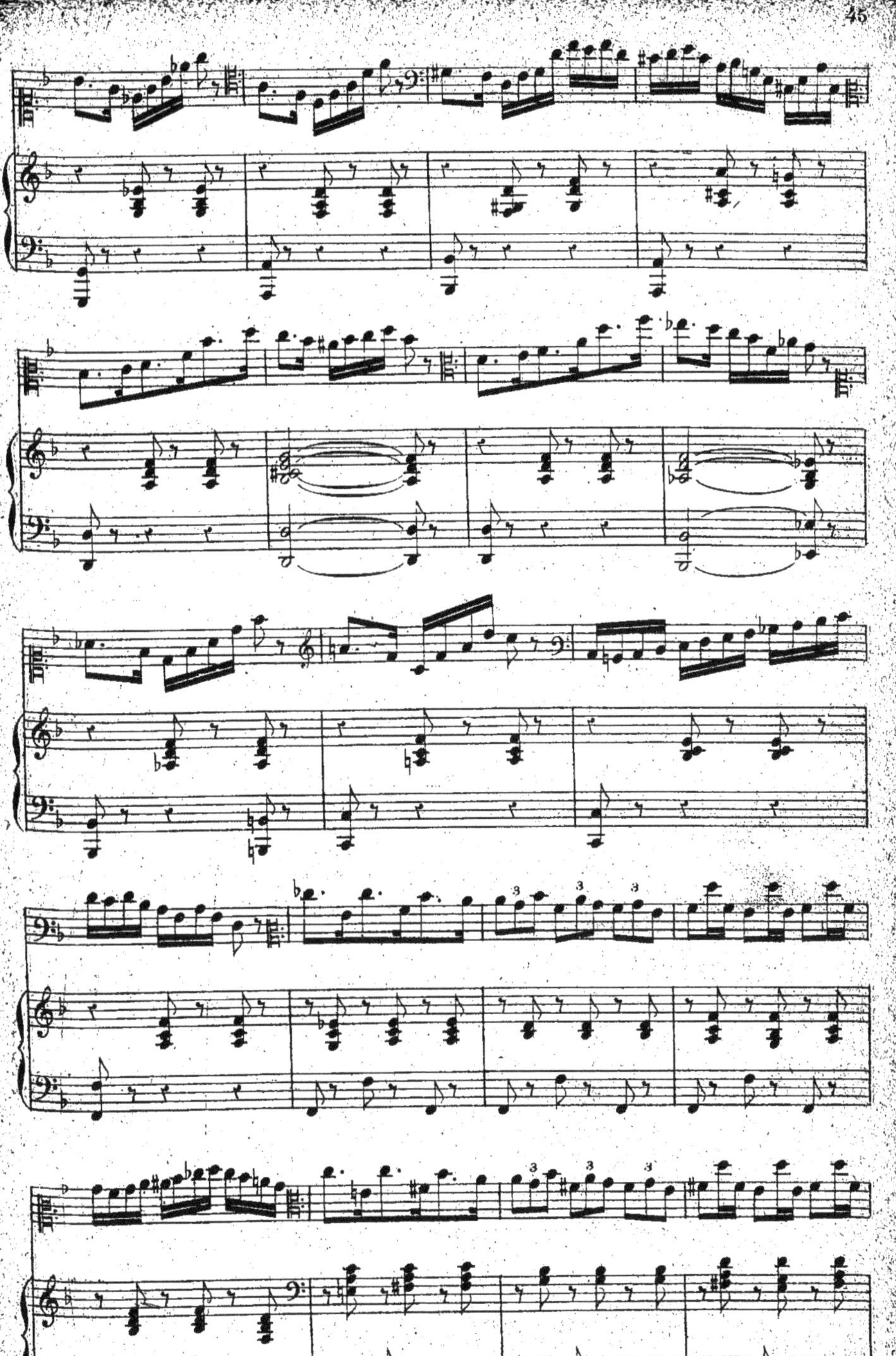

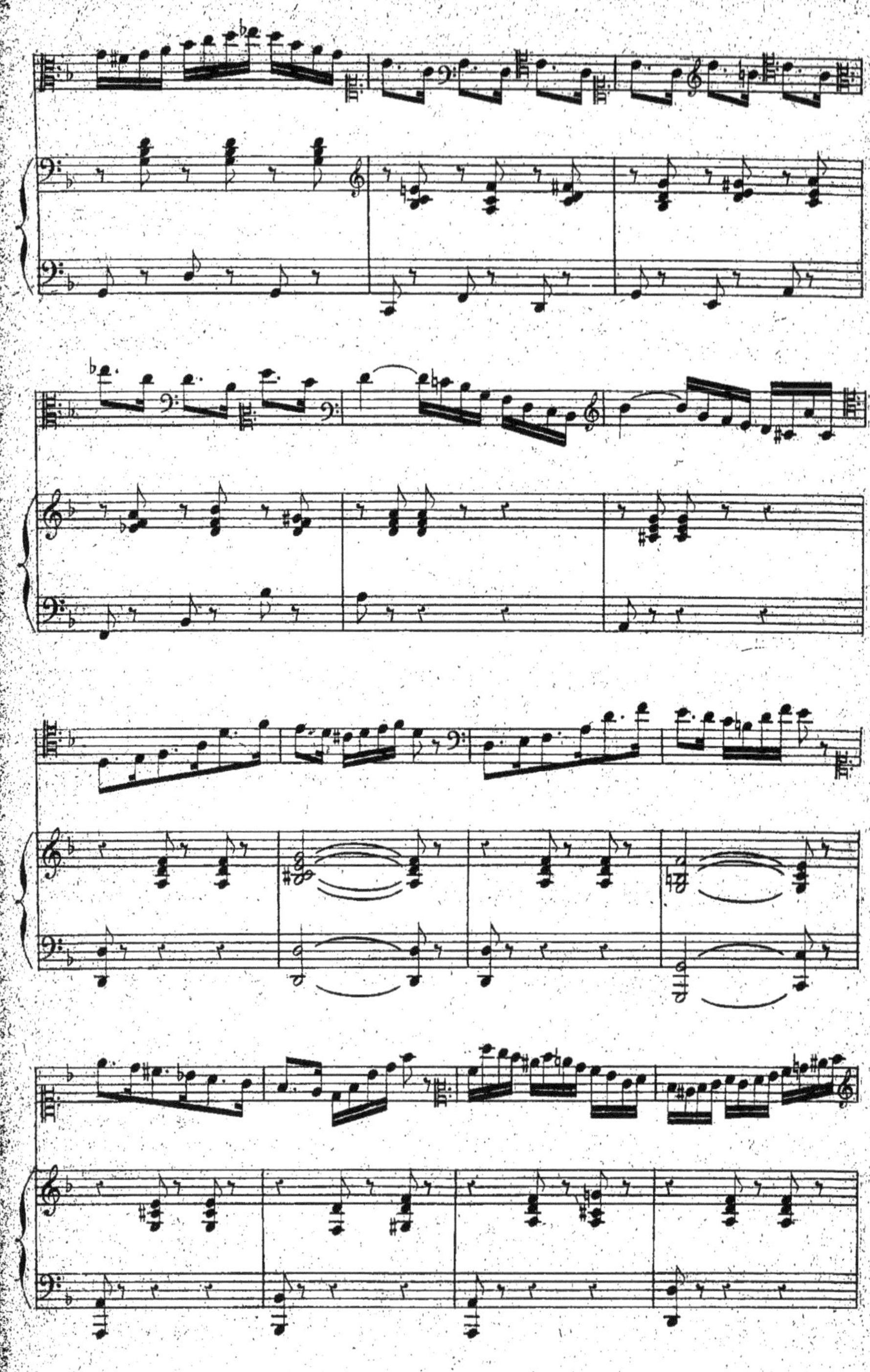

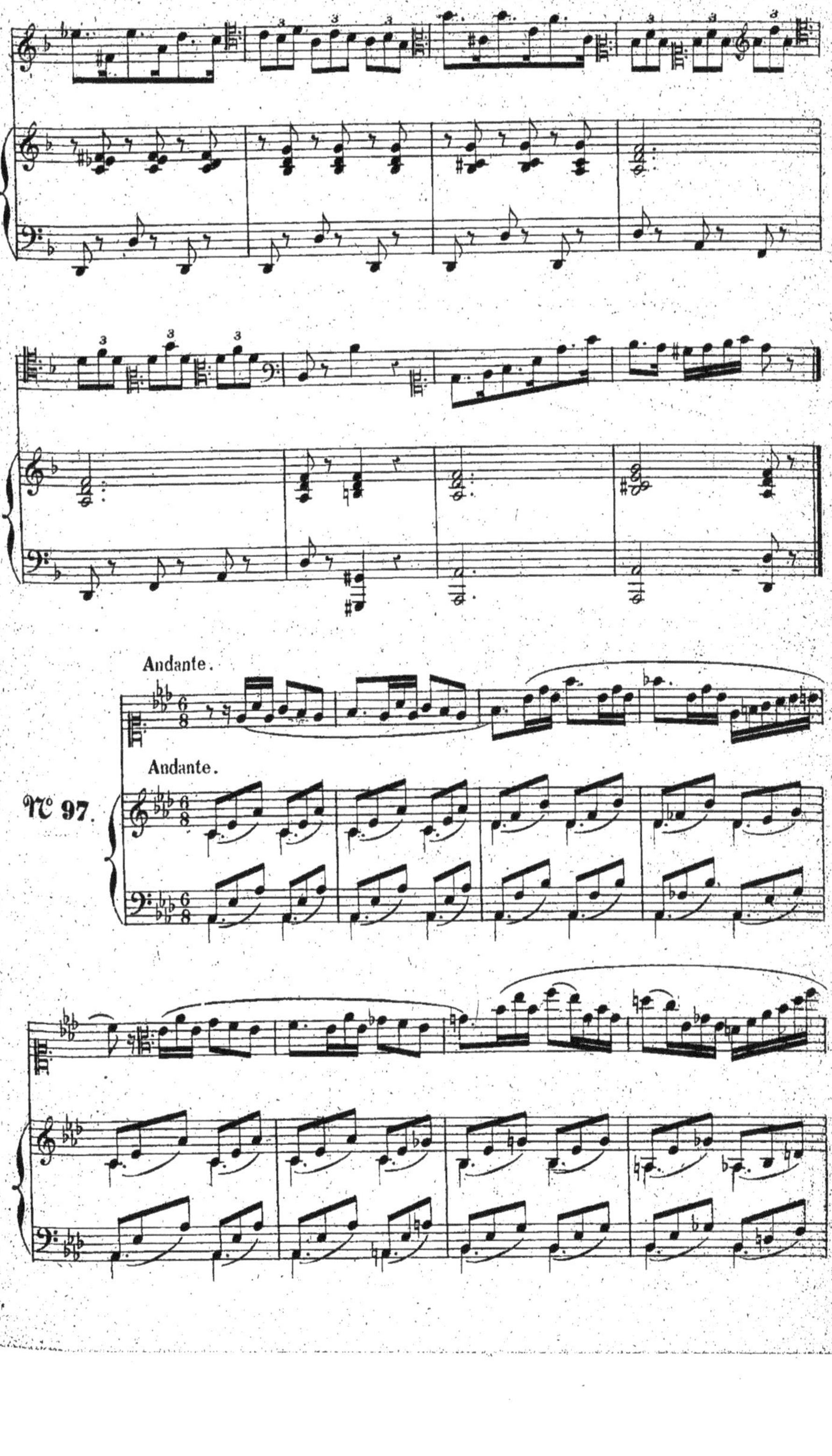

Andante.

№ 97.

Andante.

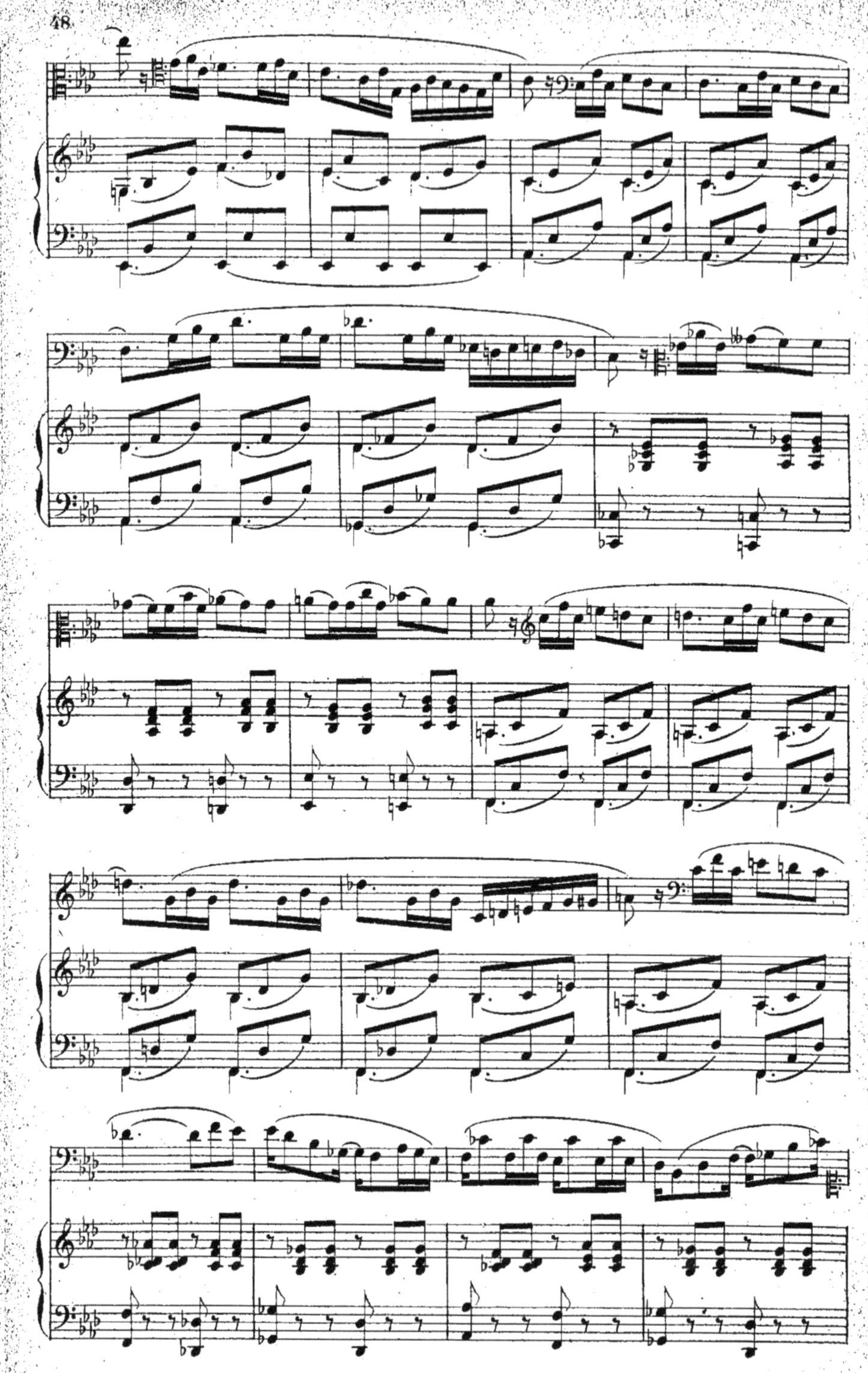

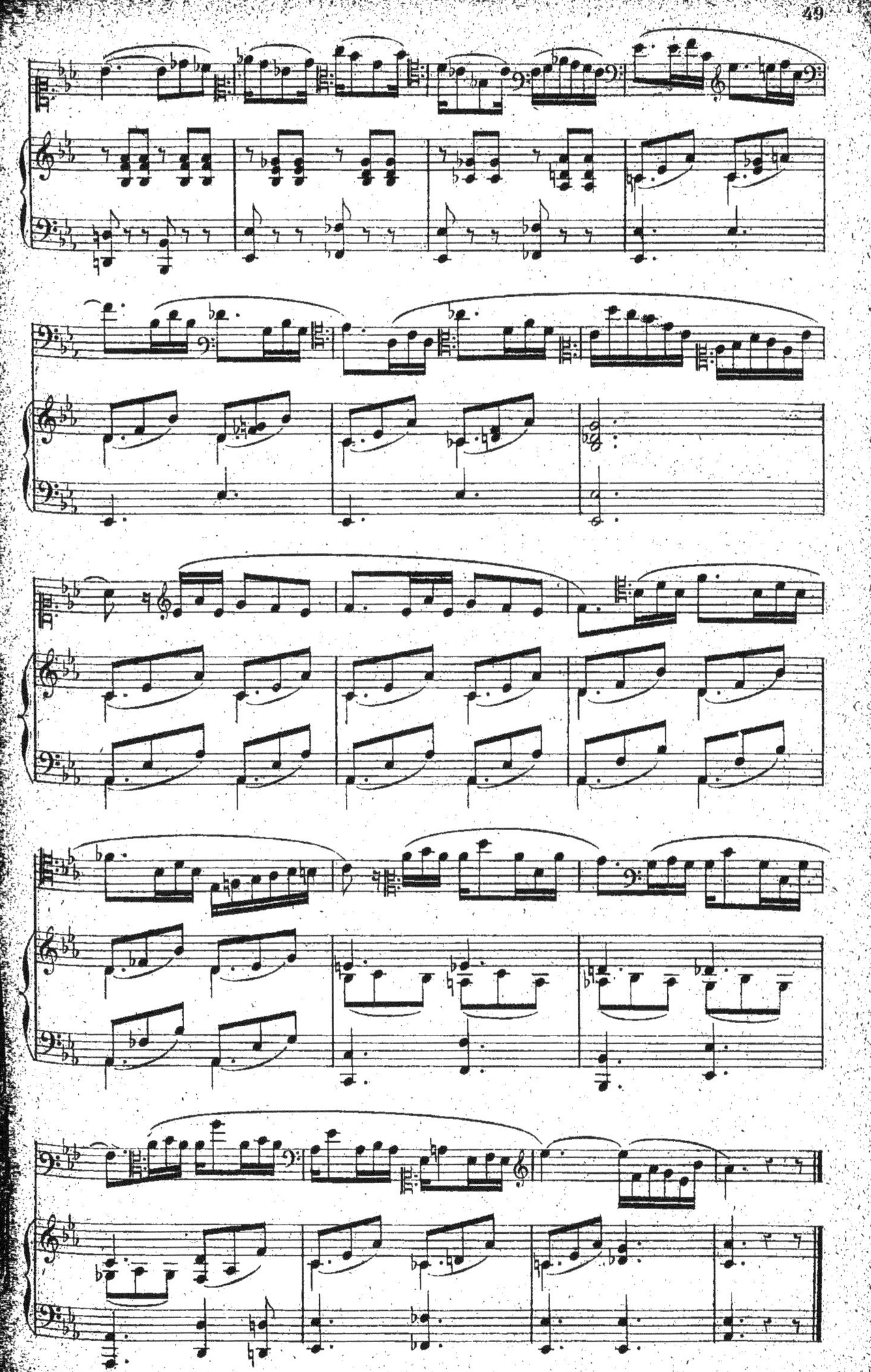

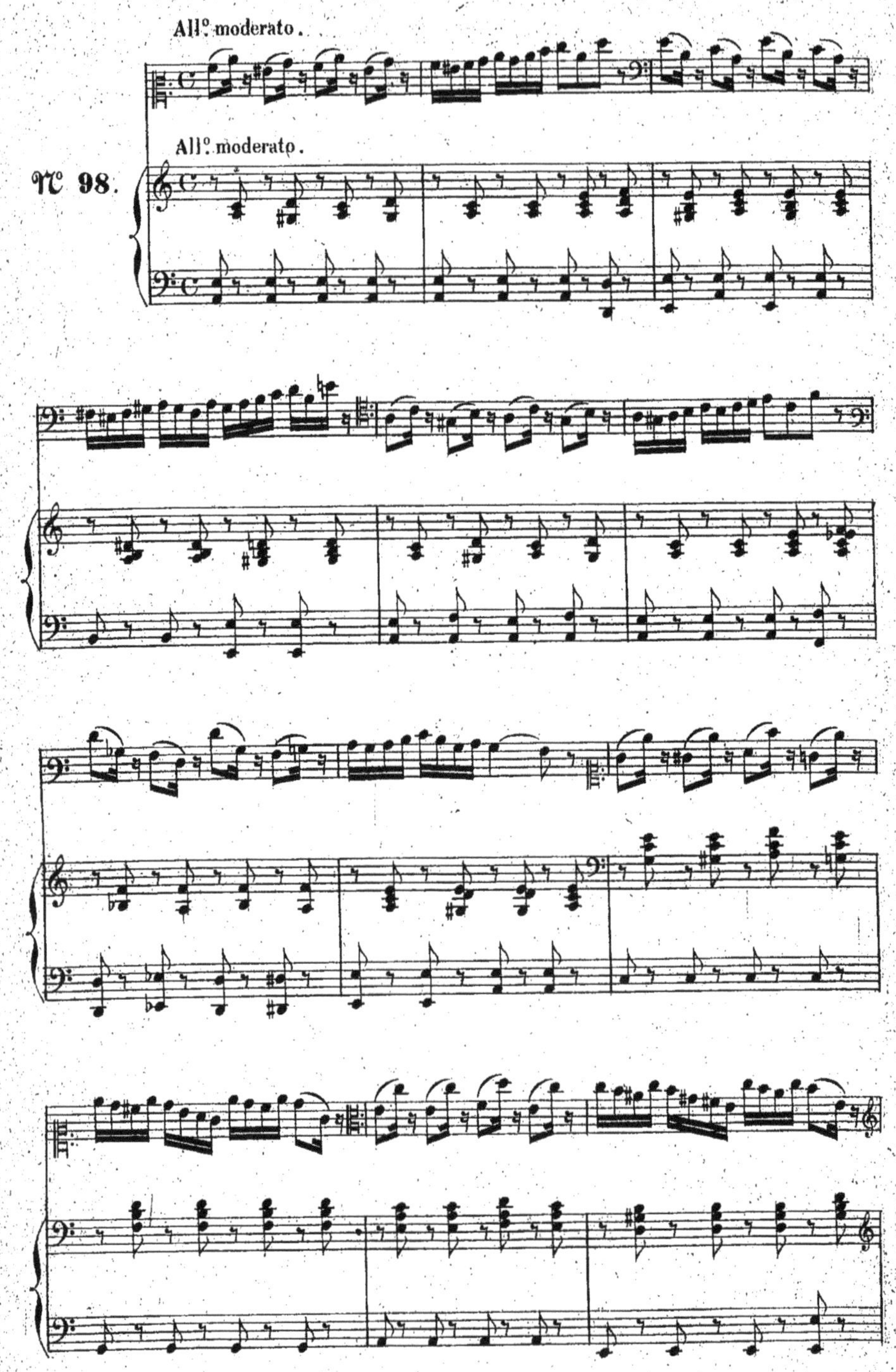
Allo. moderato.
Allo. moderato.
No 98.

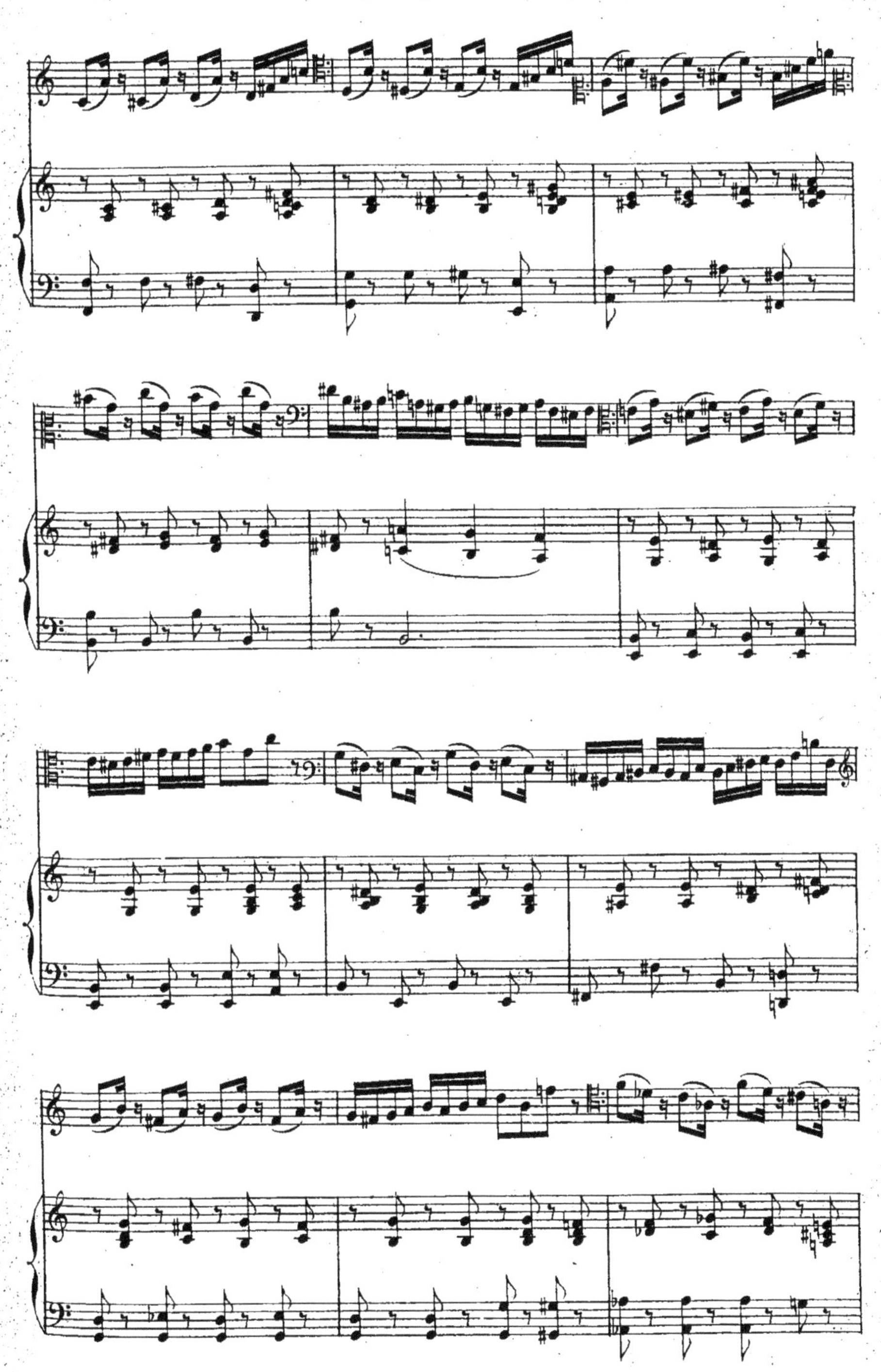

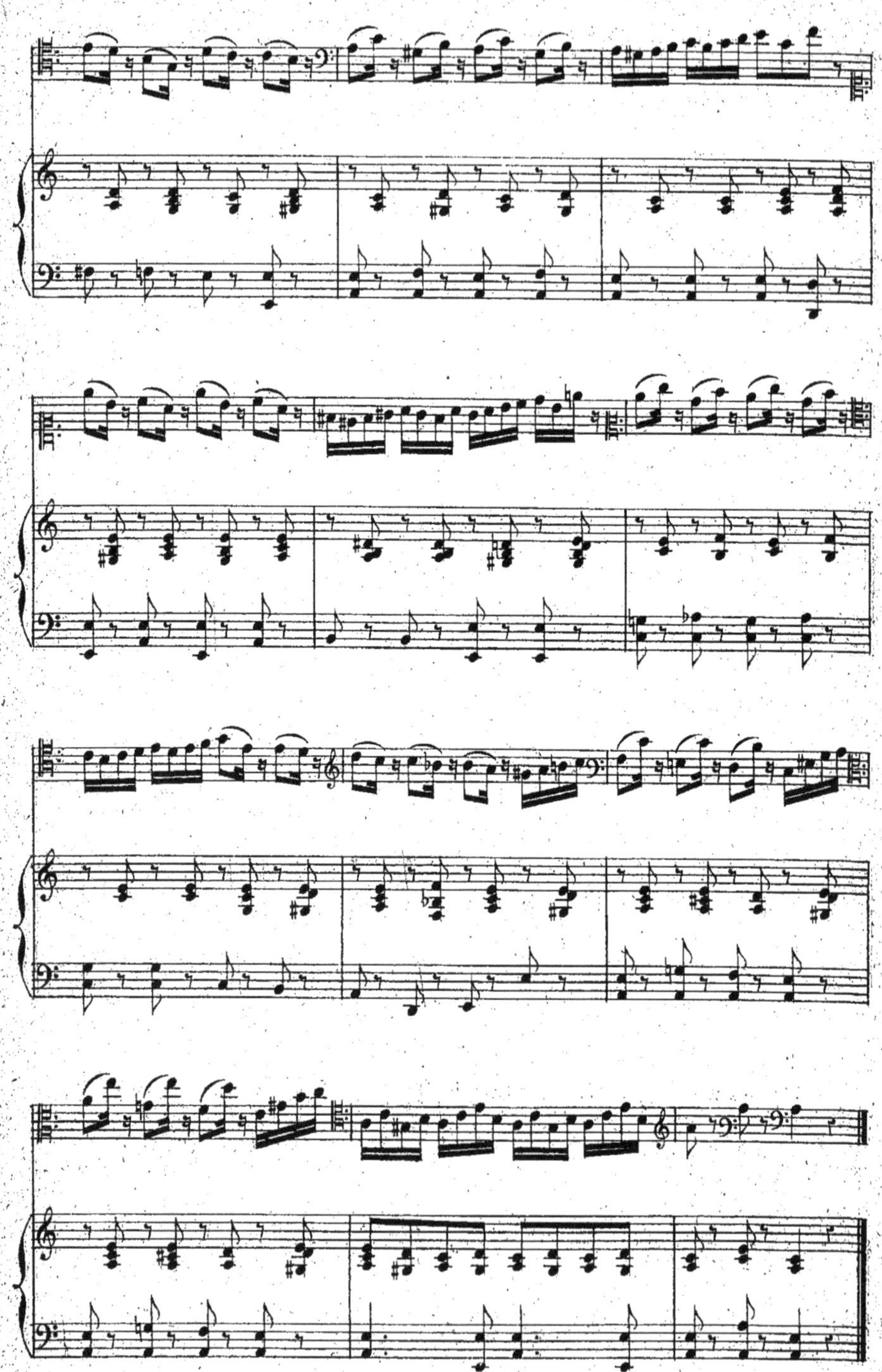

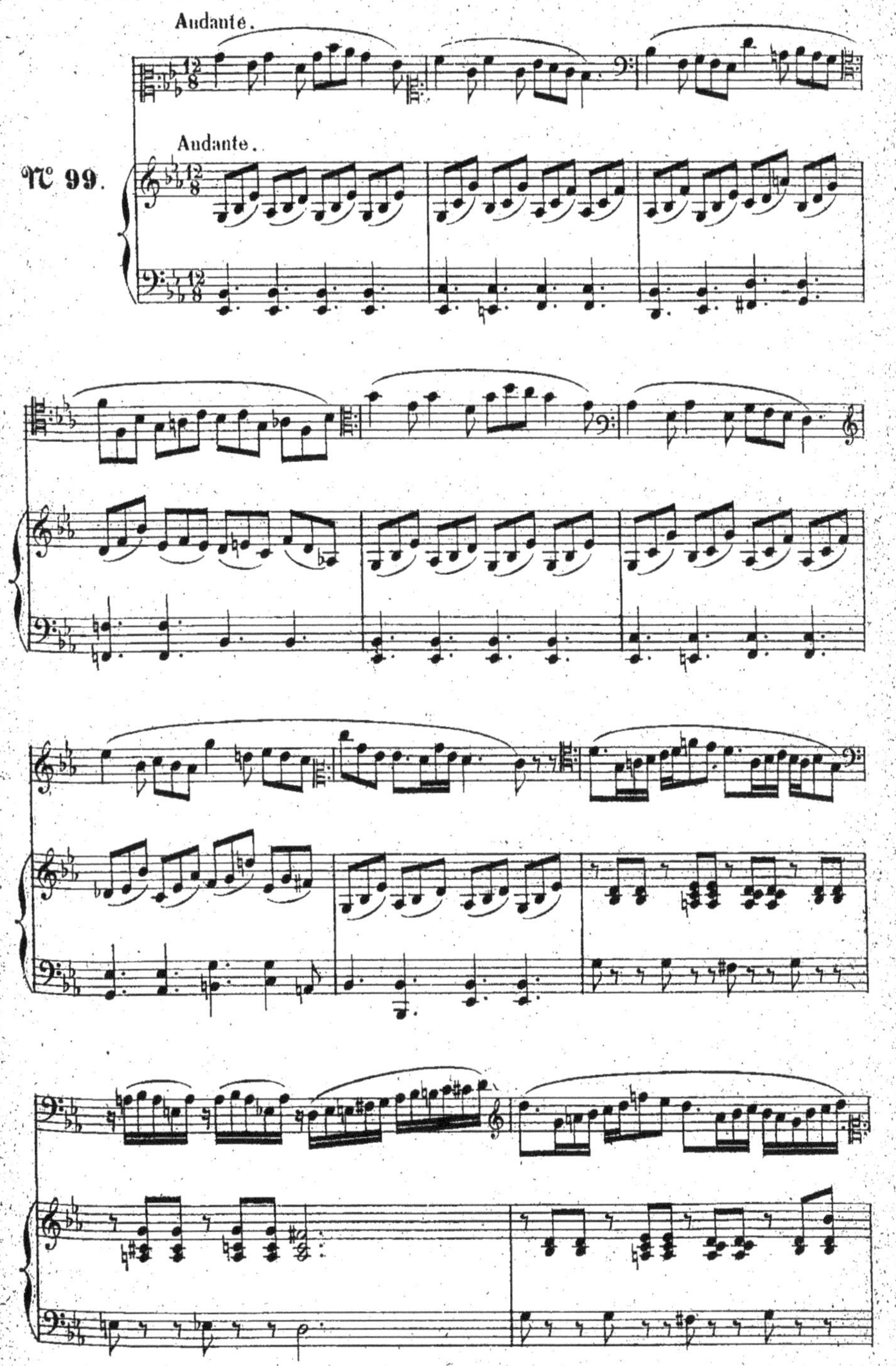
Andante.
Andante.
N° 99.

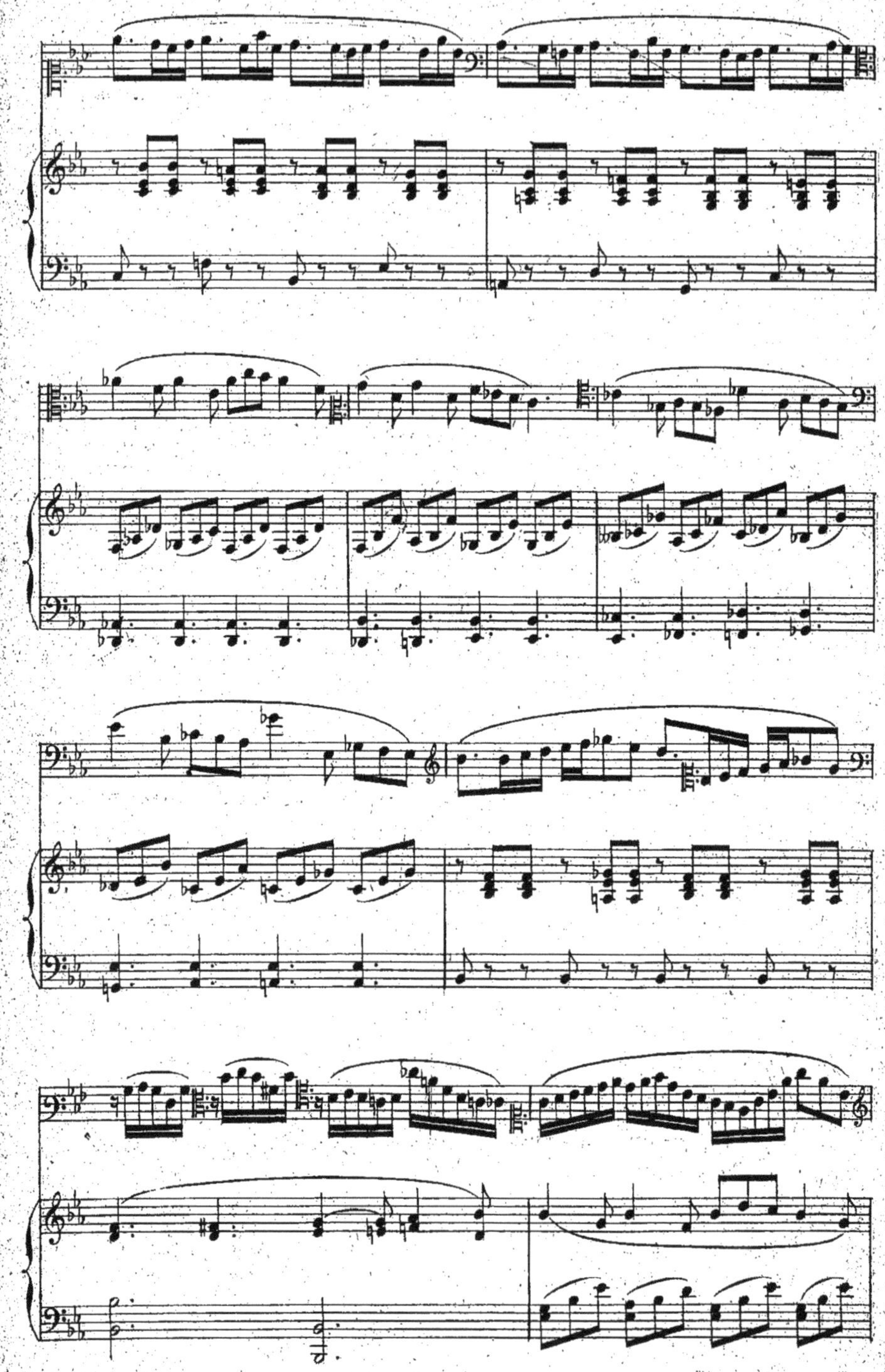

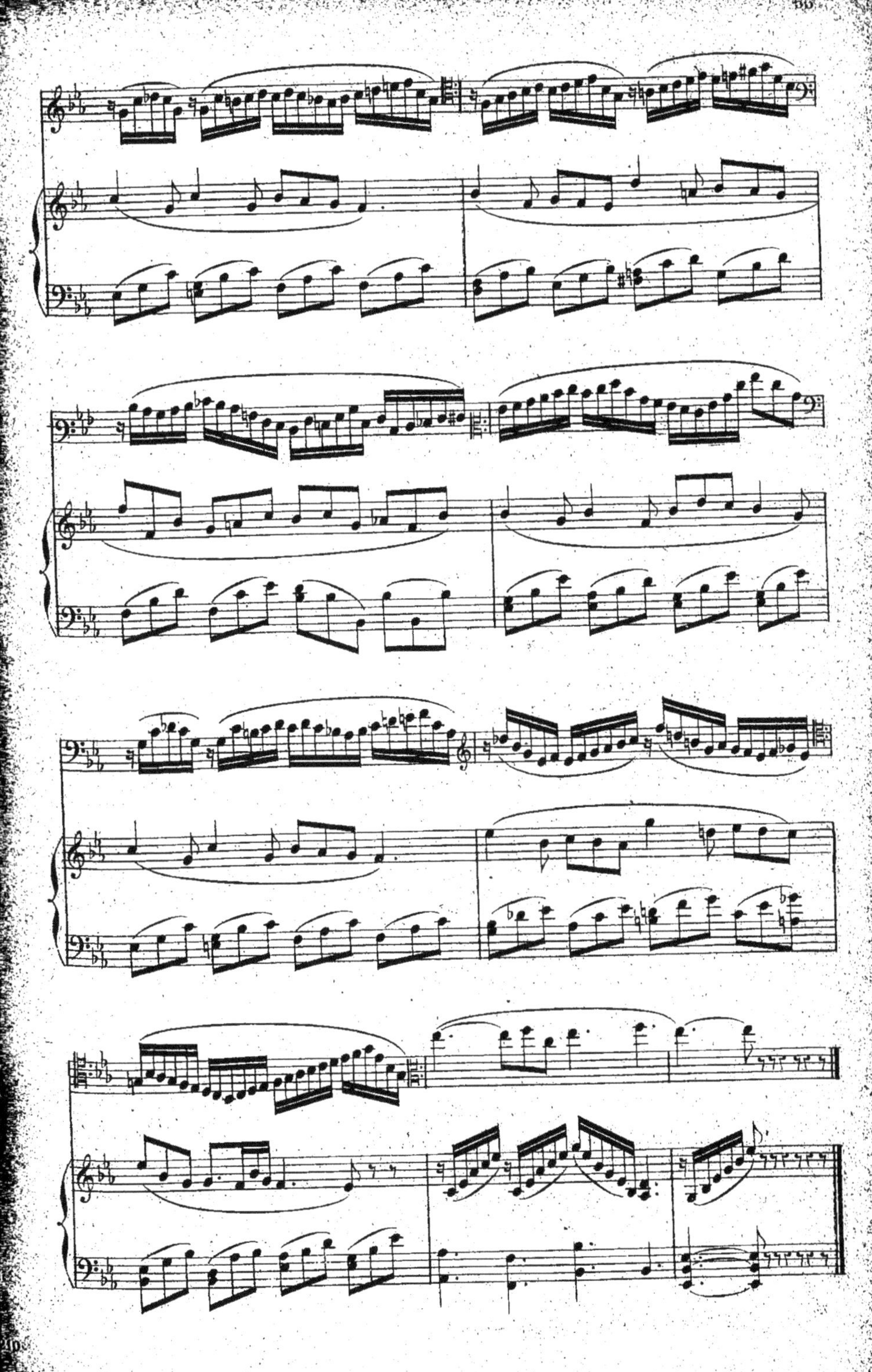

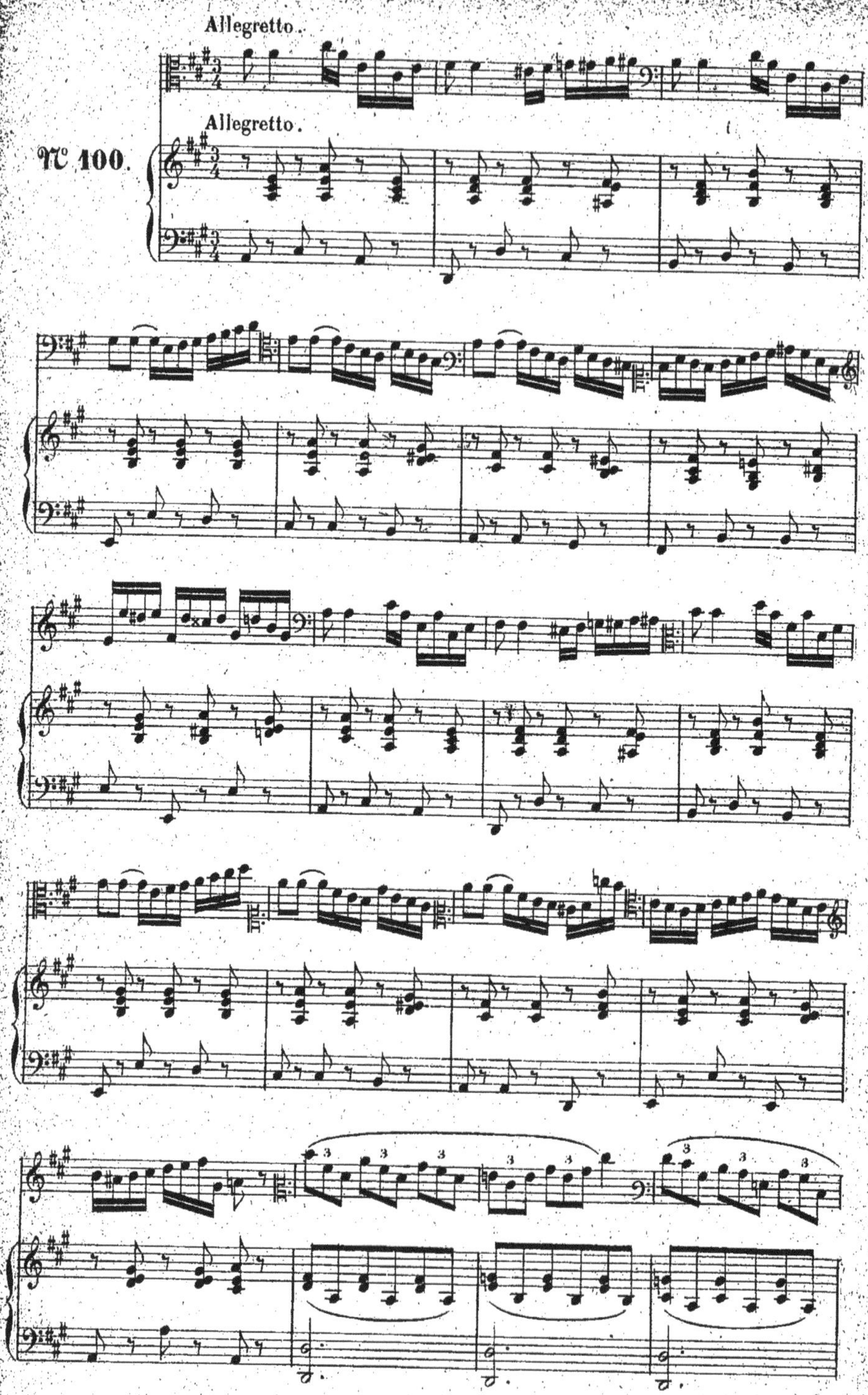
Allegretto.
Allegretto.
Nᵒ 100.

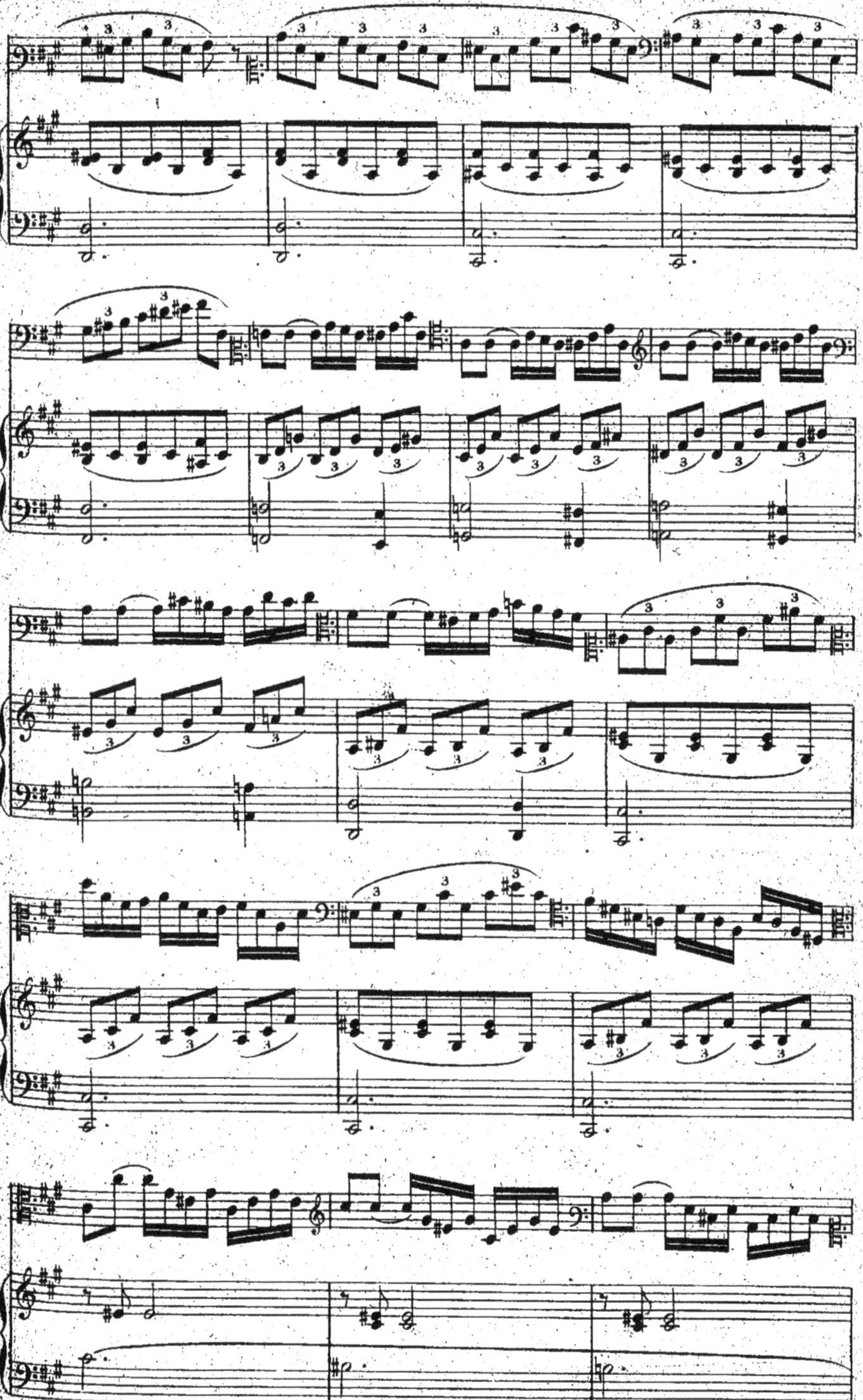

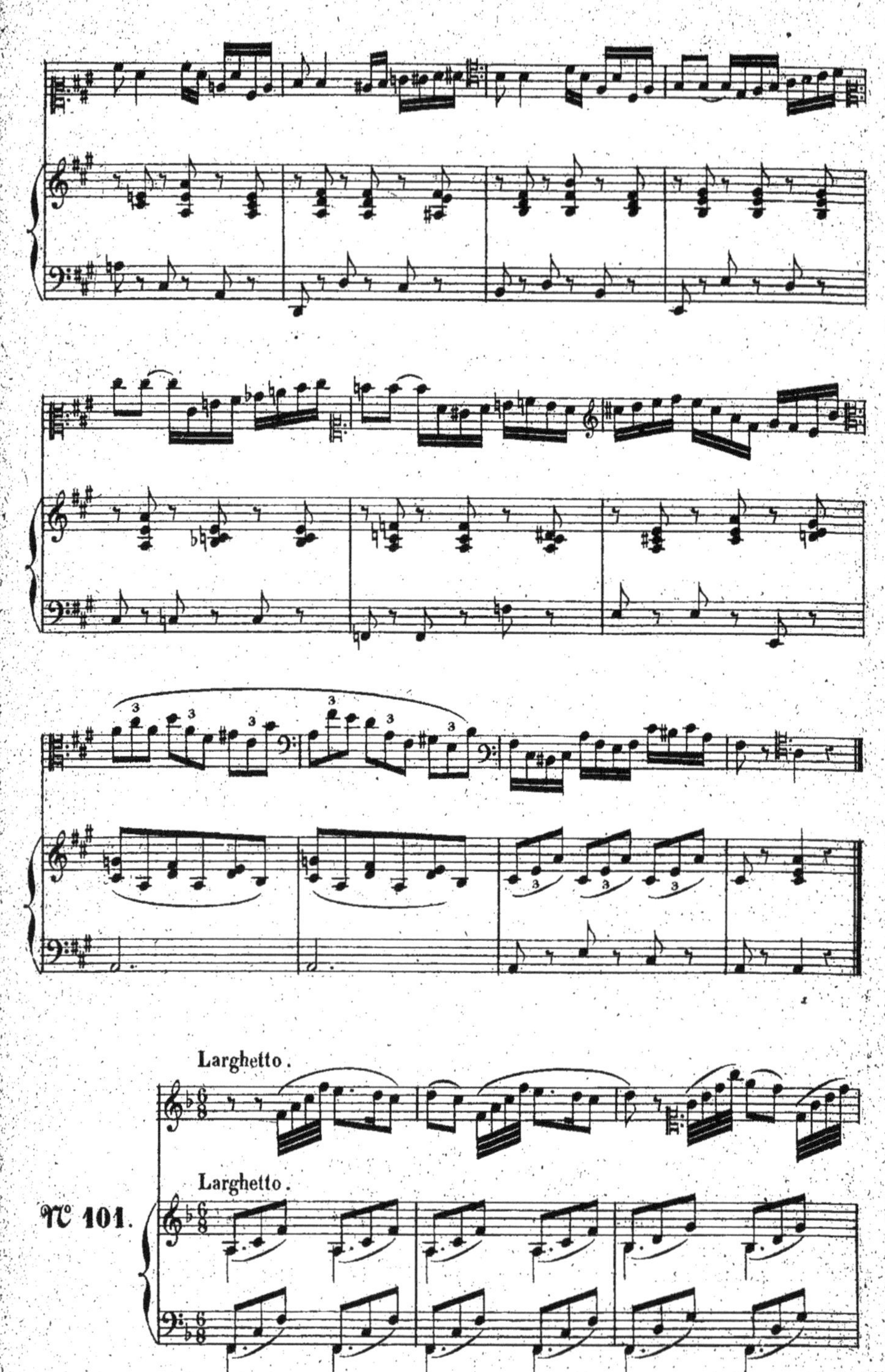
Larghetto.
Larghetto.
N° 101.

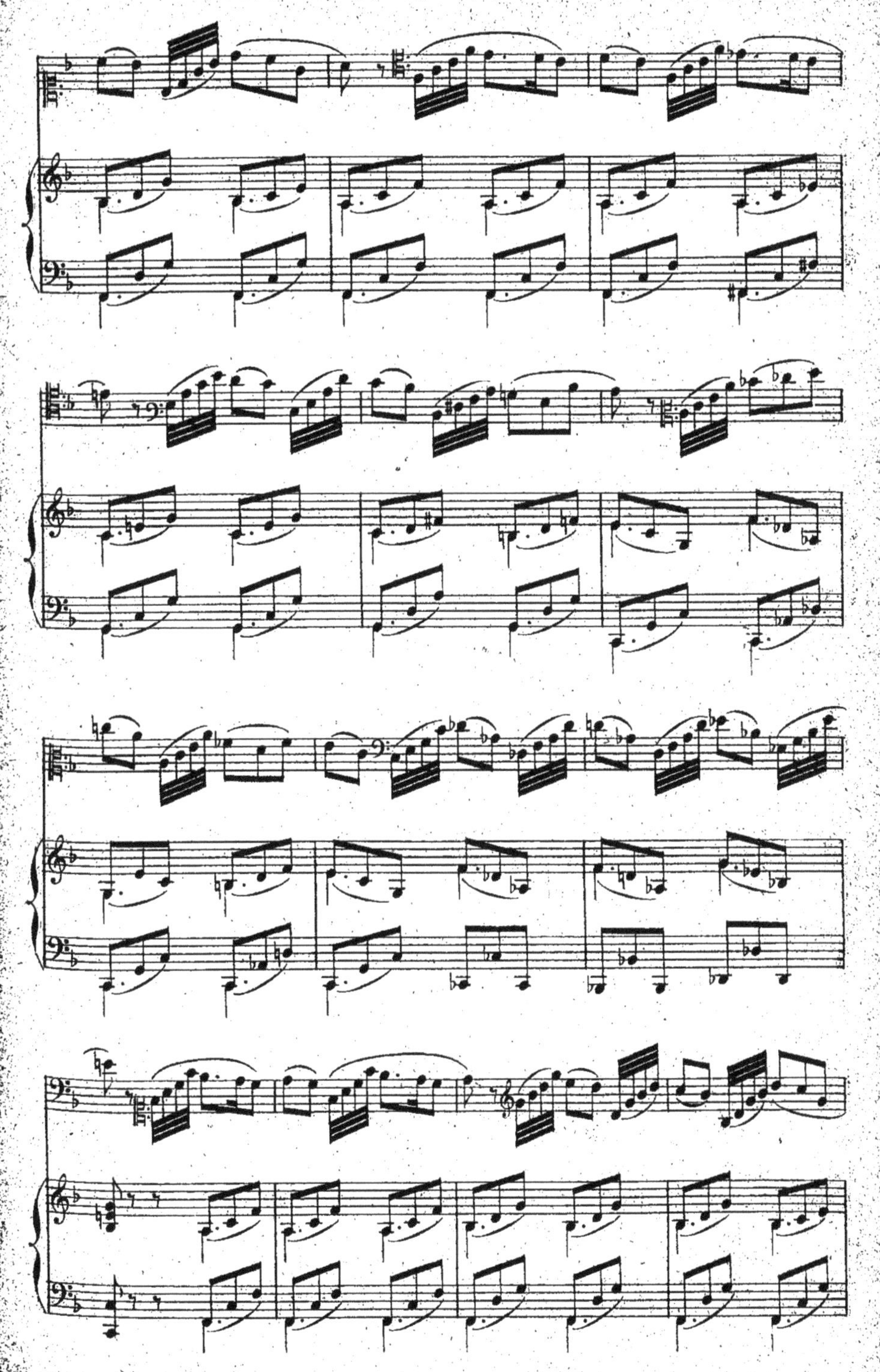

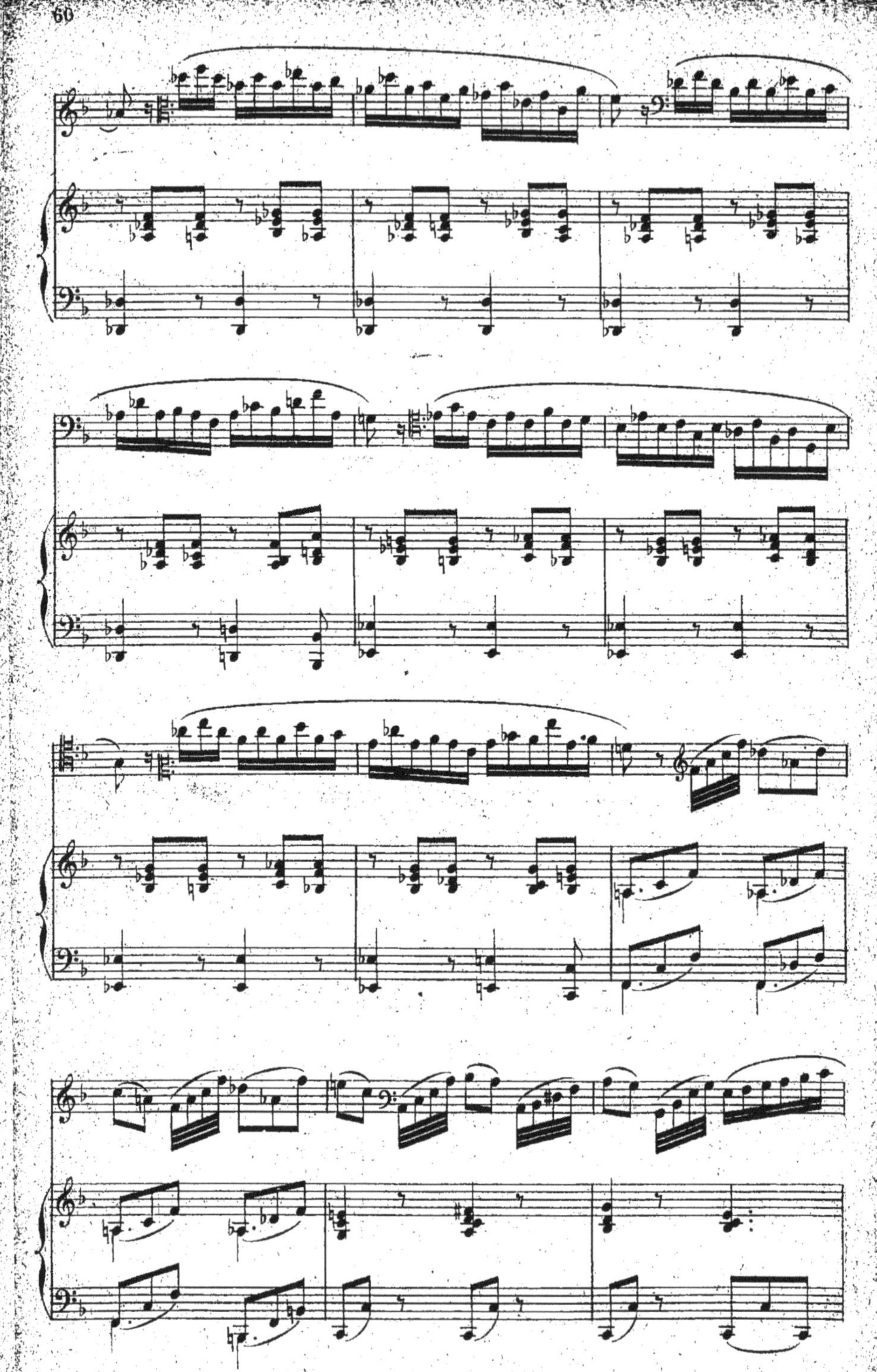

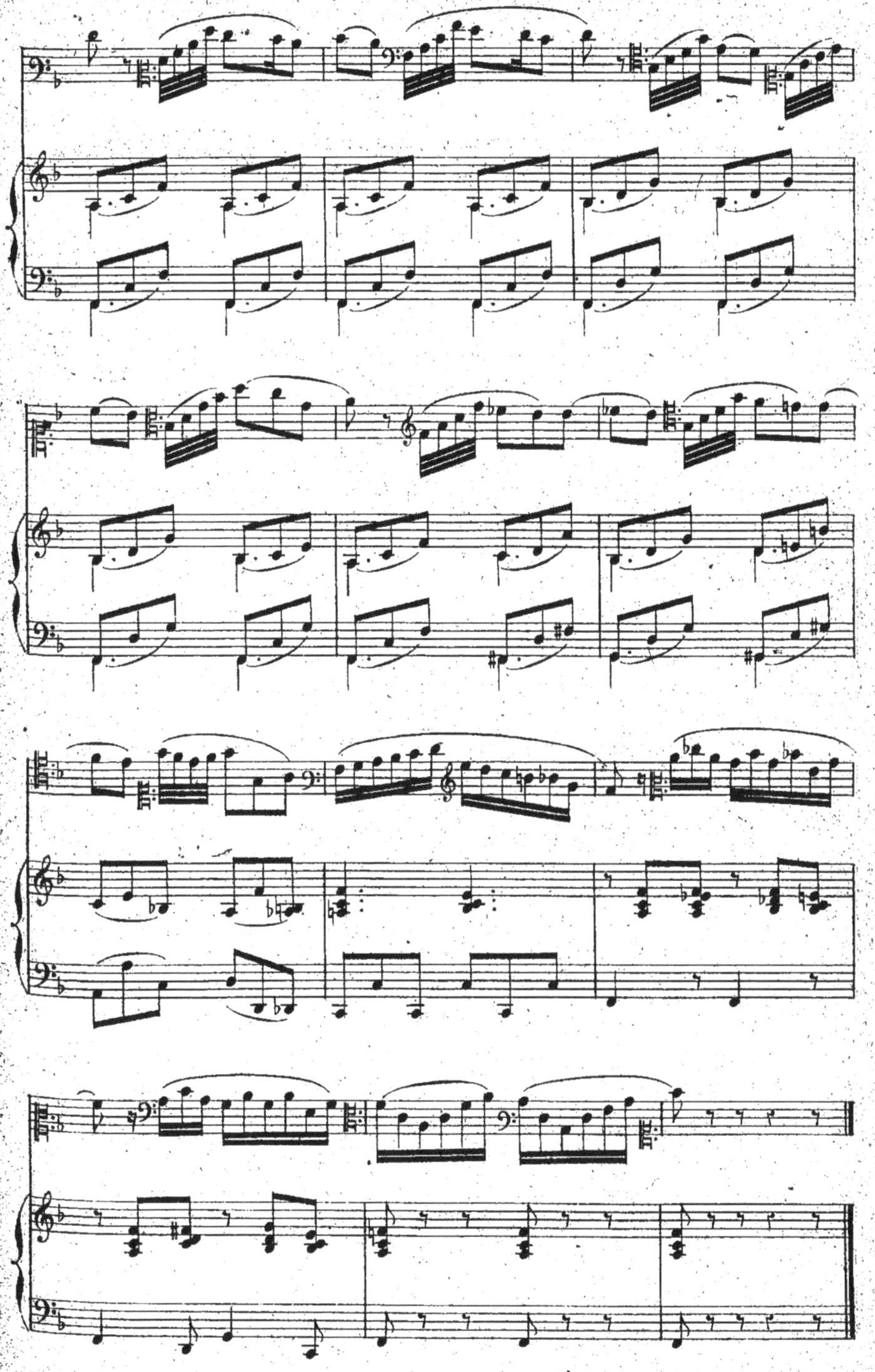

LEÇON SUR DIVERSES MESURES SIMPLES OU COMPOSÉES.

Le mouvement des temps reste toujours le même.

N° 102.

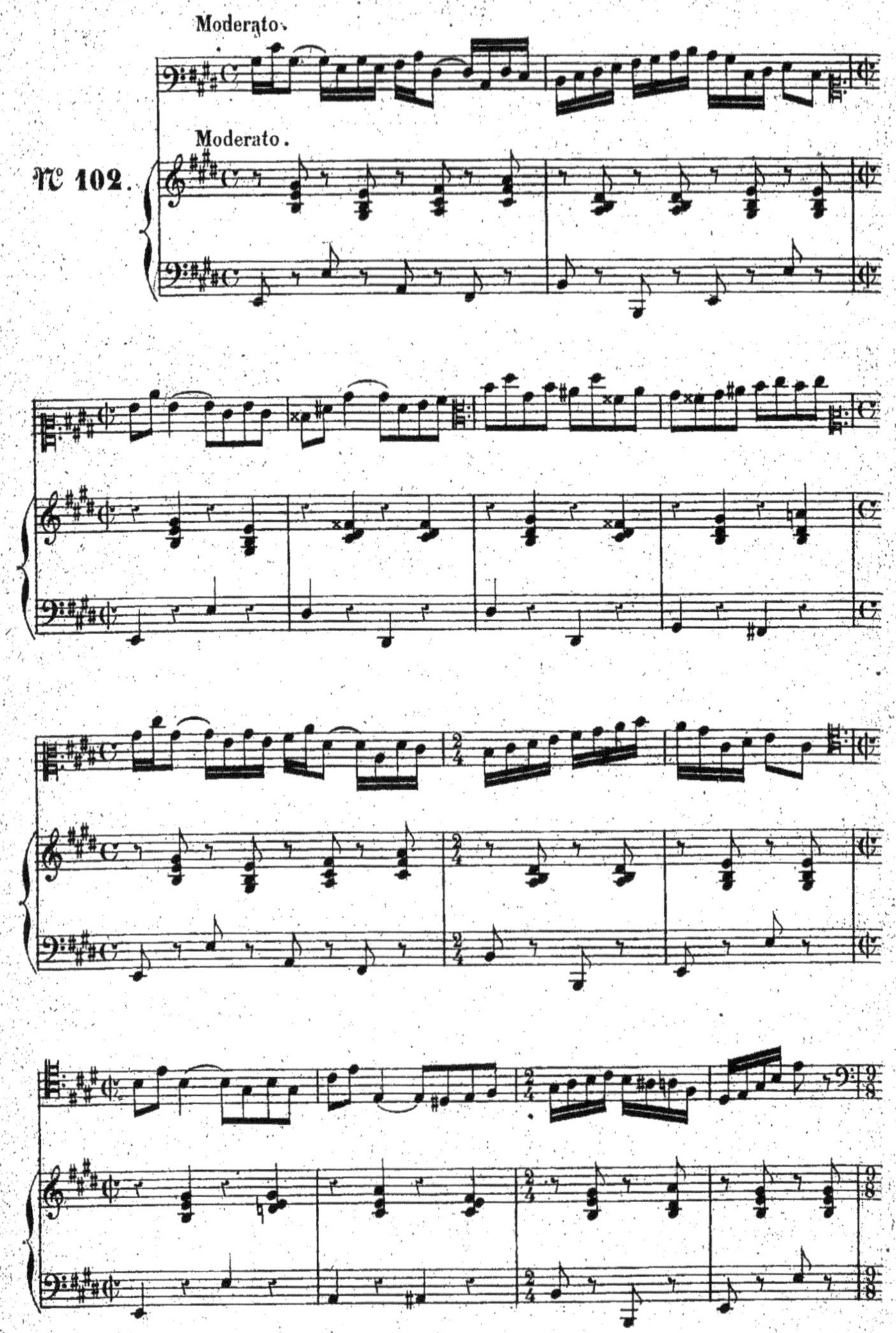

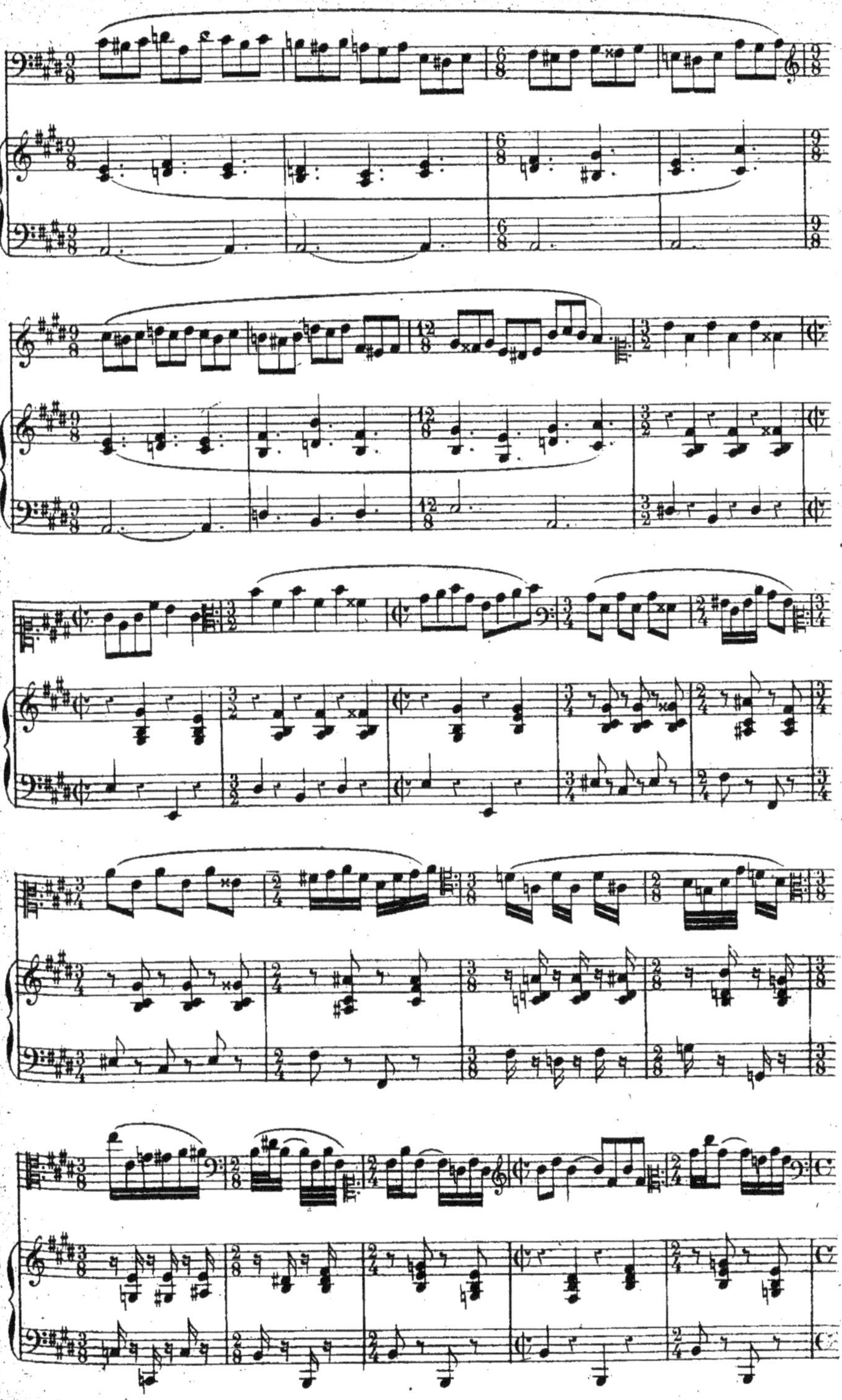

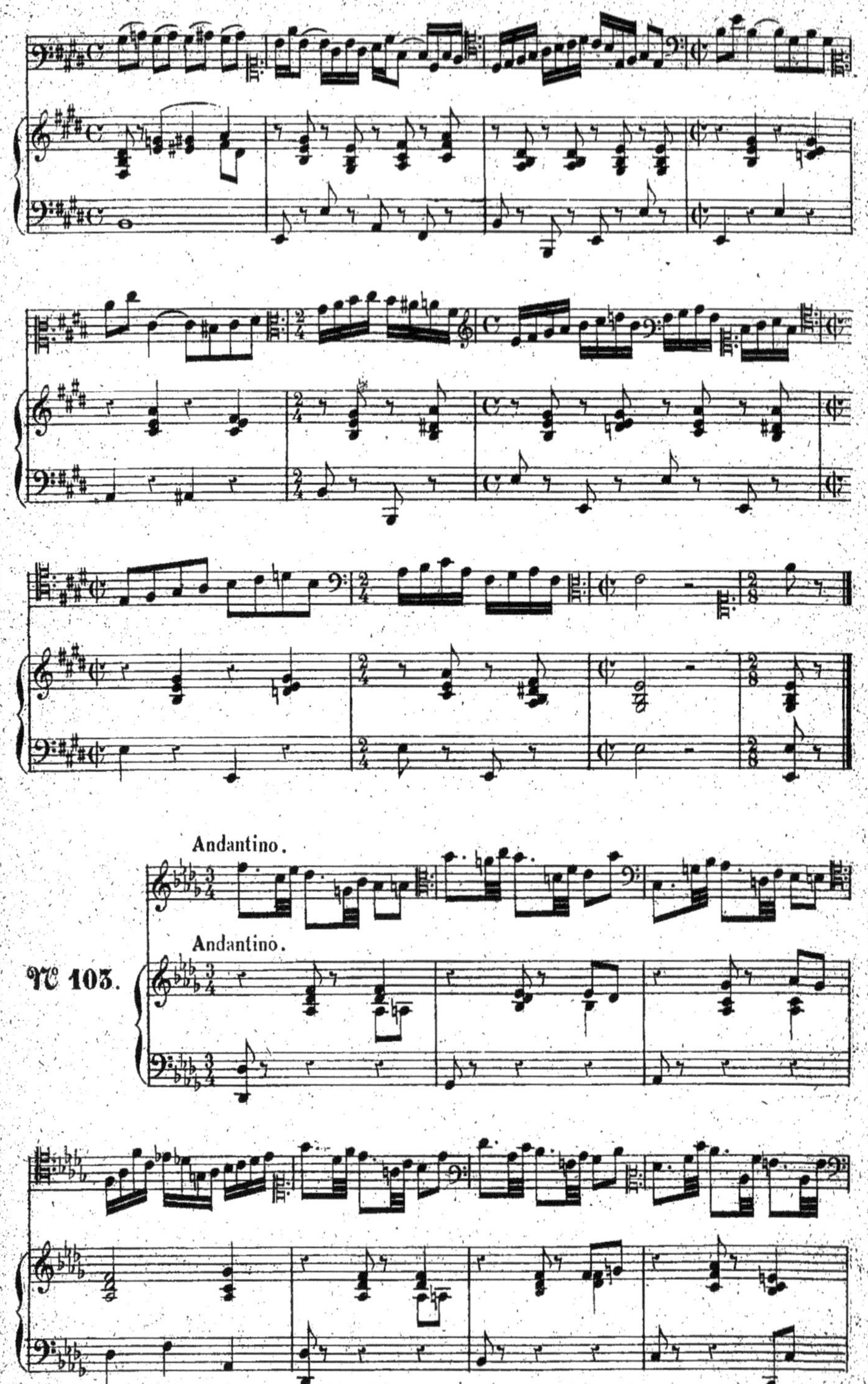
Andantino.
Andantino.
№ 103.

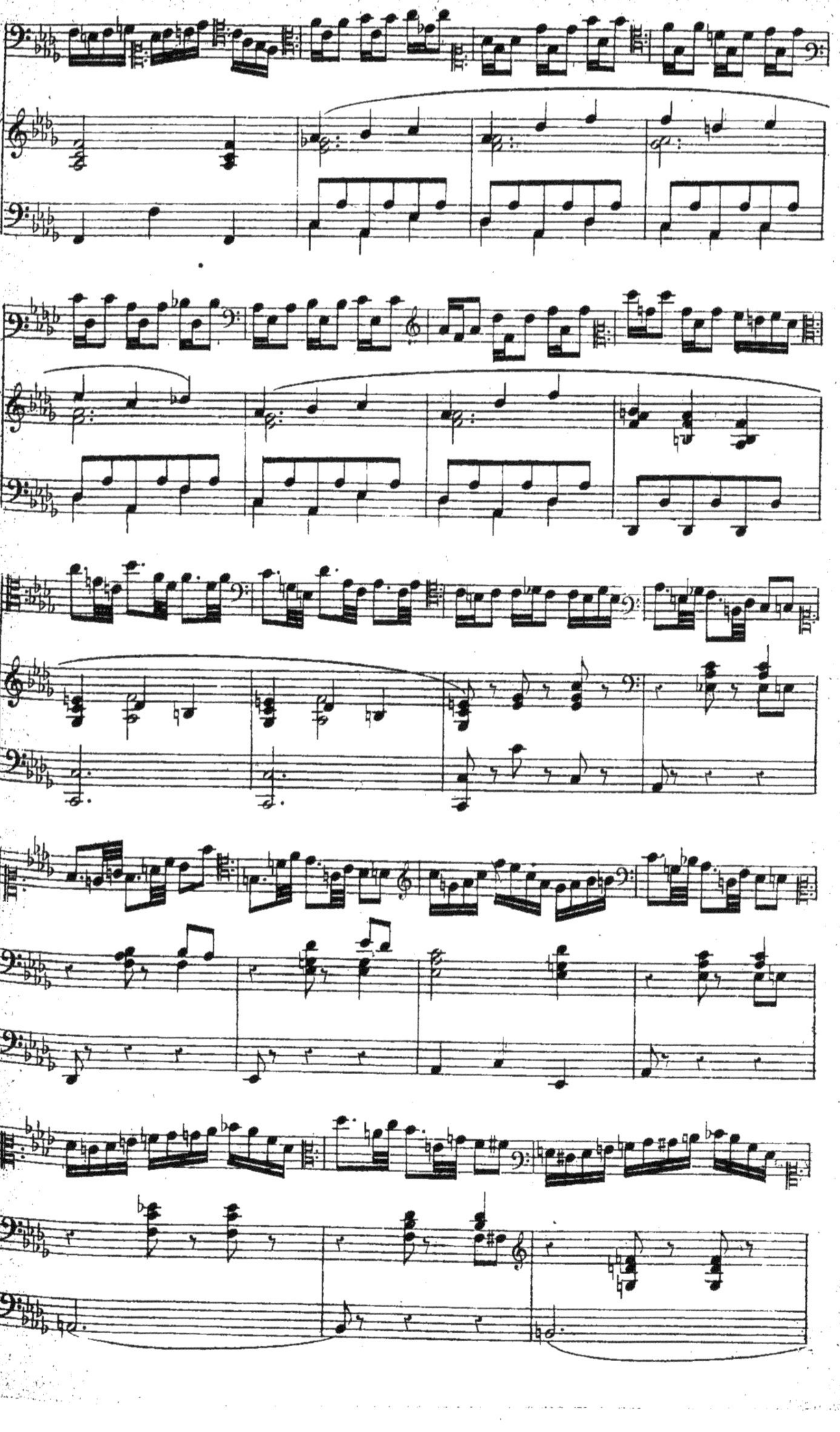

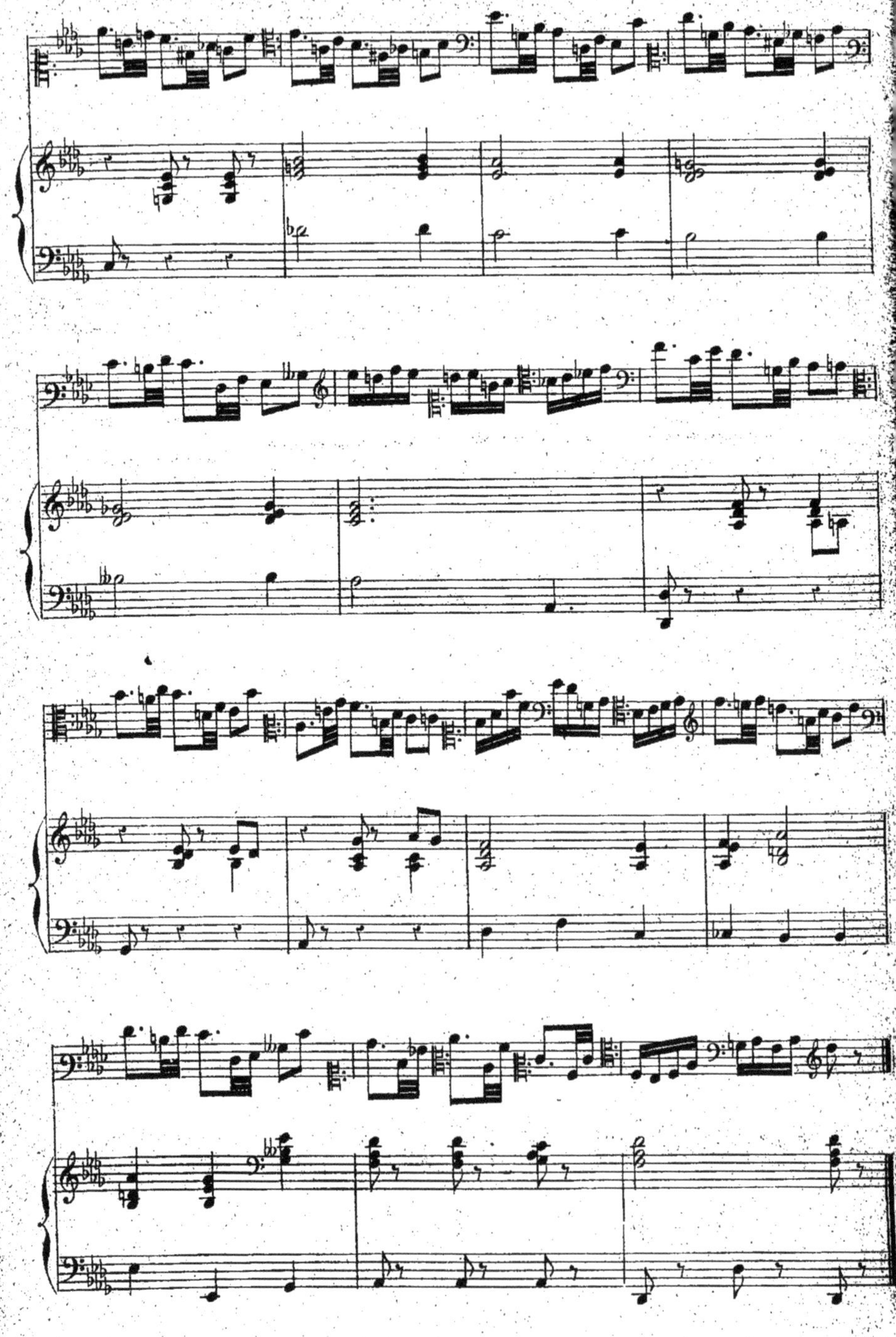

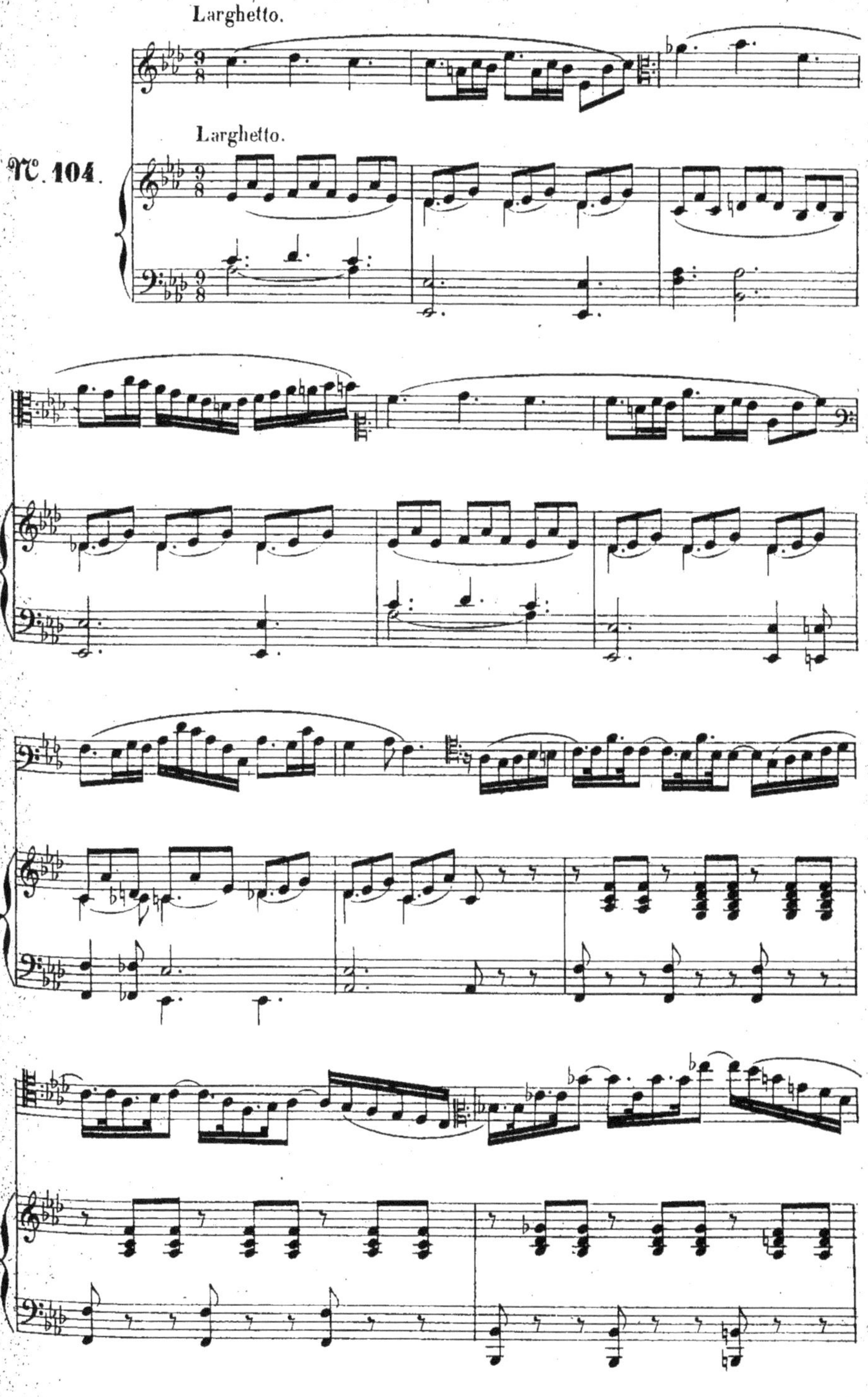

Larghetto.
Larghetto.
№ 104.

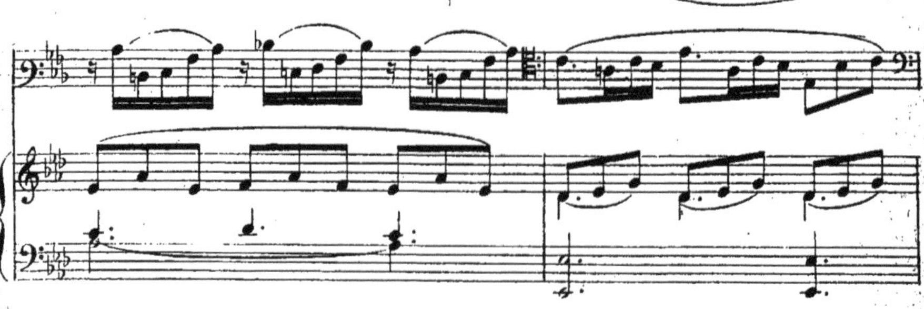

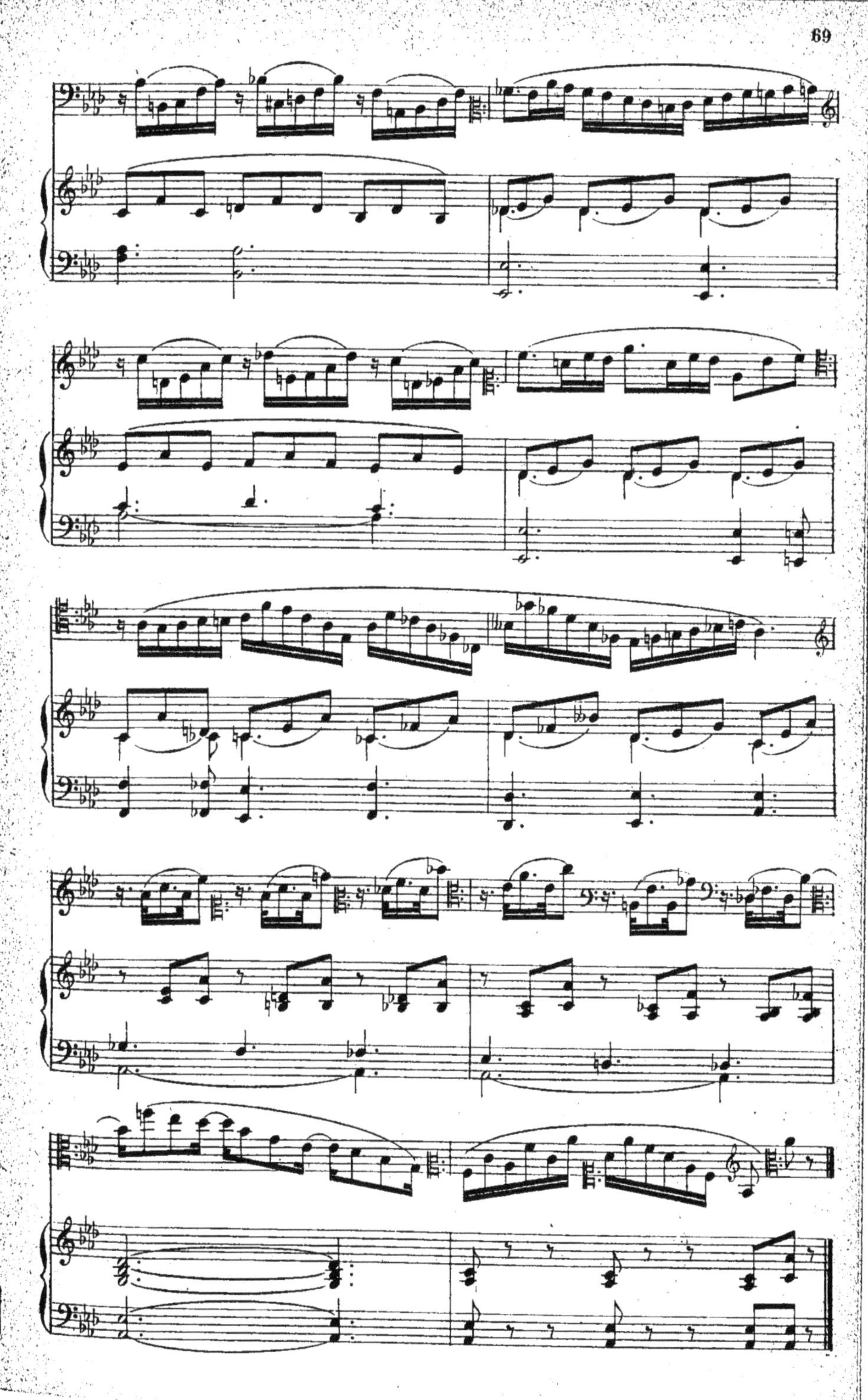

LEÇONS DIFFICILES.

Nº 105.

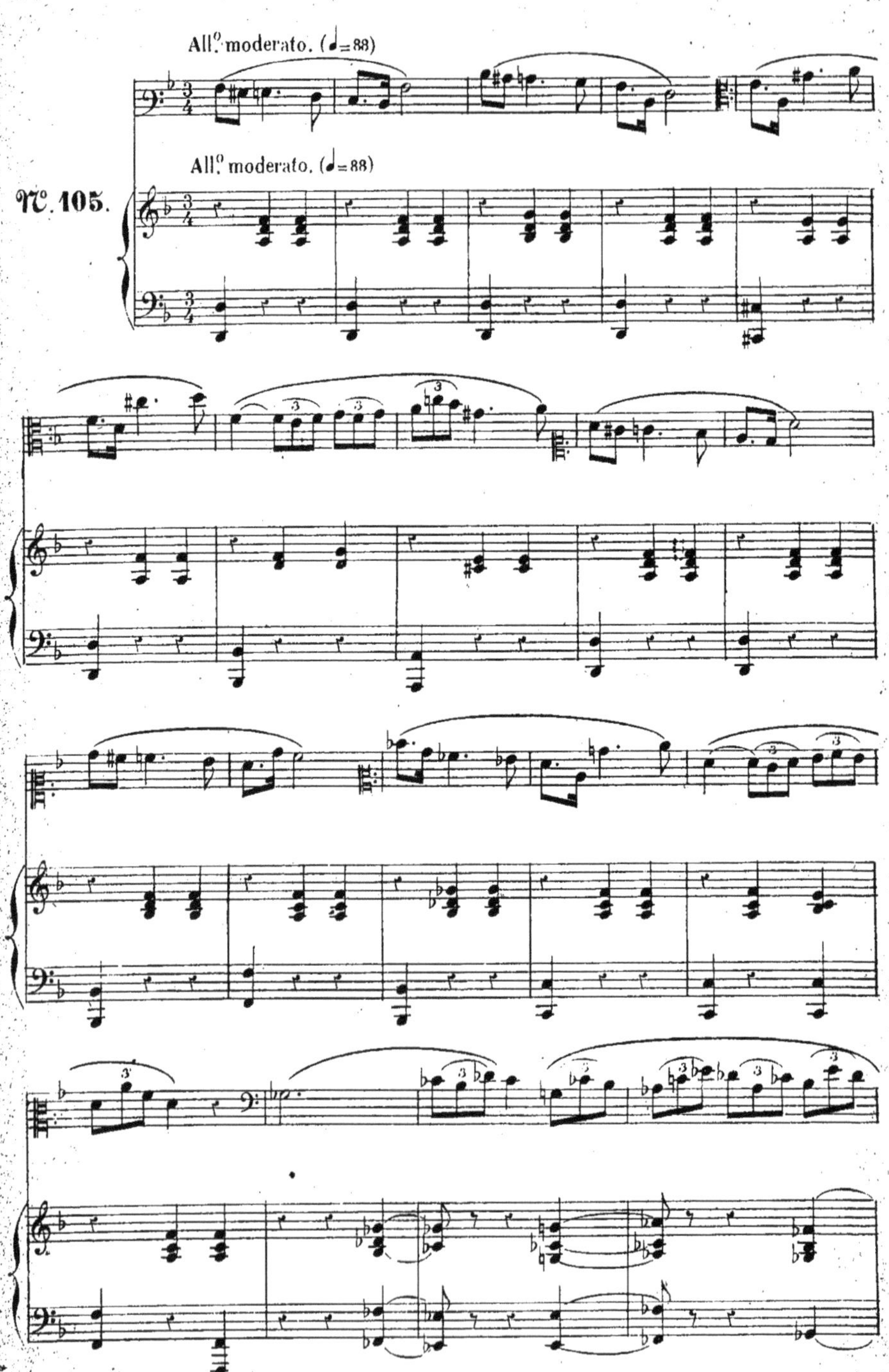

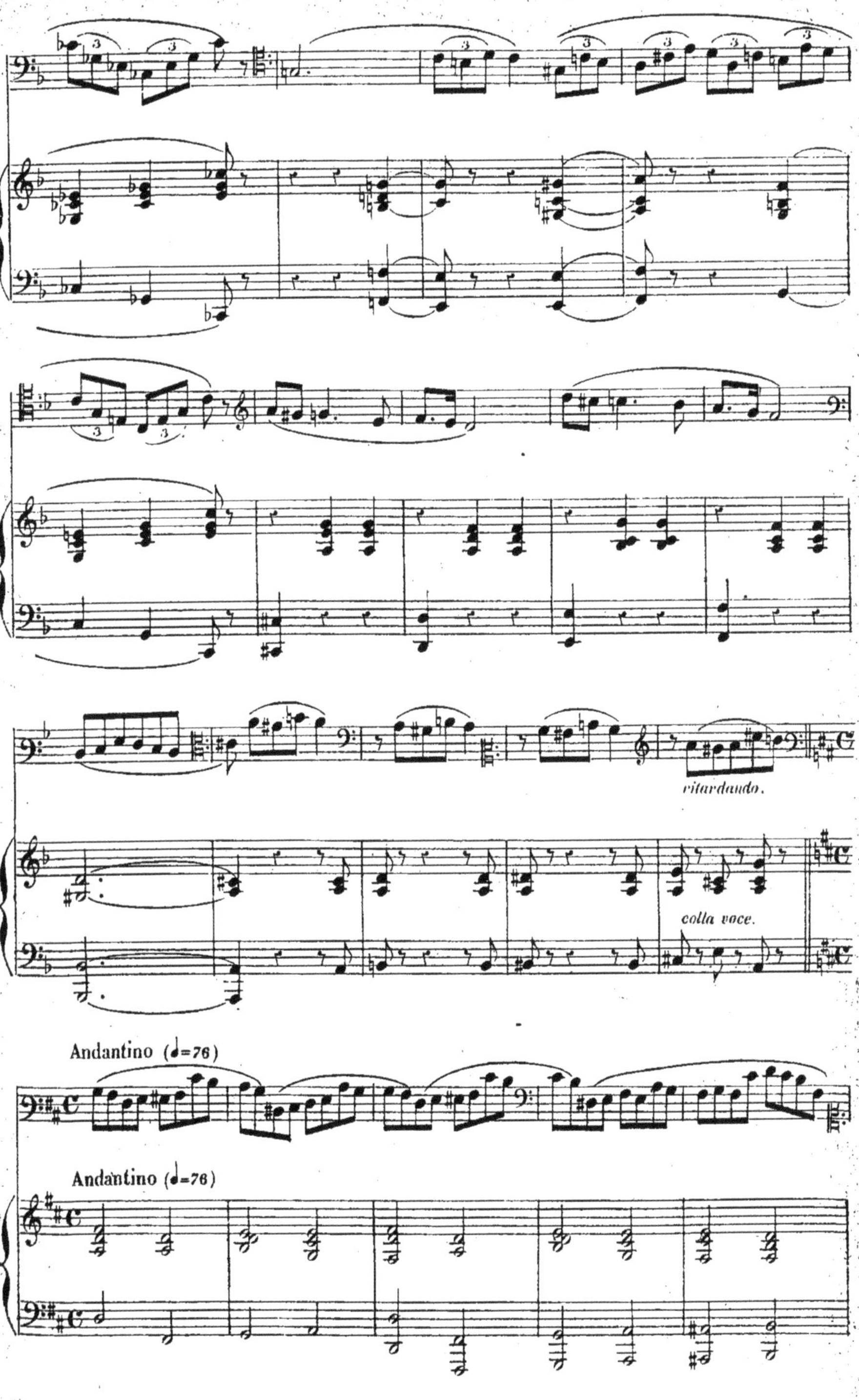

ritardando.
colla voce.
Andantino (♩=76)
Andantino (♩=76)

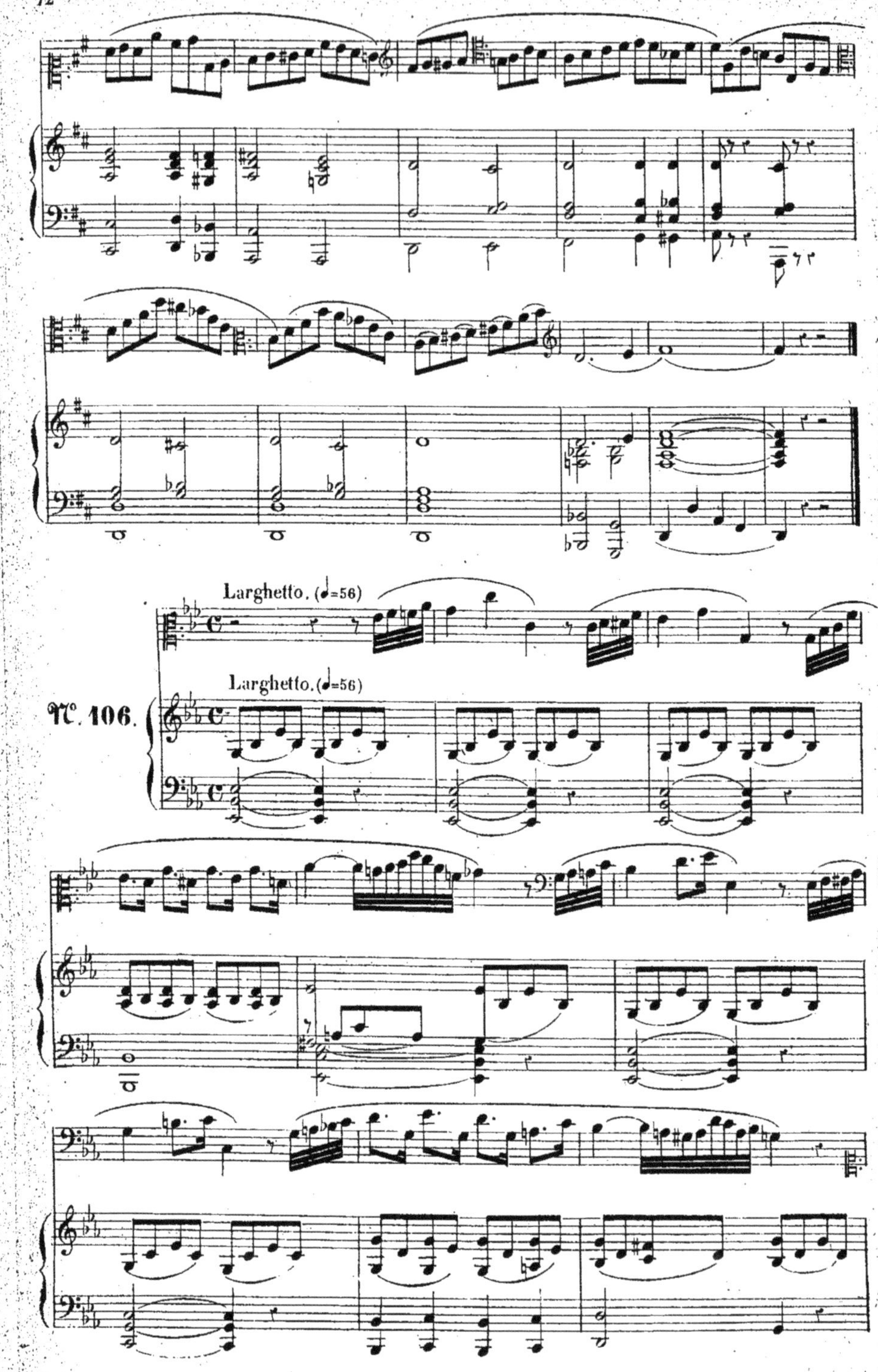
Larghetto. (♩=56)
Larghetto. (♩=56)
№ 106.

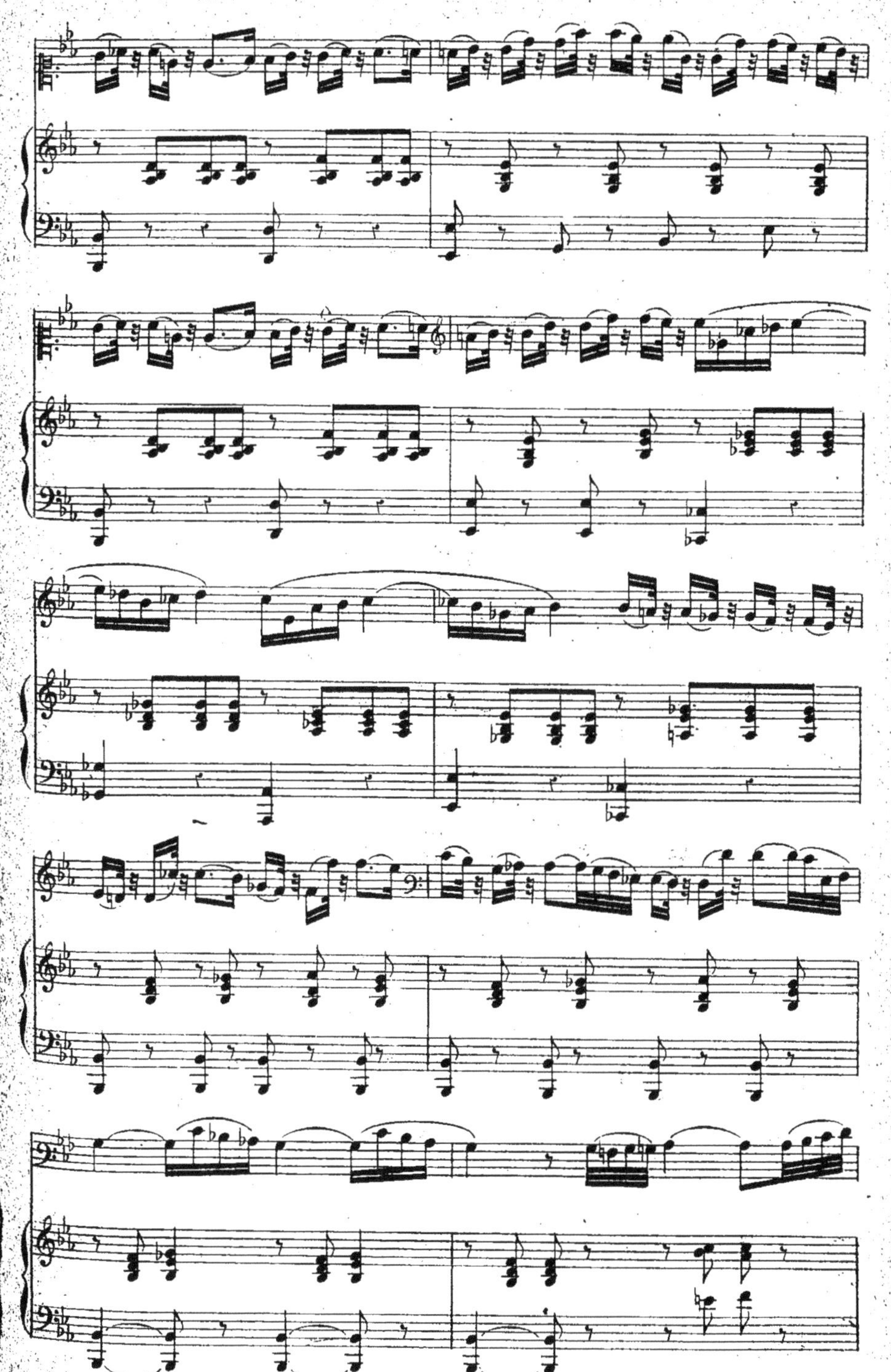

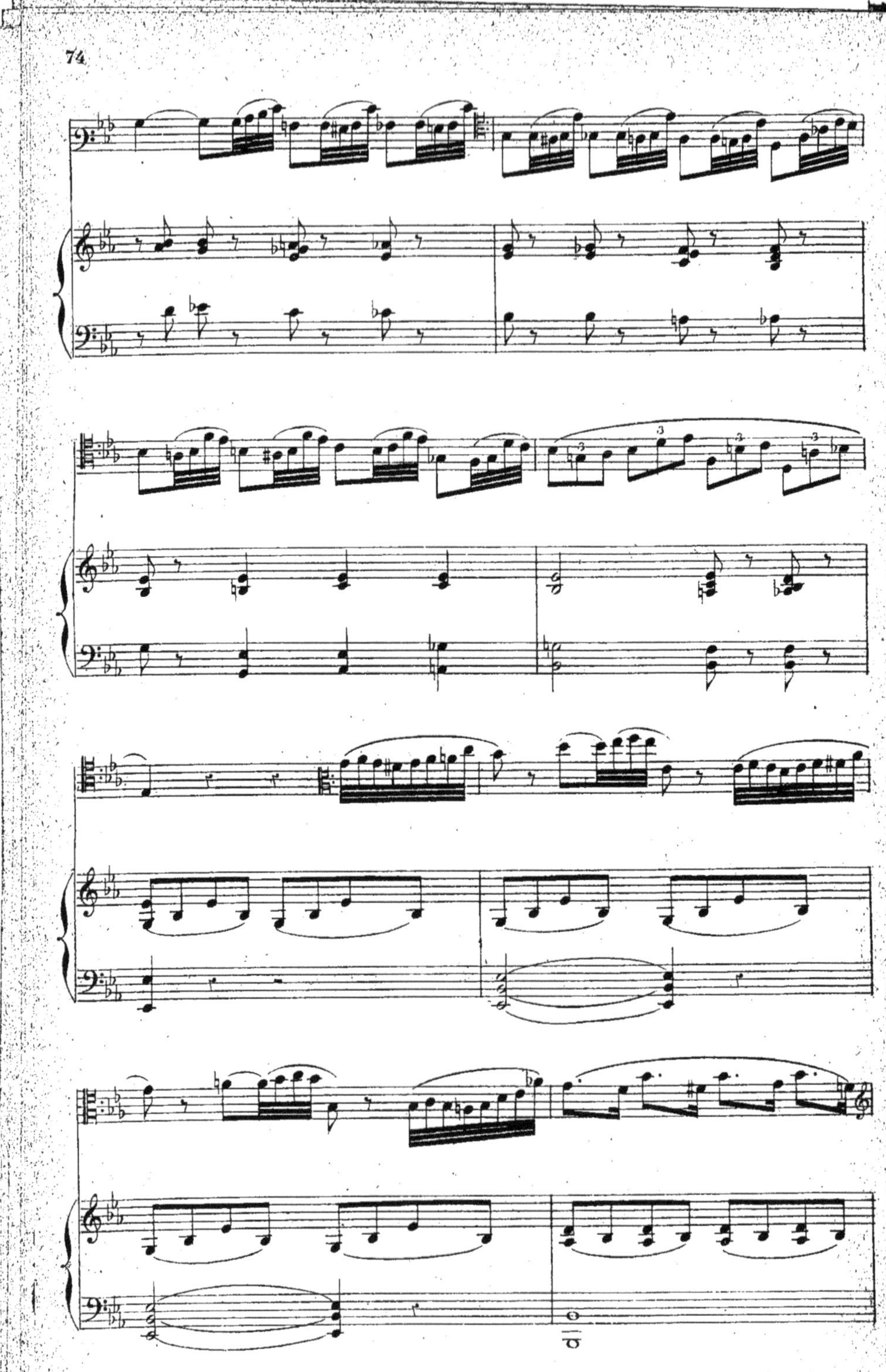

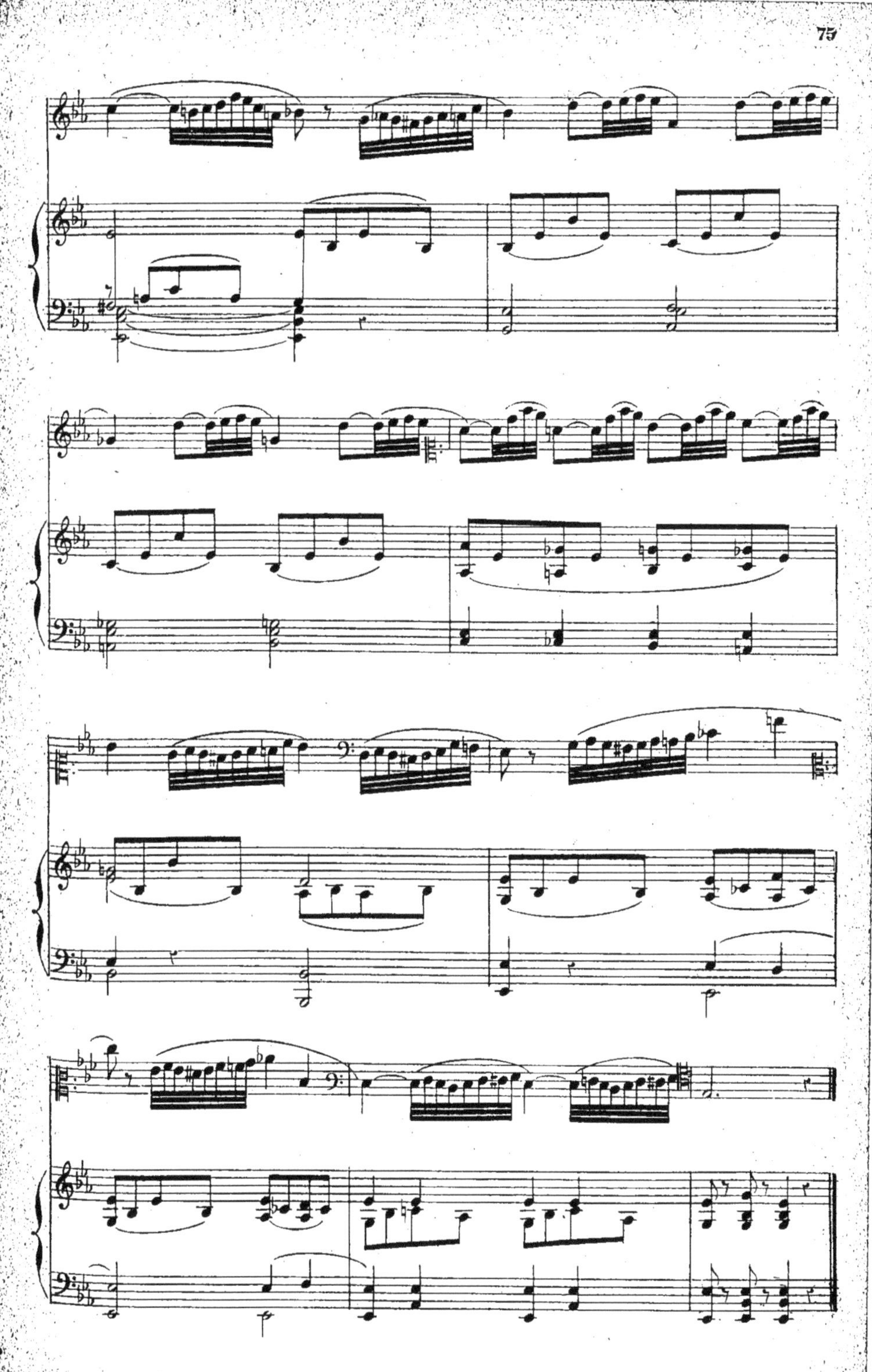

Andante. (♪.=58)
Andante. (♪.=58)
№ 107.

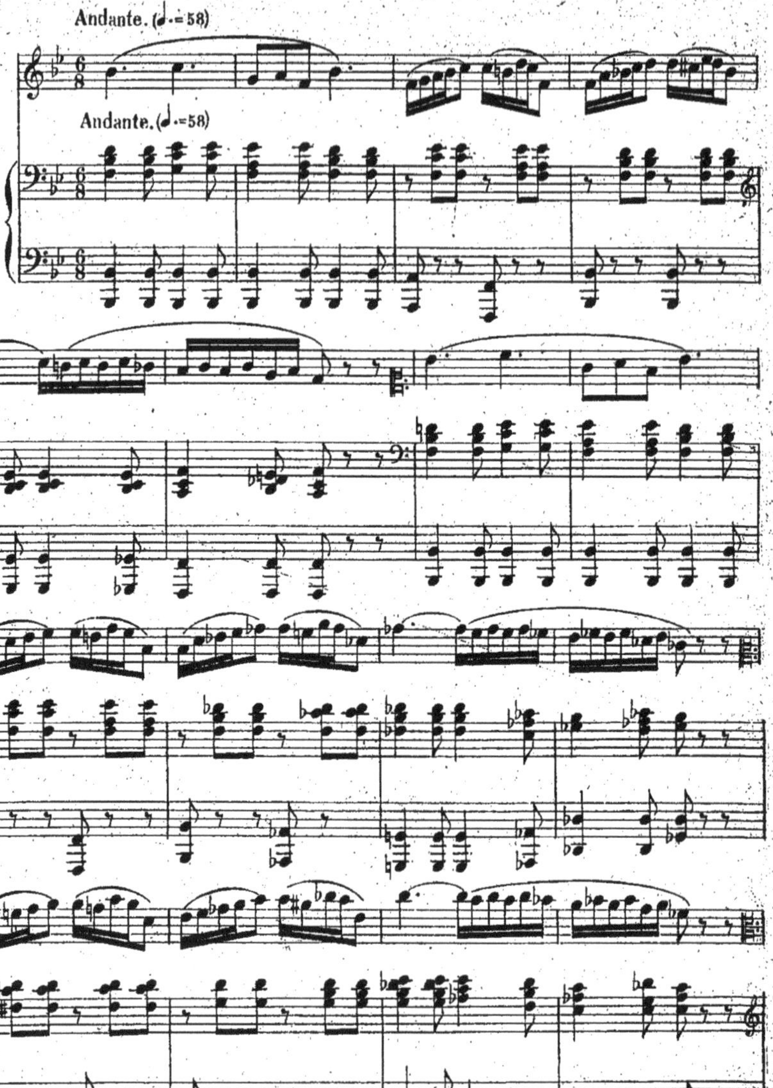

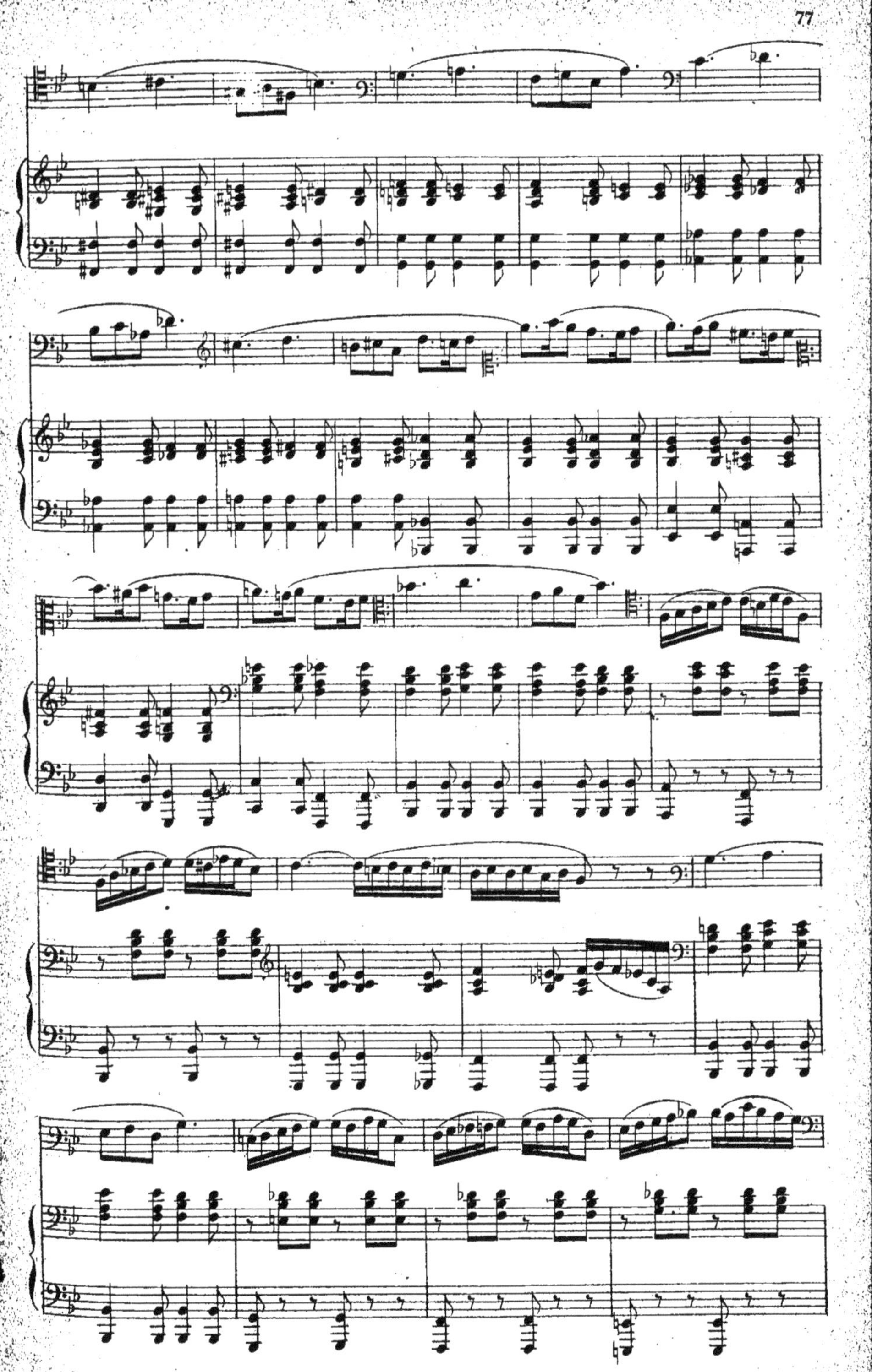

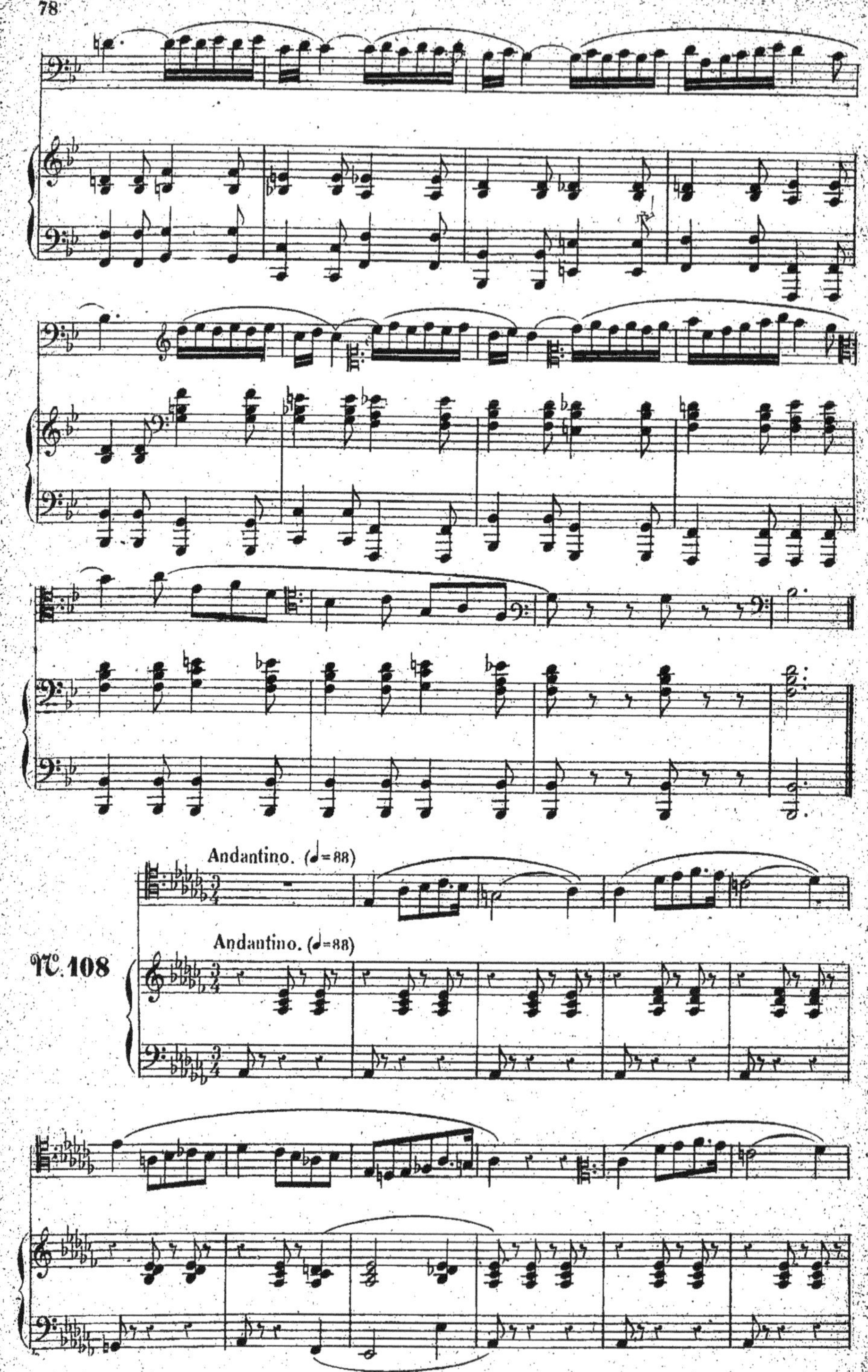

78
Andantino. (♩=88)
Andantino. (♩=88)
N. 108

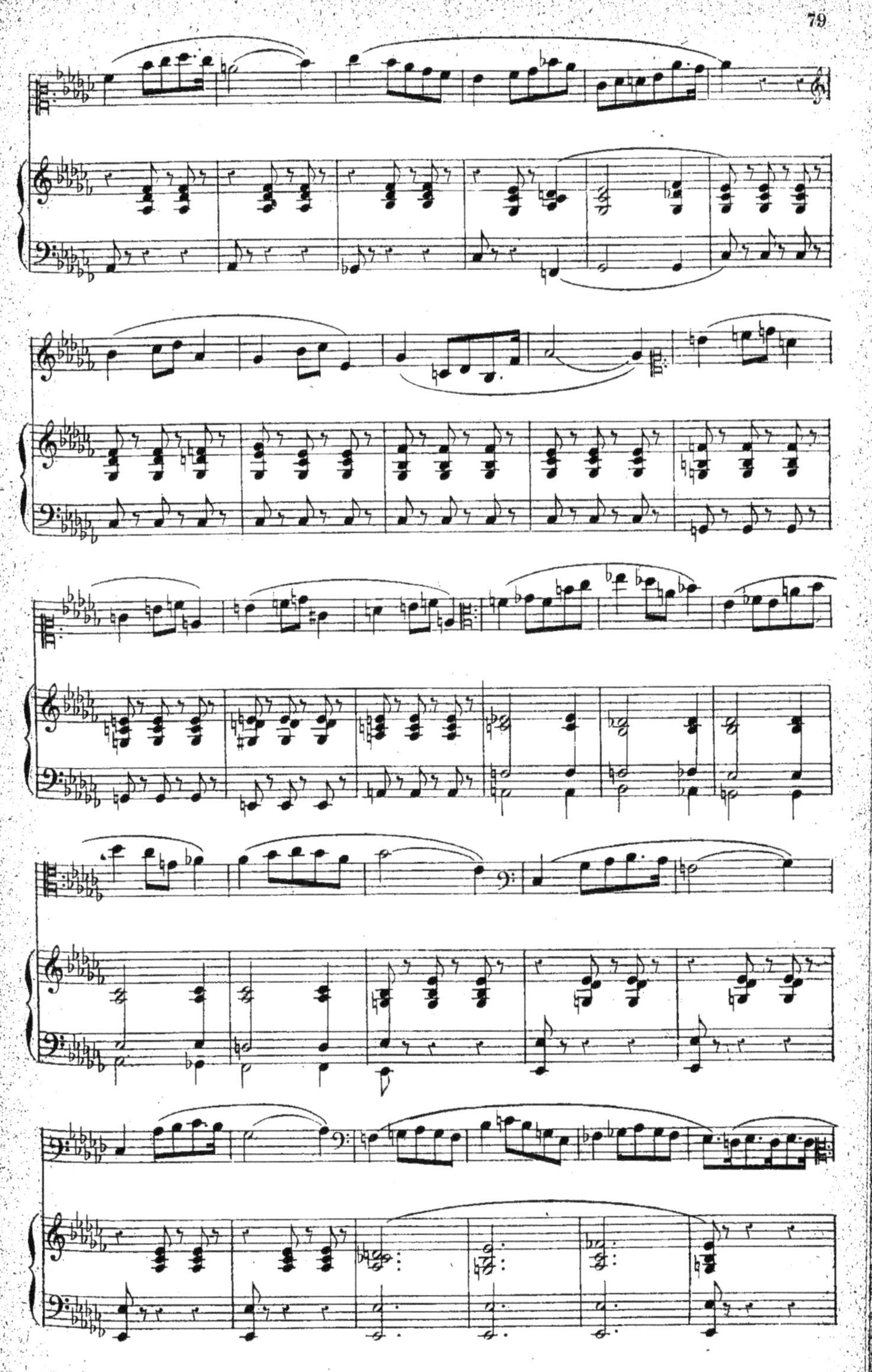

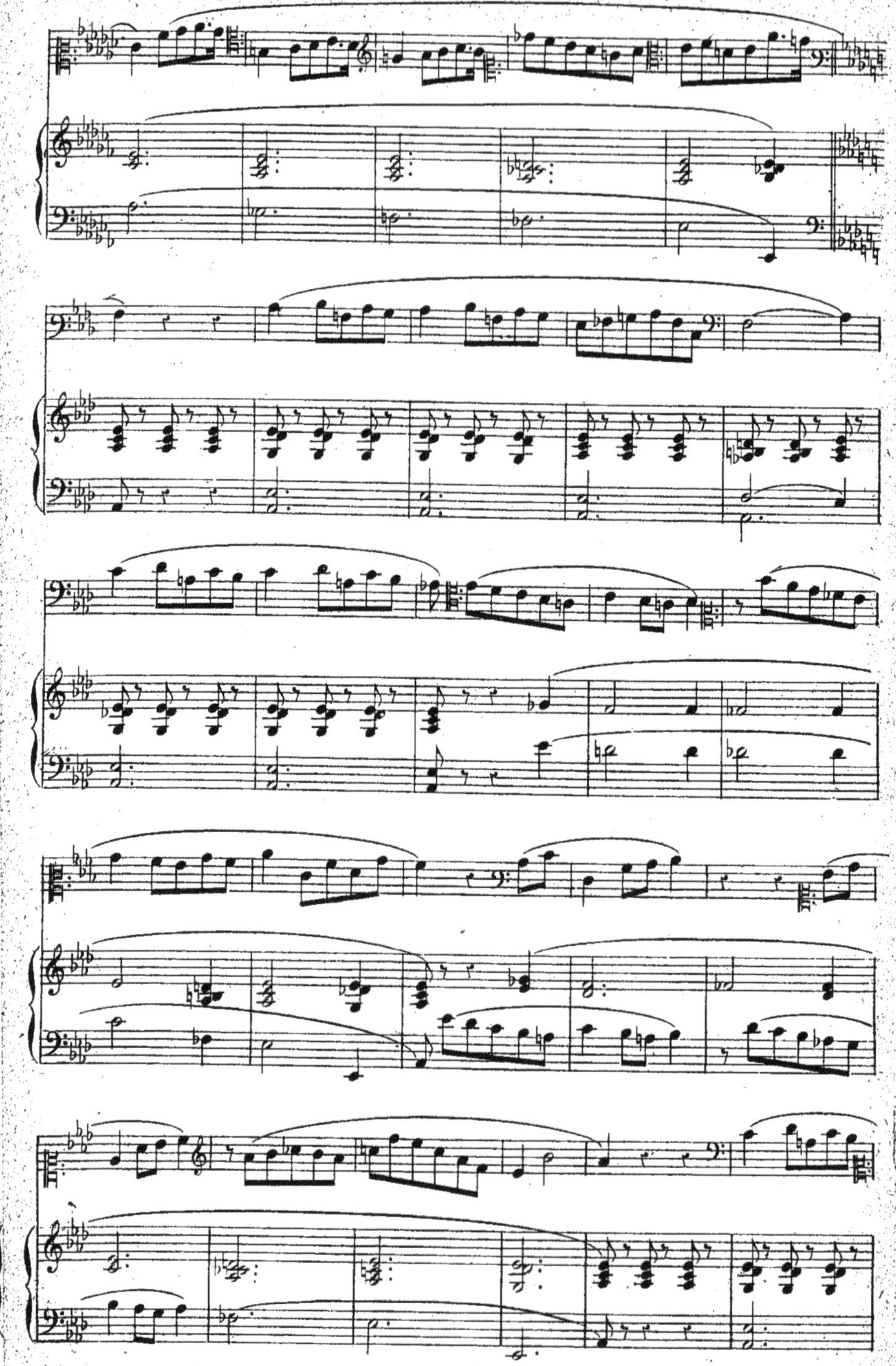

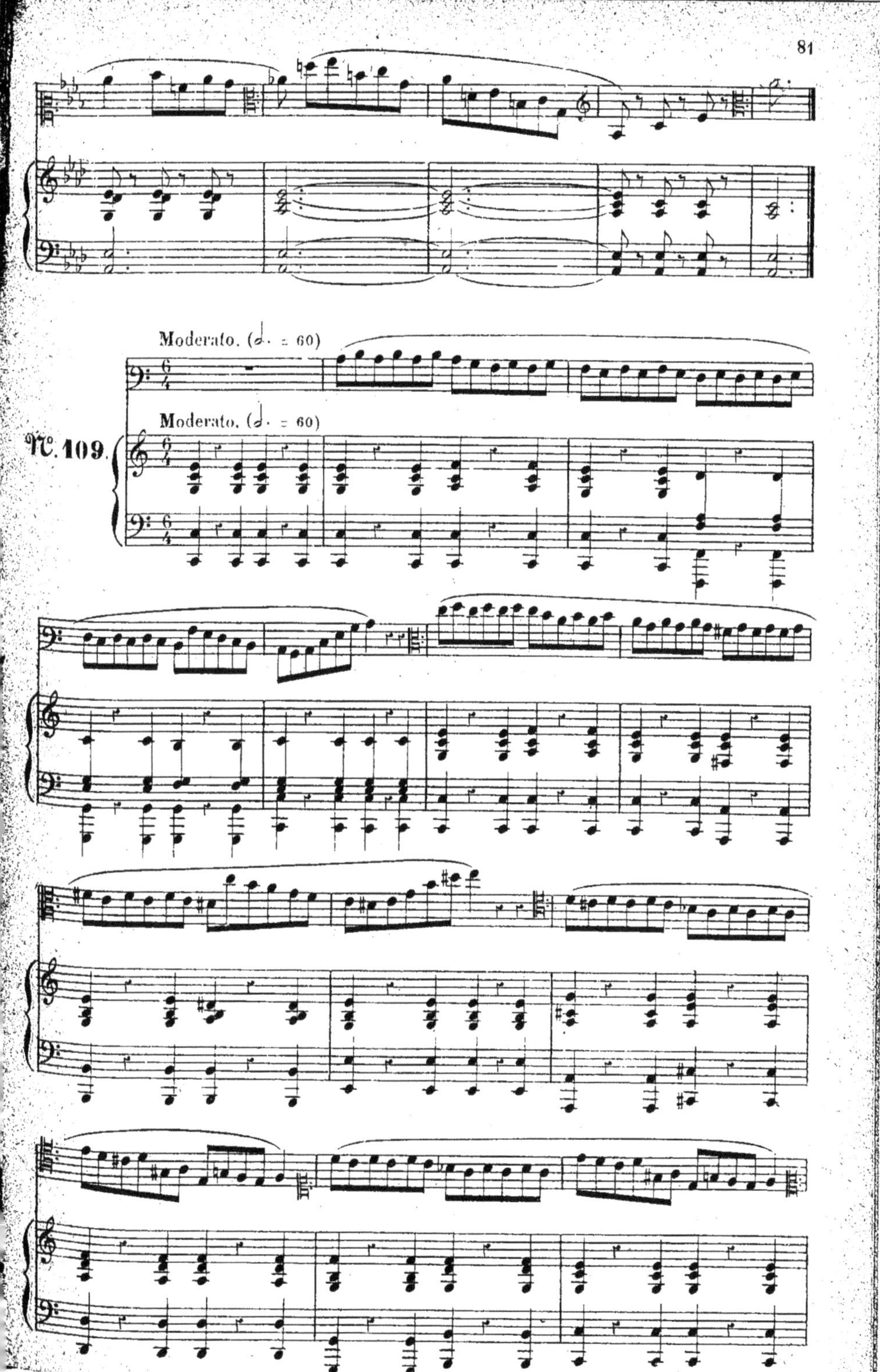
Moderato. (♩. = 60)
Moderato. (♩. = 60)
N°. 109.

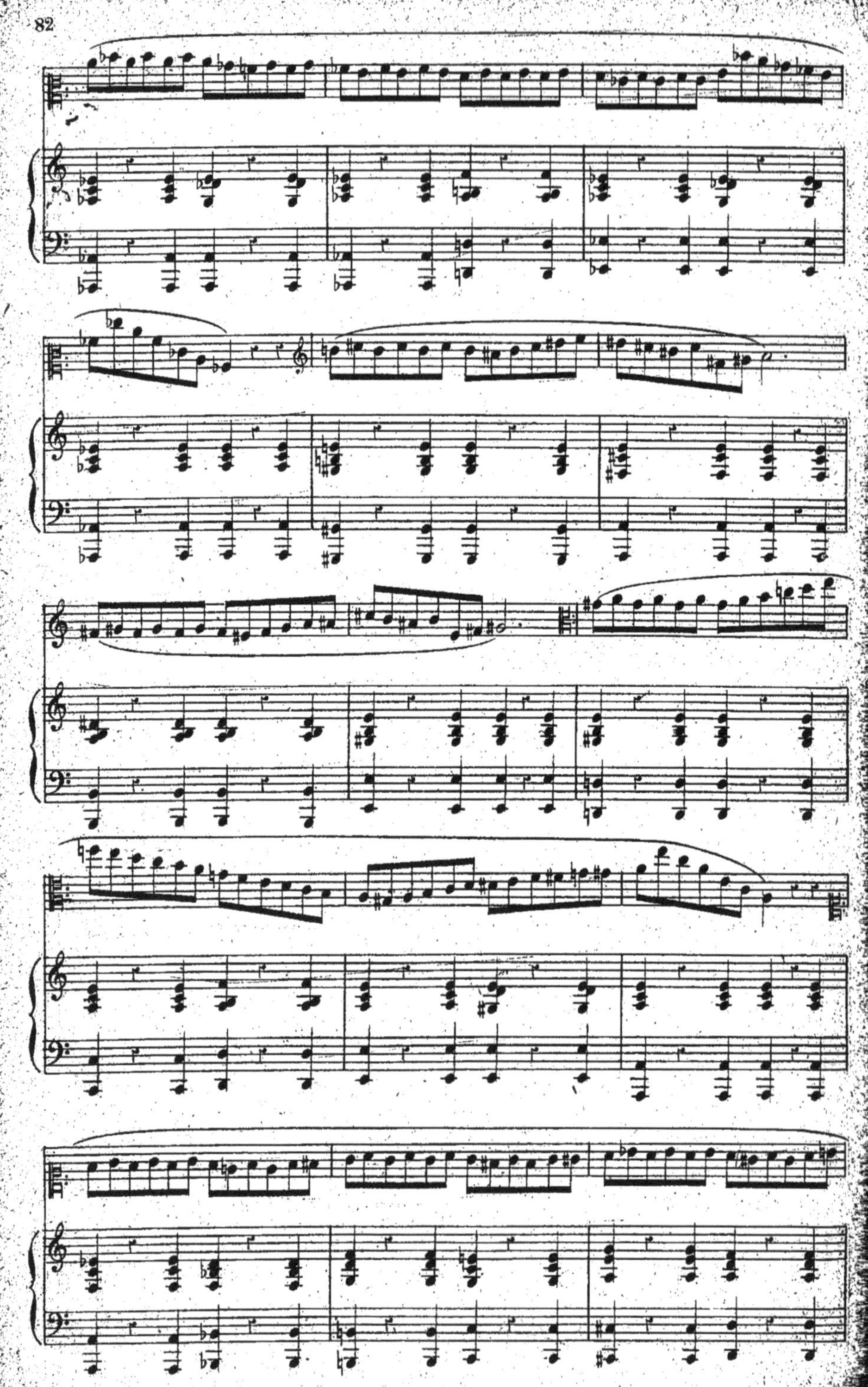

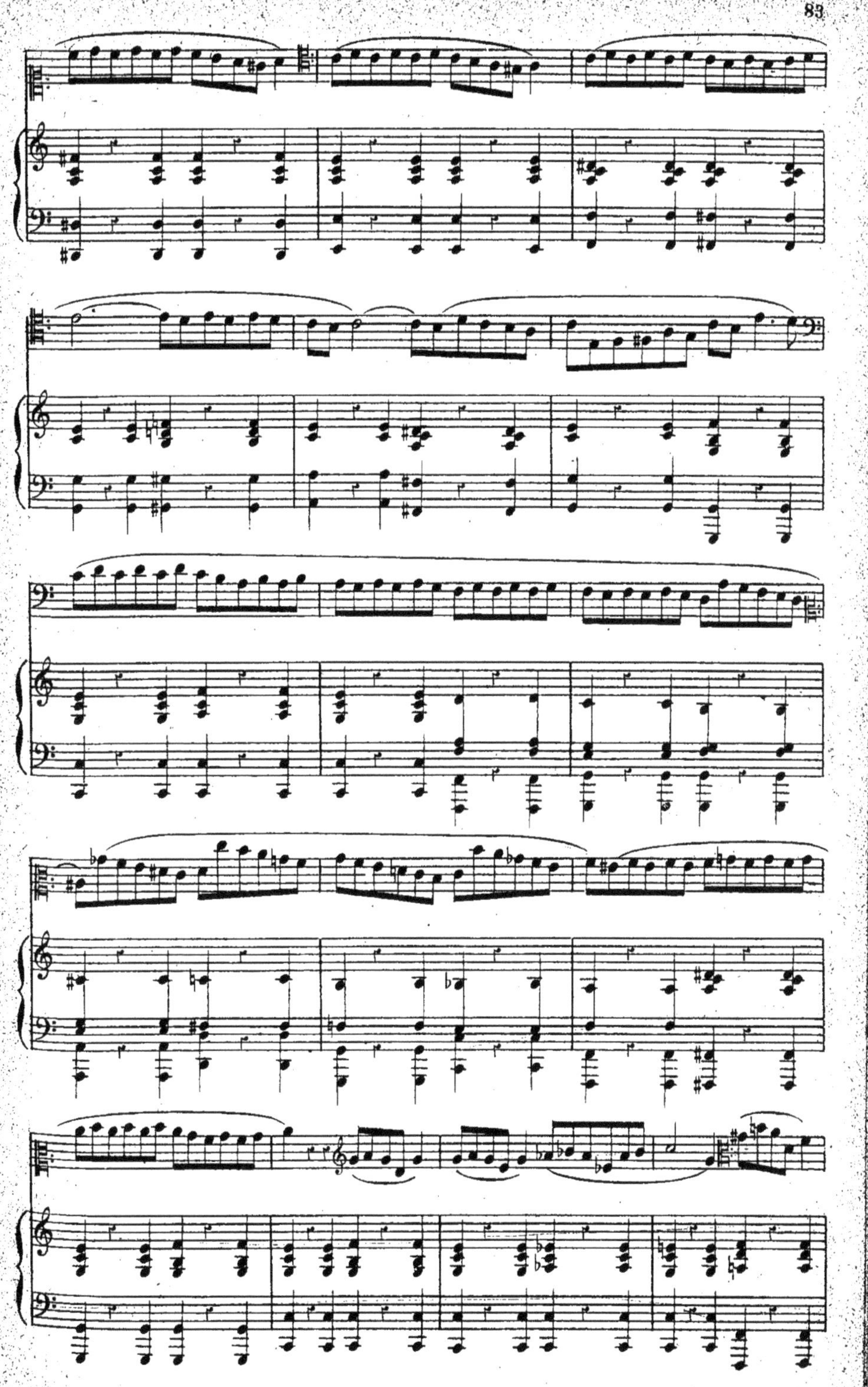

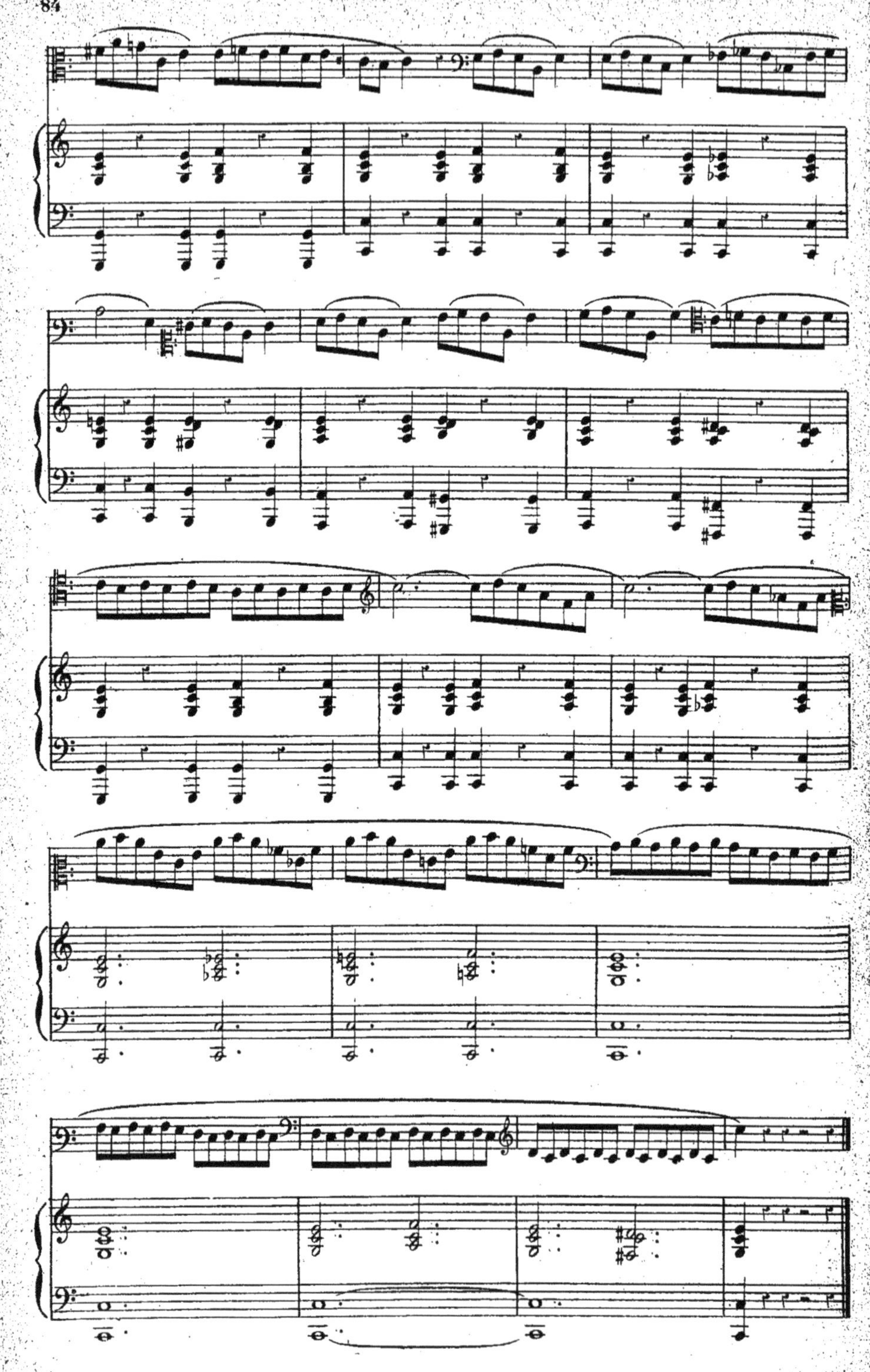
84

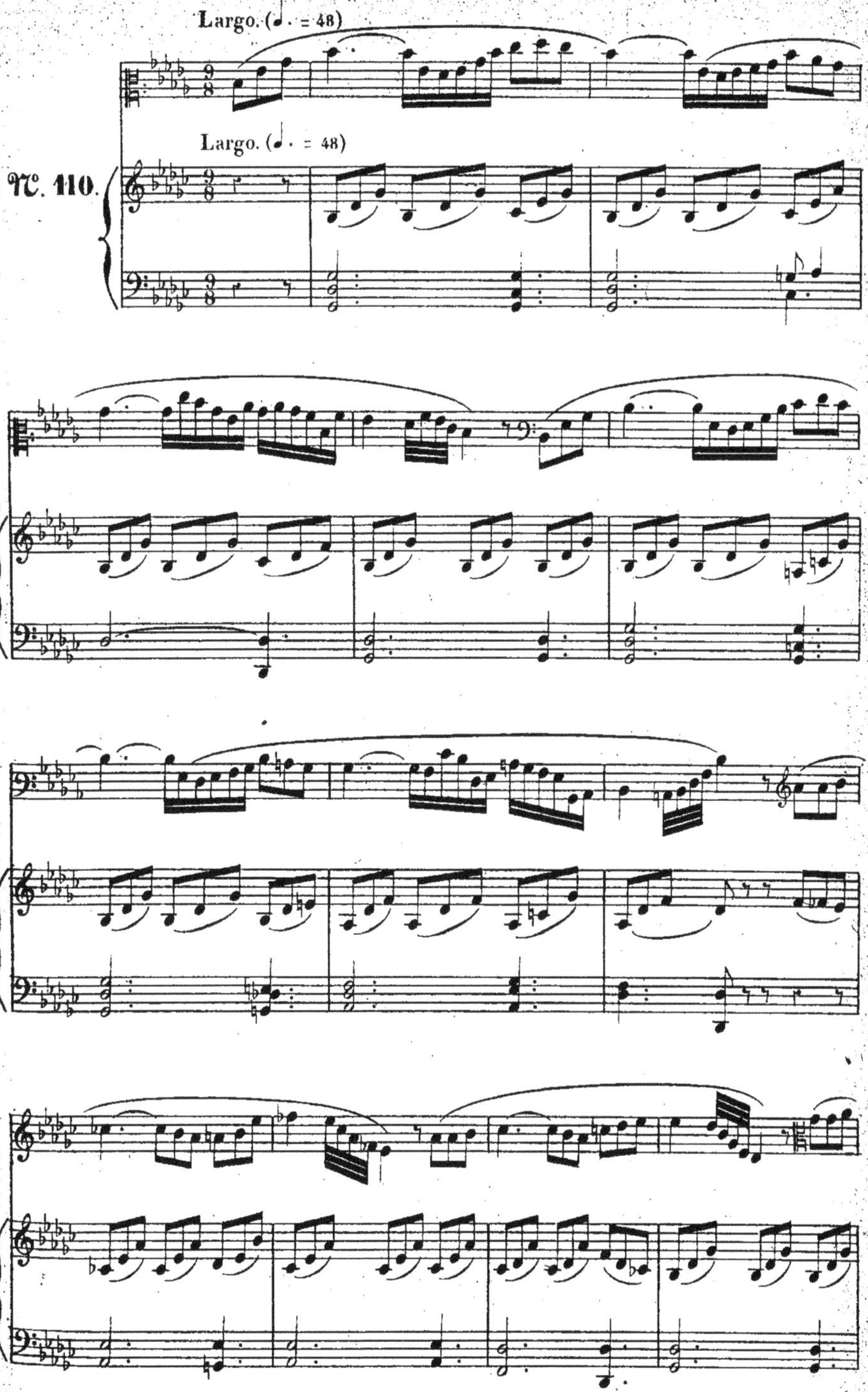

Largo. (♩. = 48)
Largo. (♩. = 48)
Nᵒ. 110.

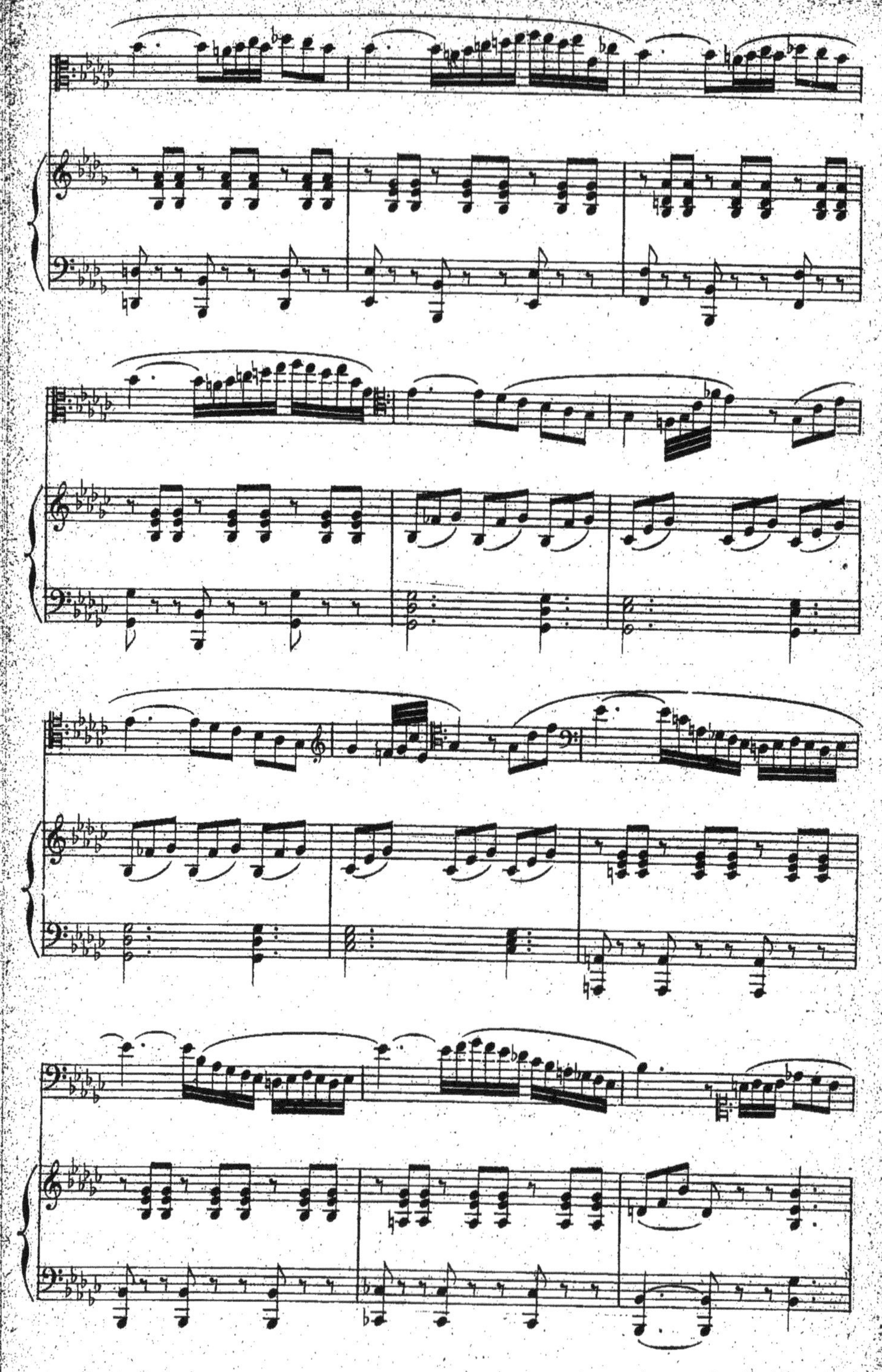

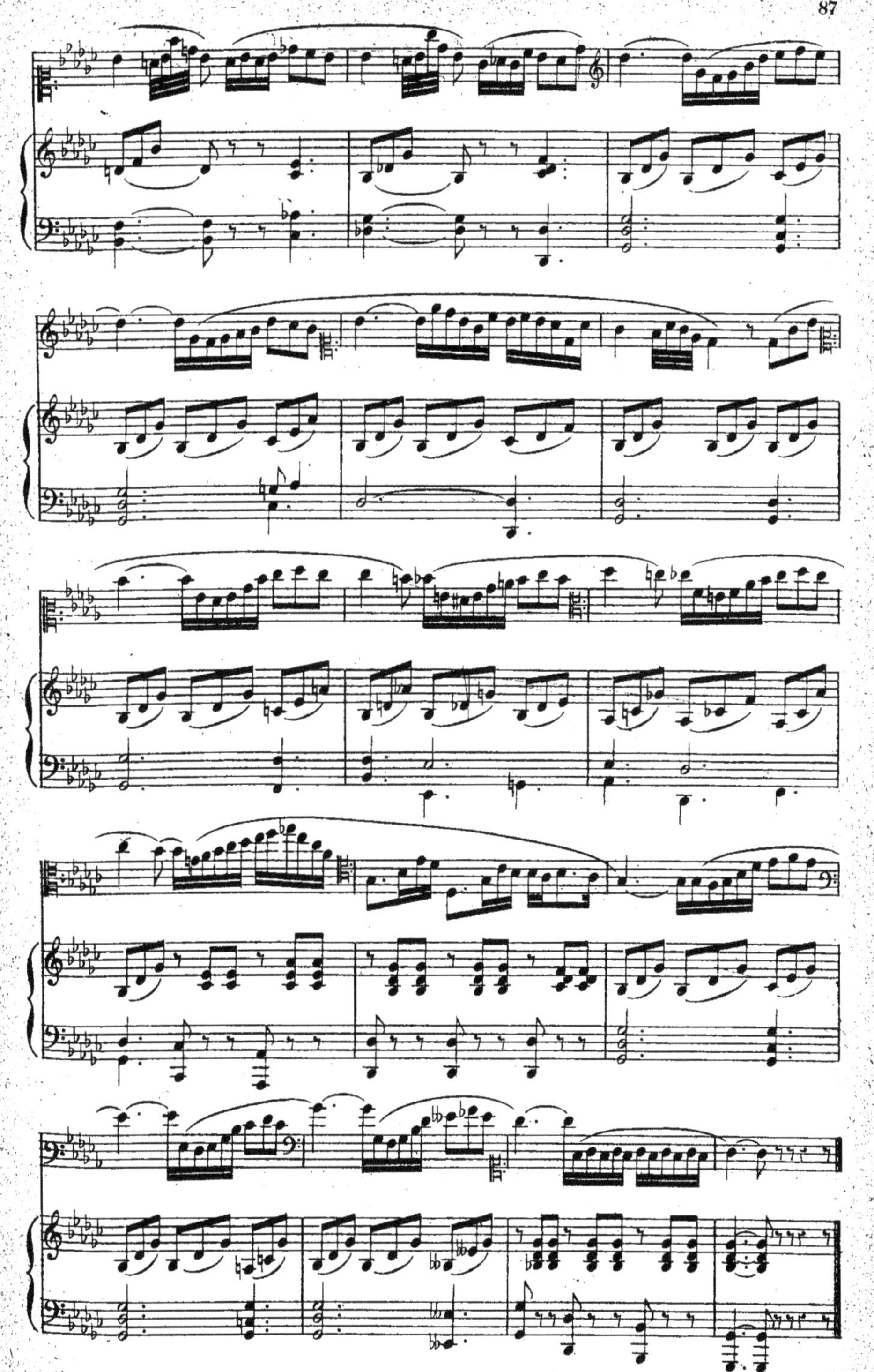

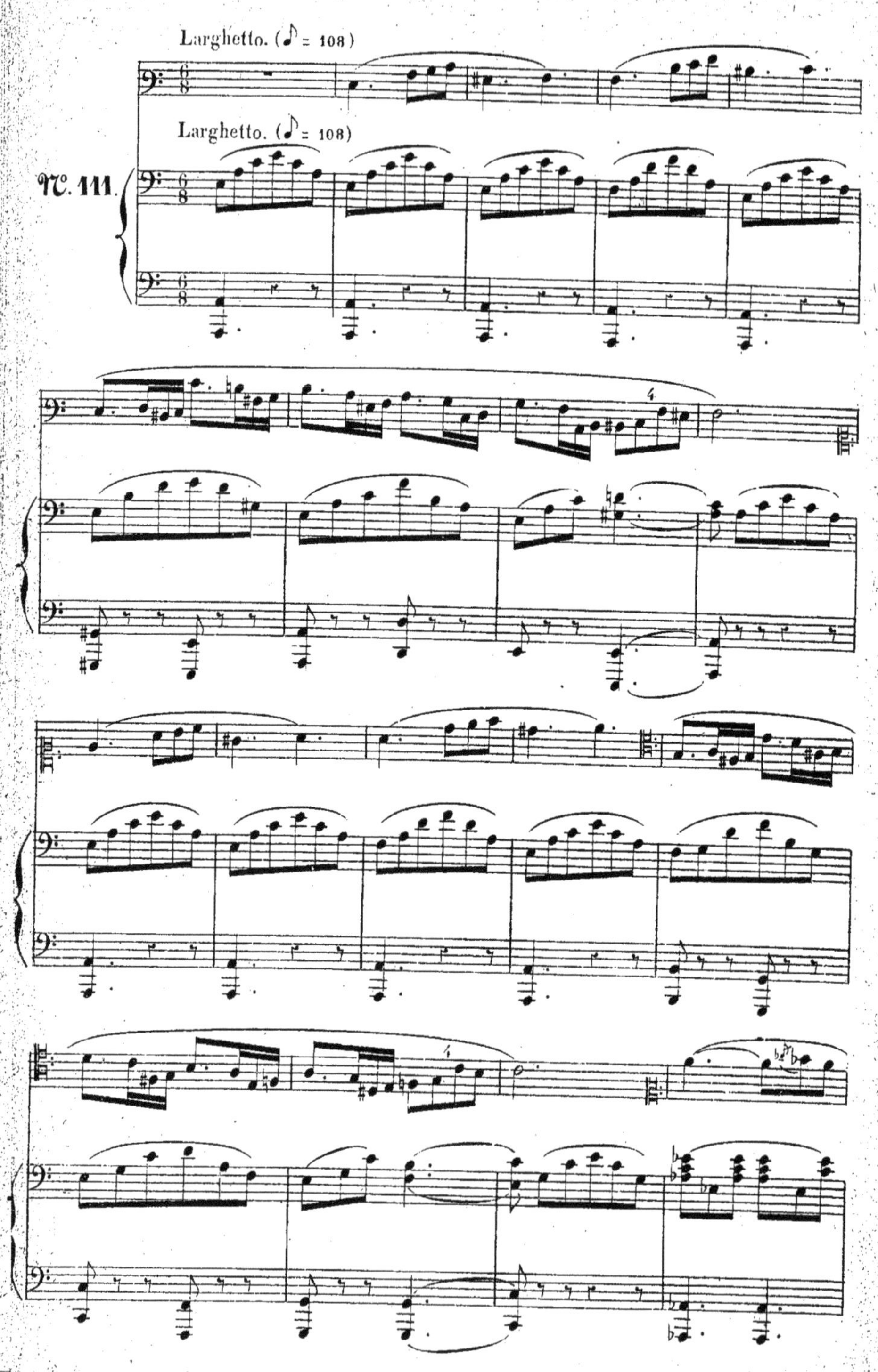
Larghetto. (♪ = 108)
Larghetto. (♪ = 108)
№ 111.

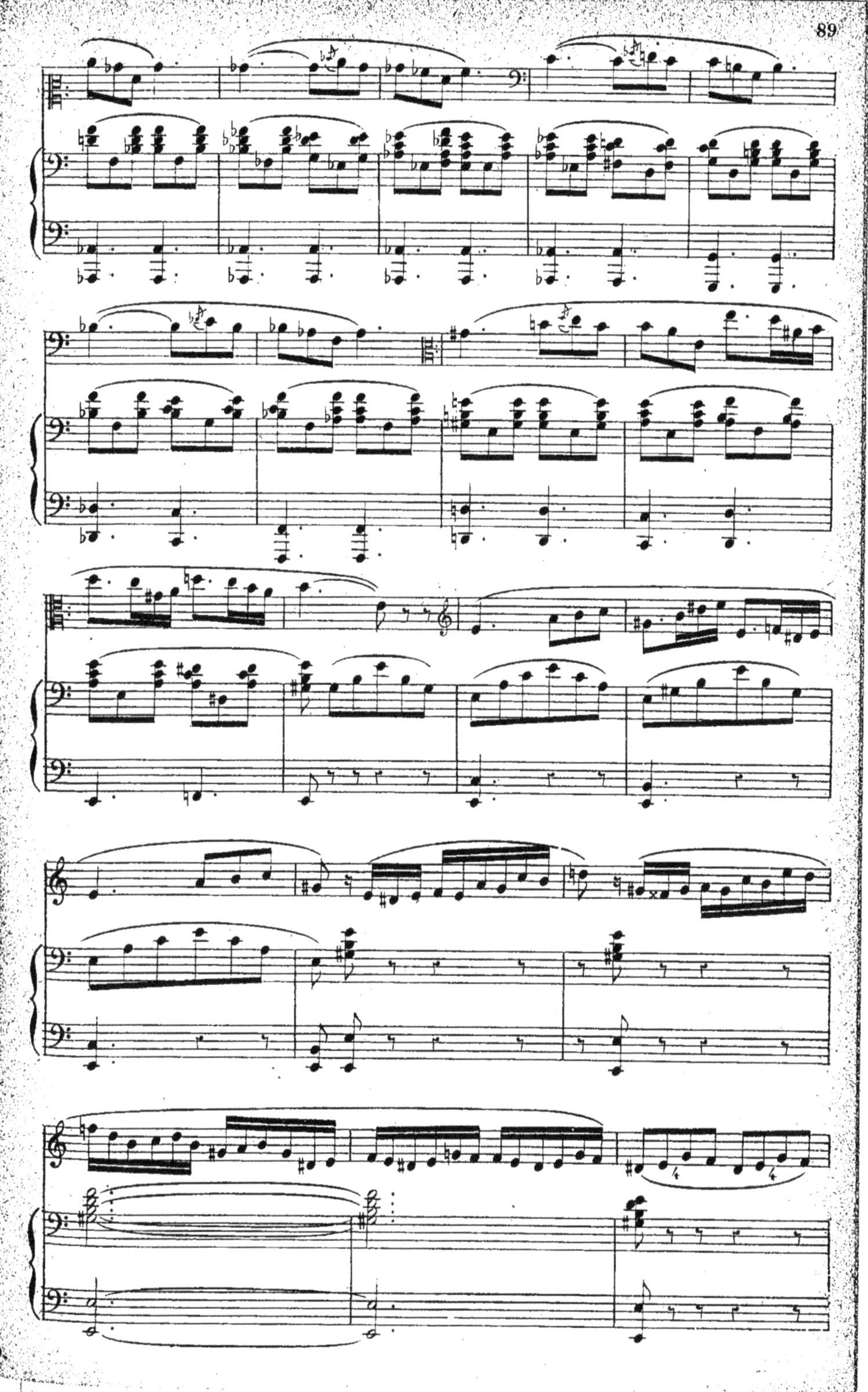

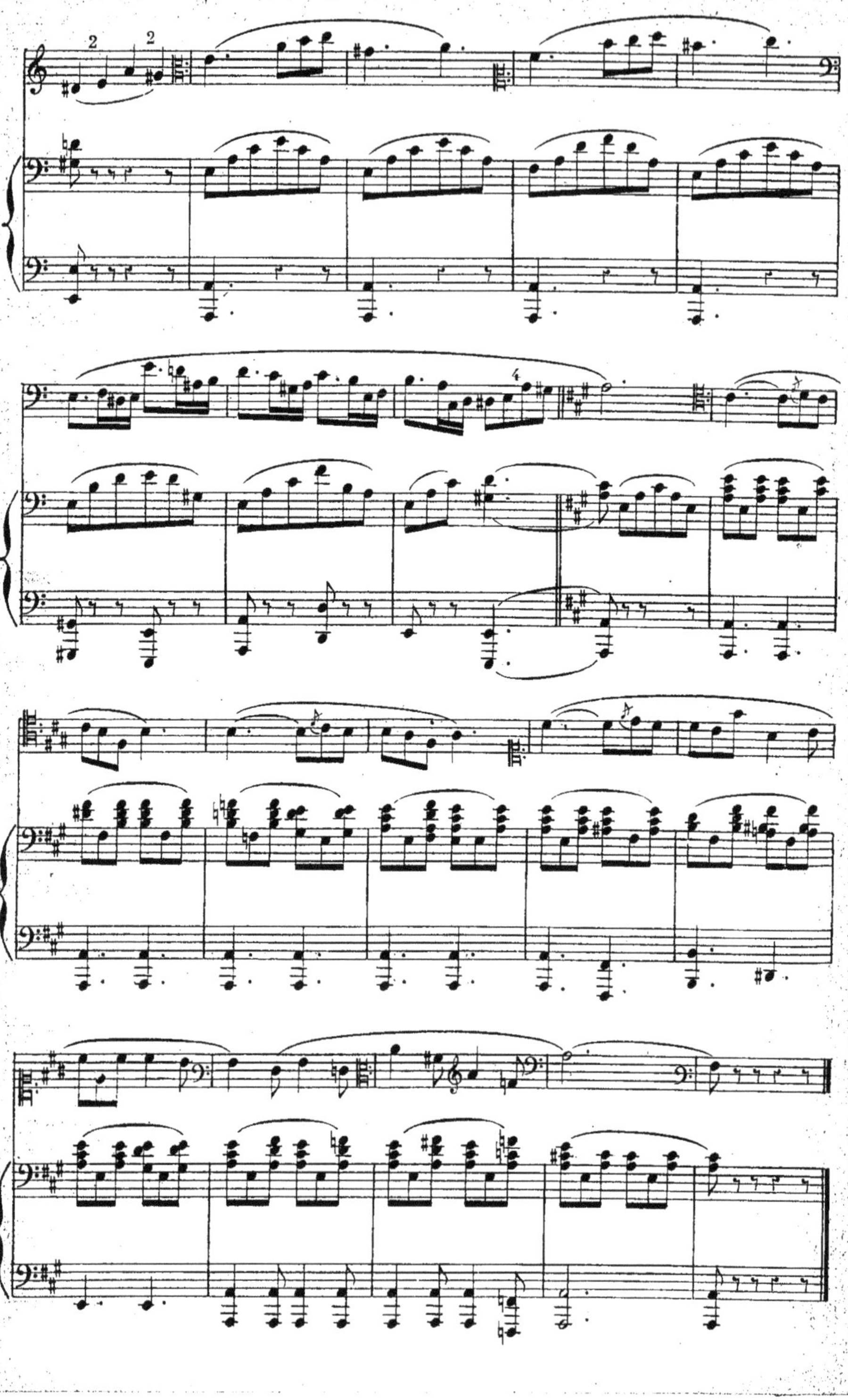

90
2   2
4

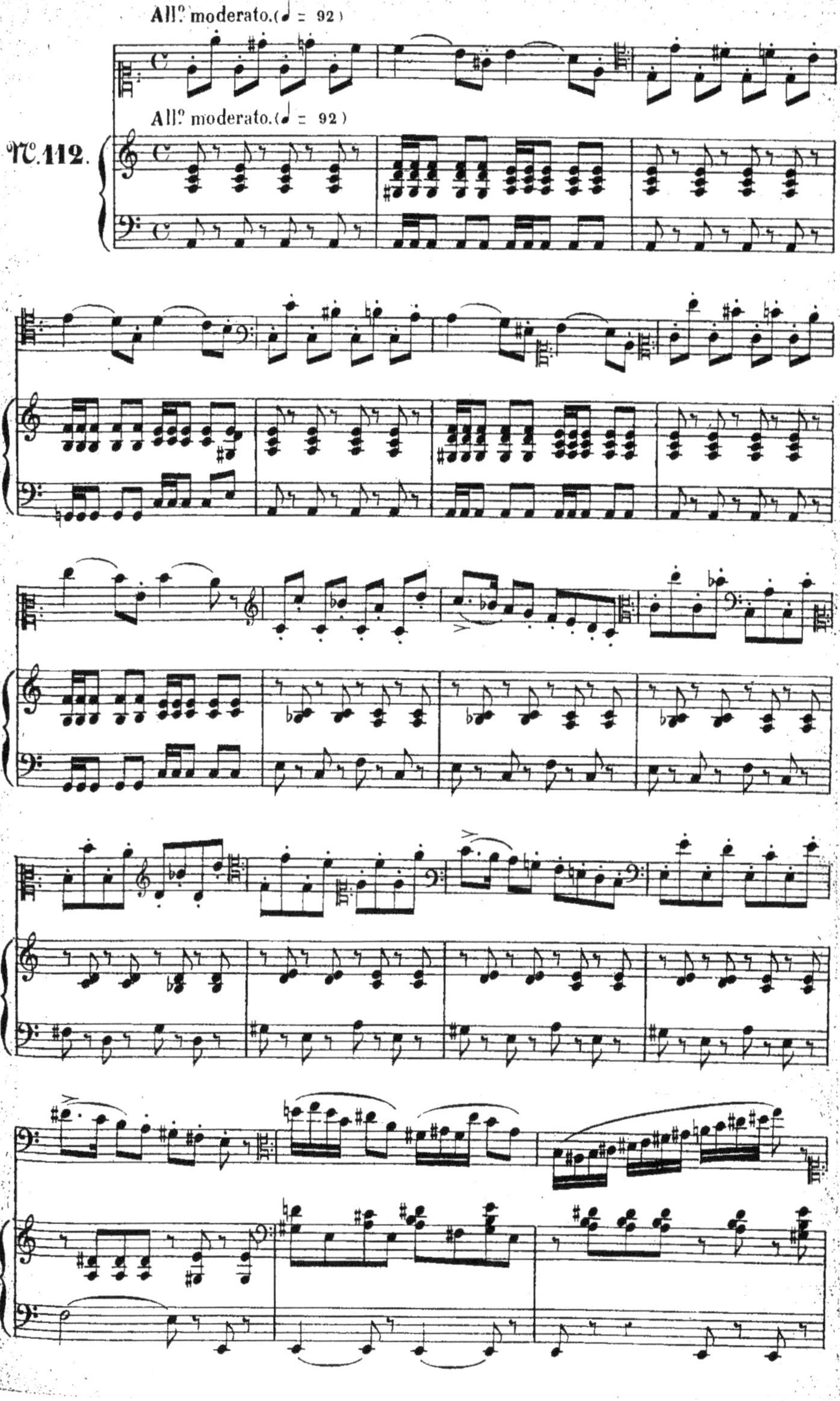

Allᵒ moderato.(♩ = 92)
Allᵒ moderato.(♩ = 92)
Nᵒ 112.

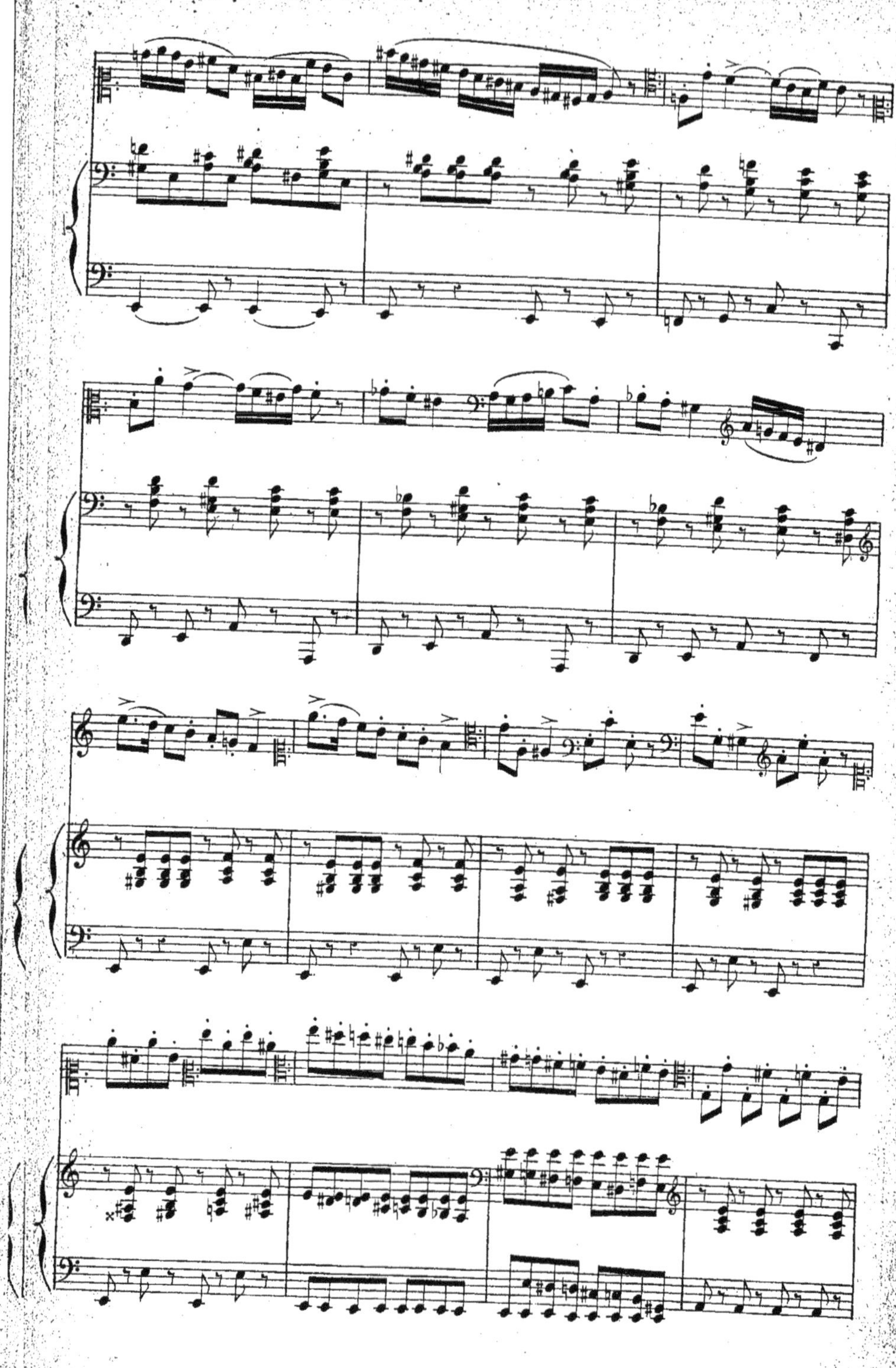

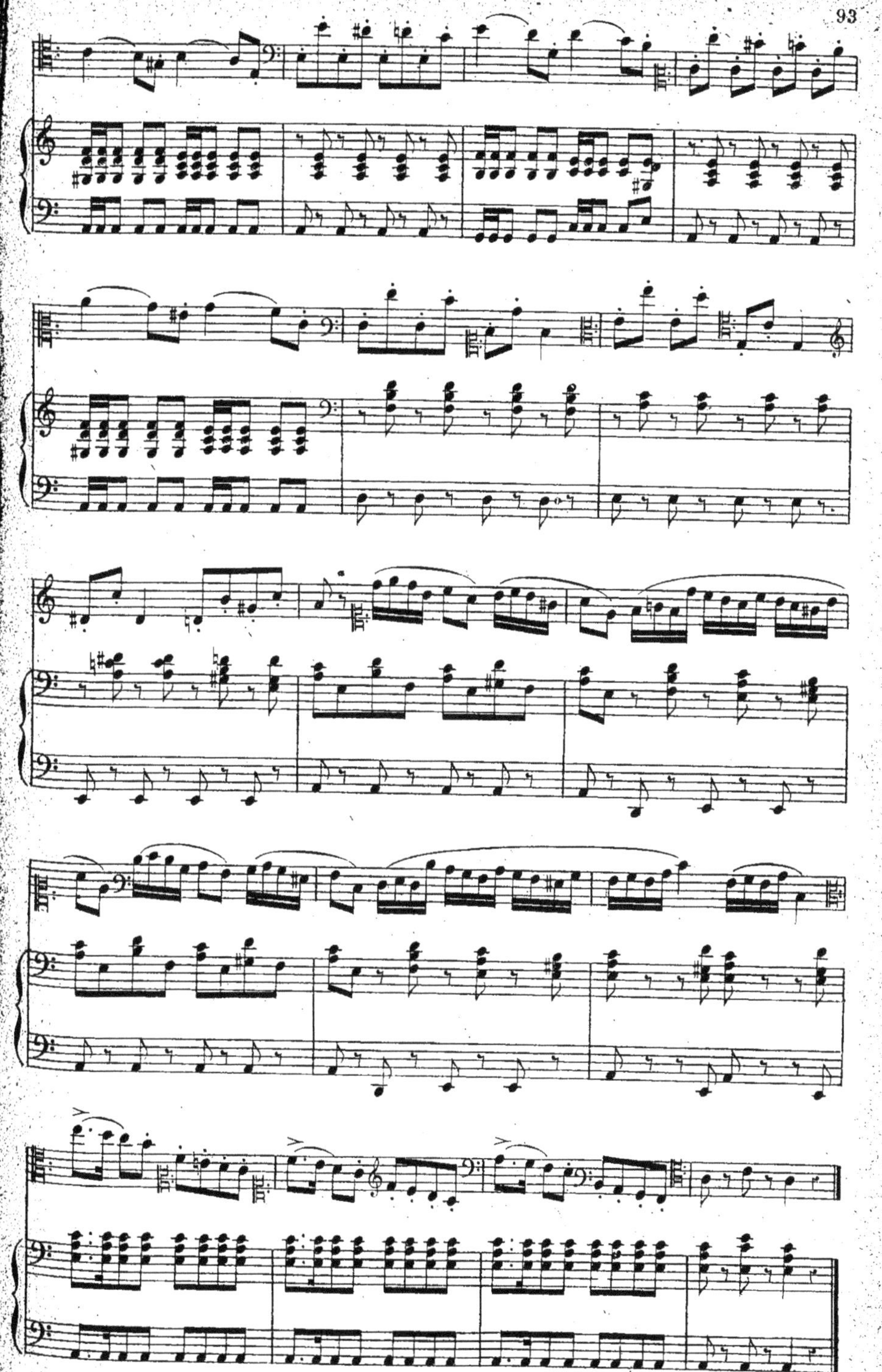

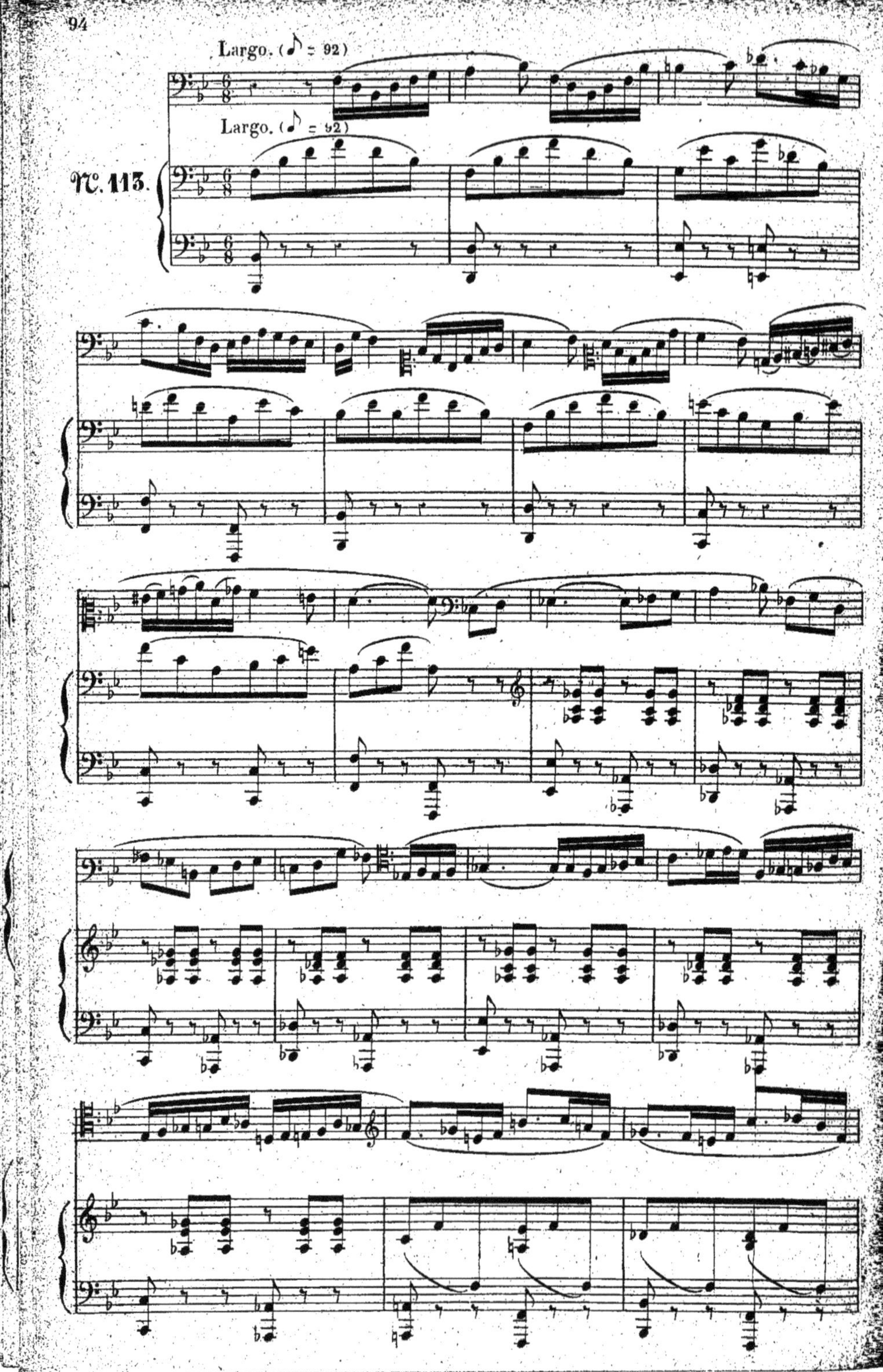
Largo. (♪ = 92)
Largo. (♪ = 92)
No. 113.

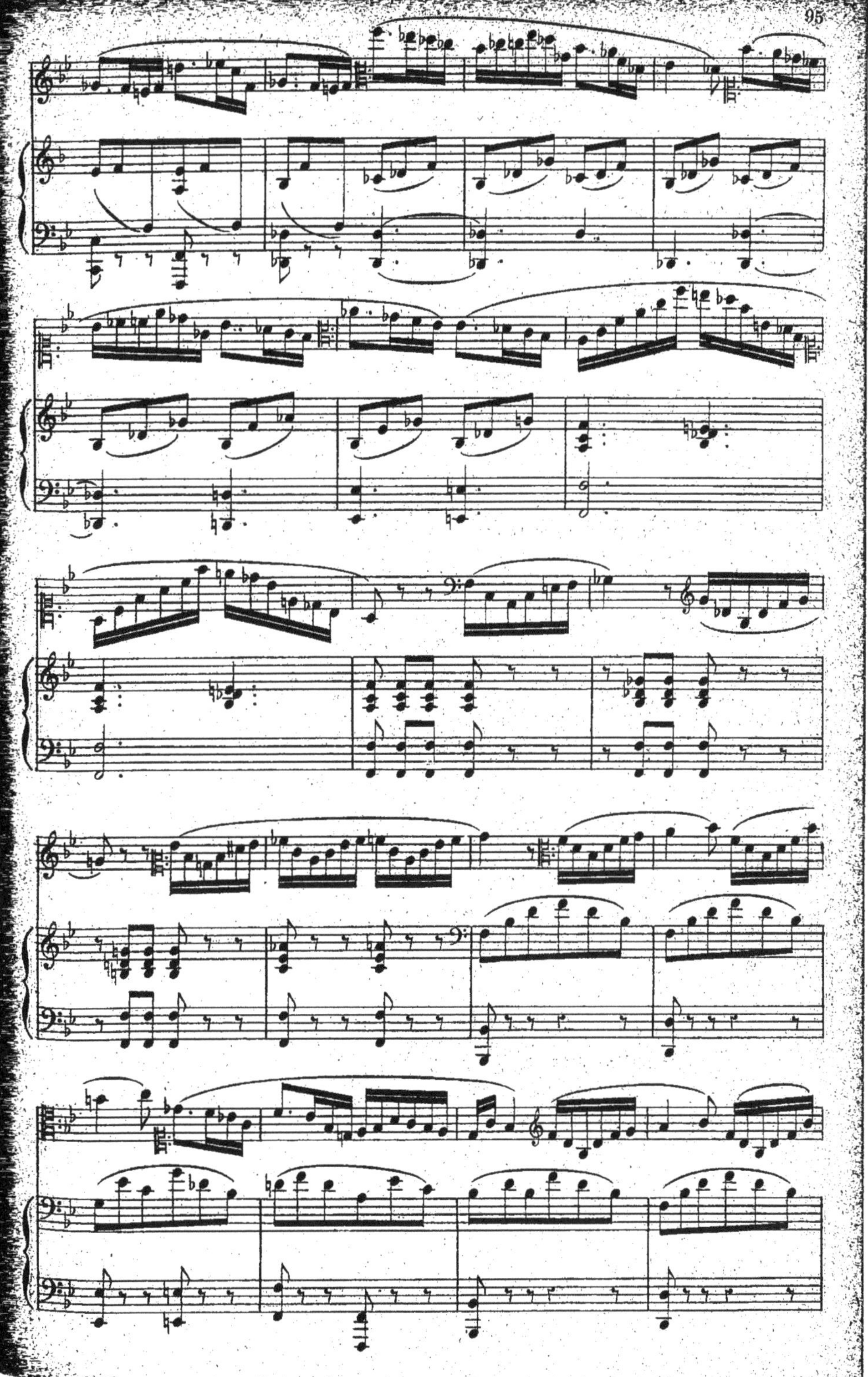

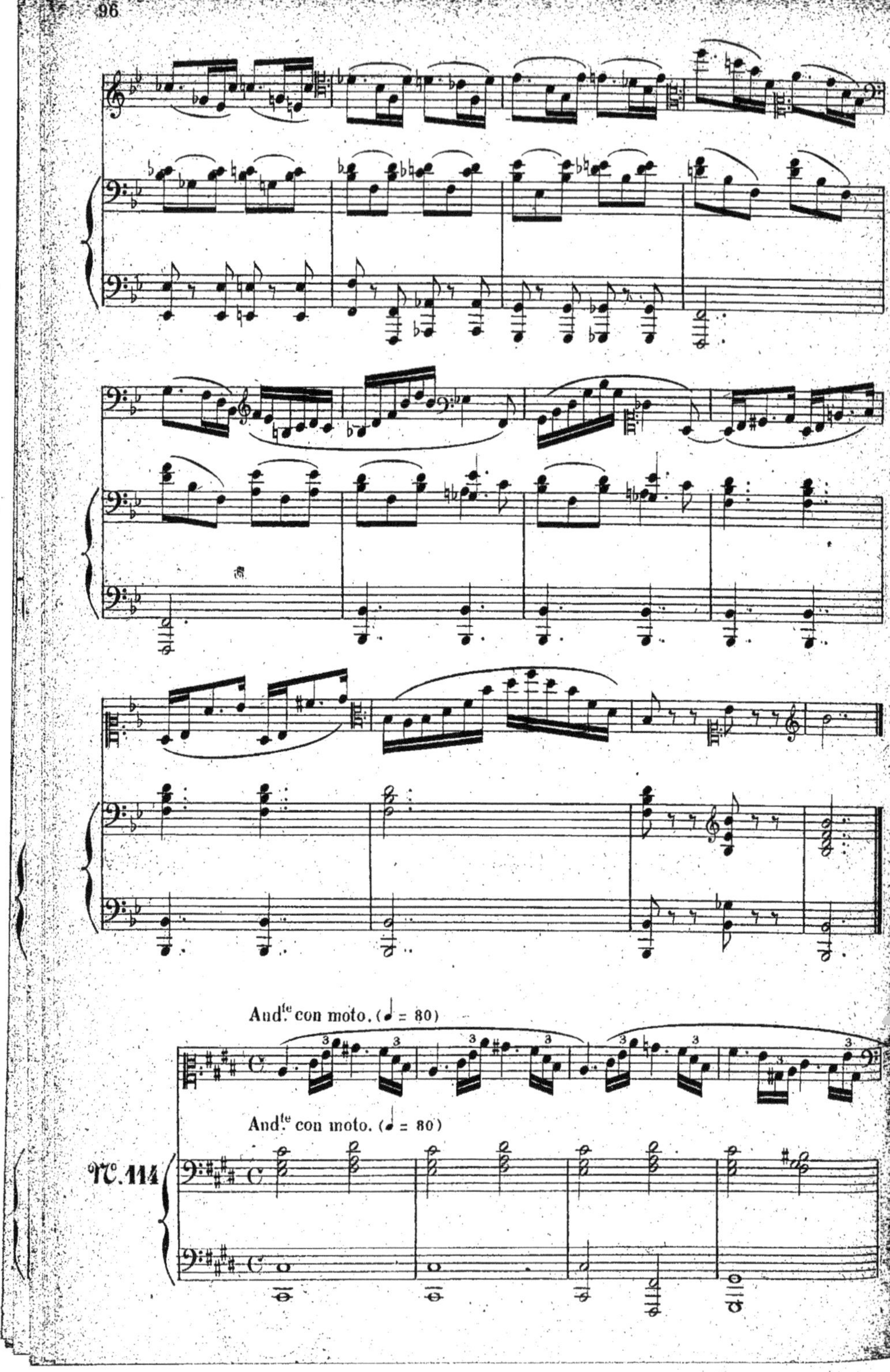
And.^te con moto. (♩ = 80)
And.^te con moto. (♩ = 80)
N.° 114

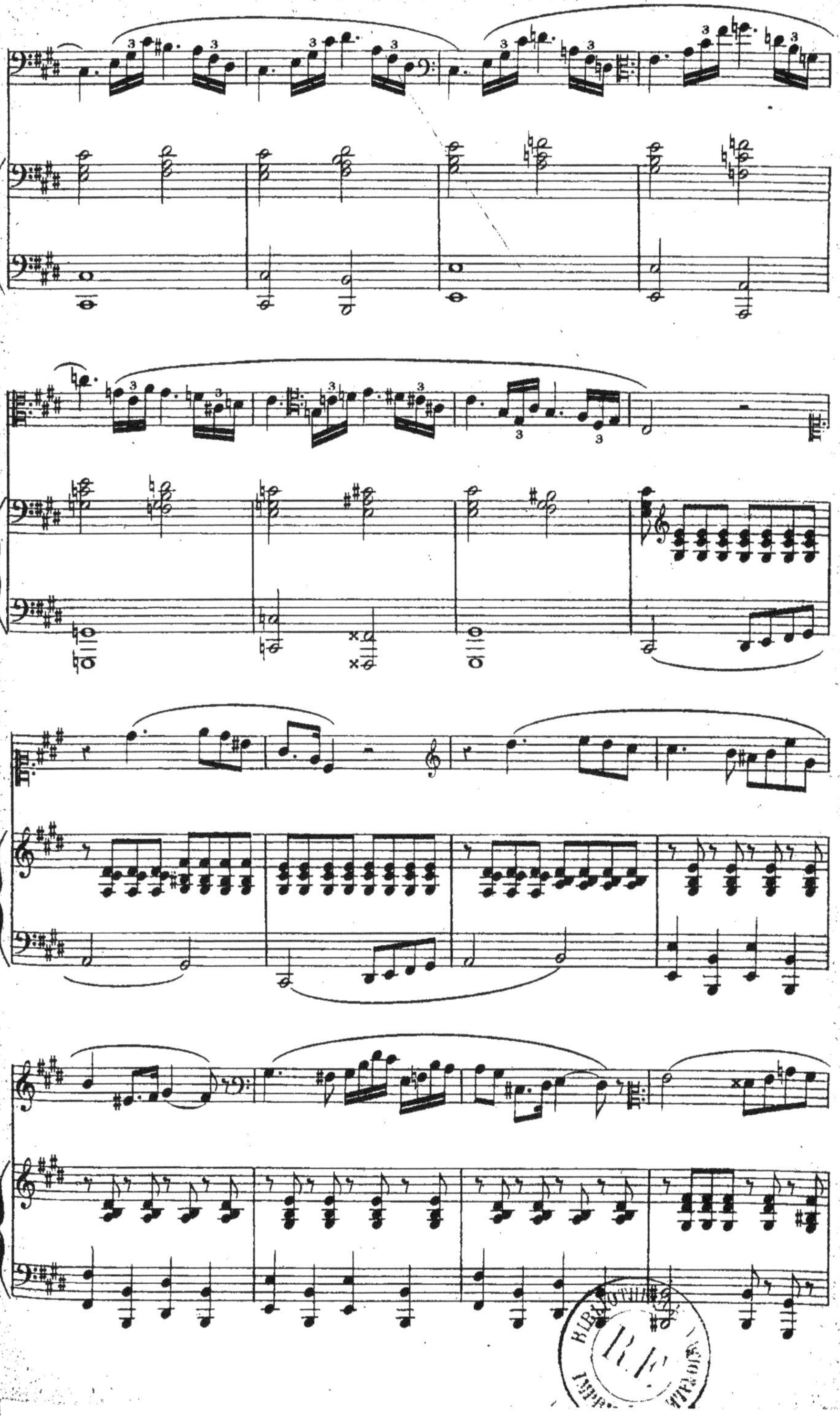

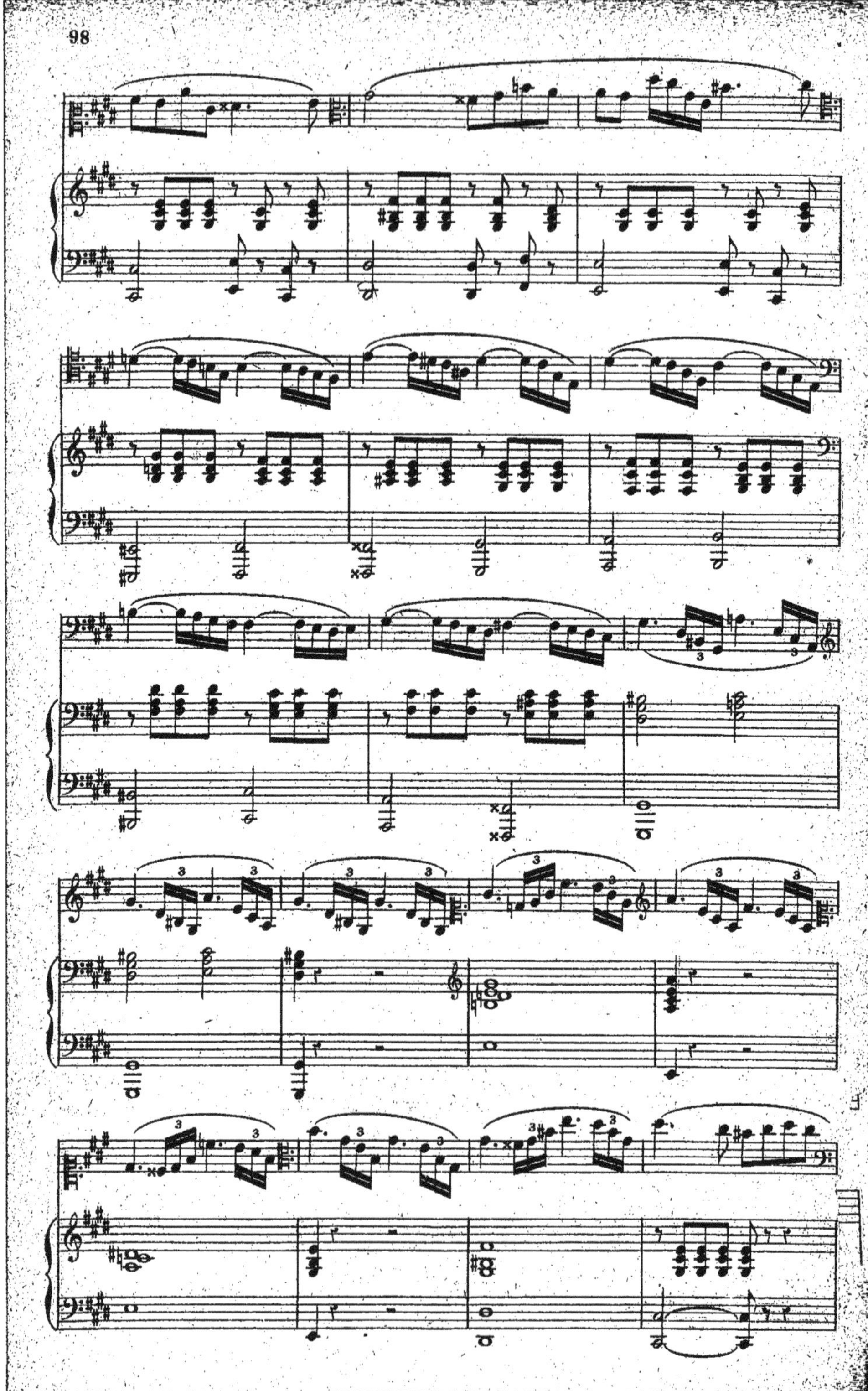

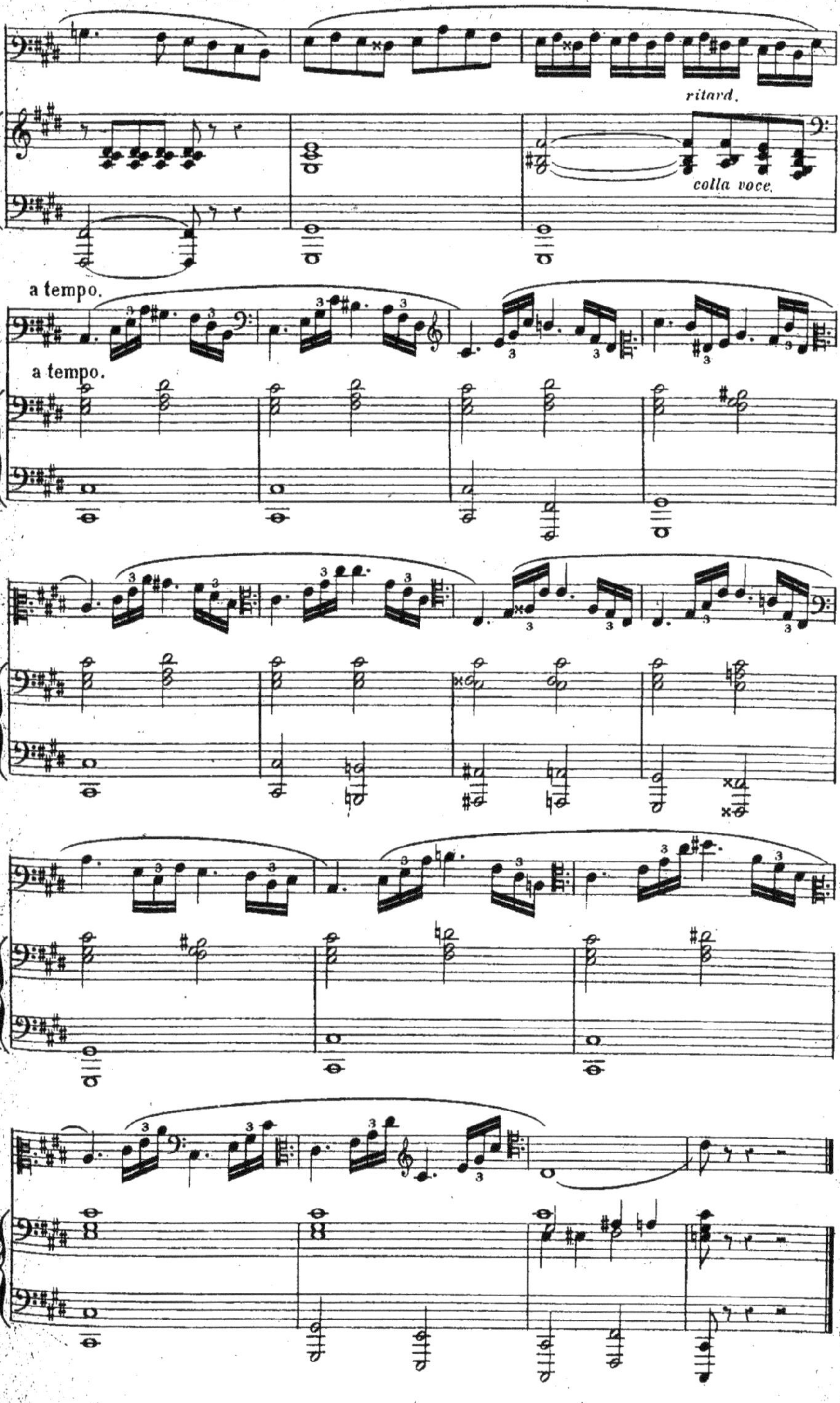

ritard.
colla voce.
a tempo.
a tempo.

Allo moderato.
Allo moderato.
No 115.

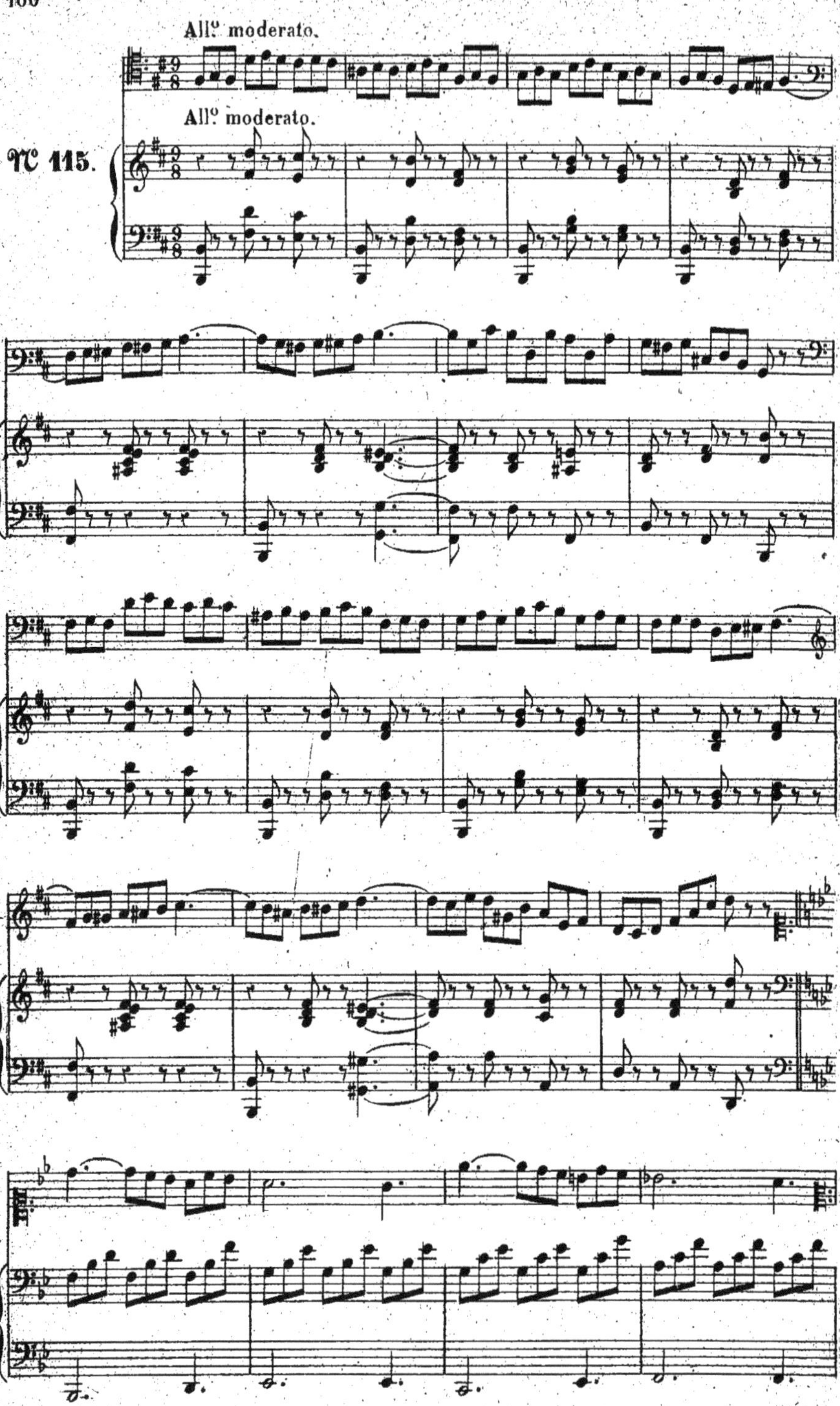

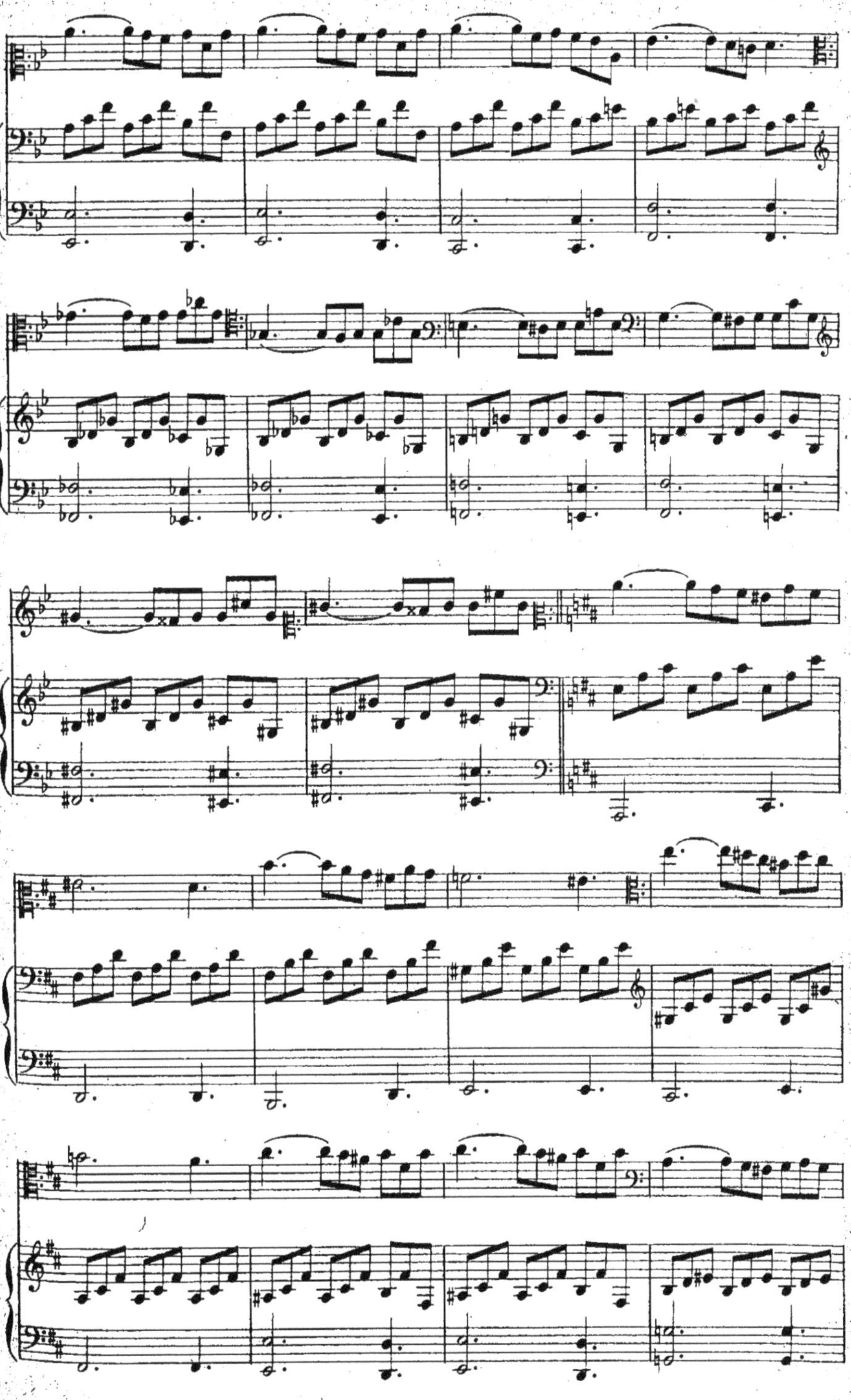

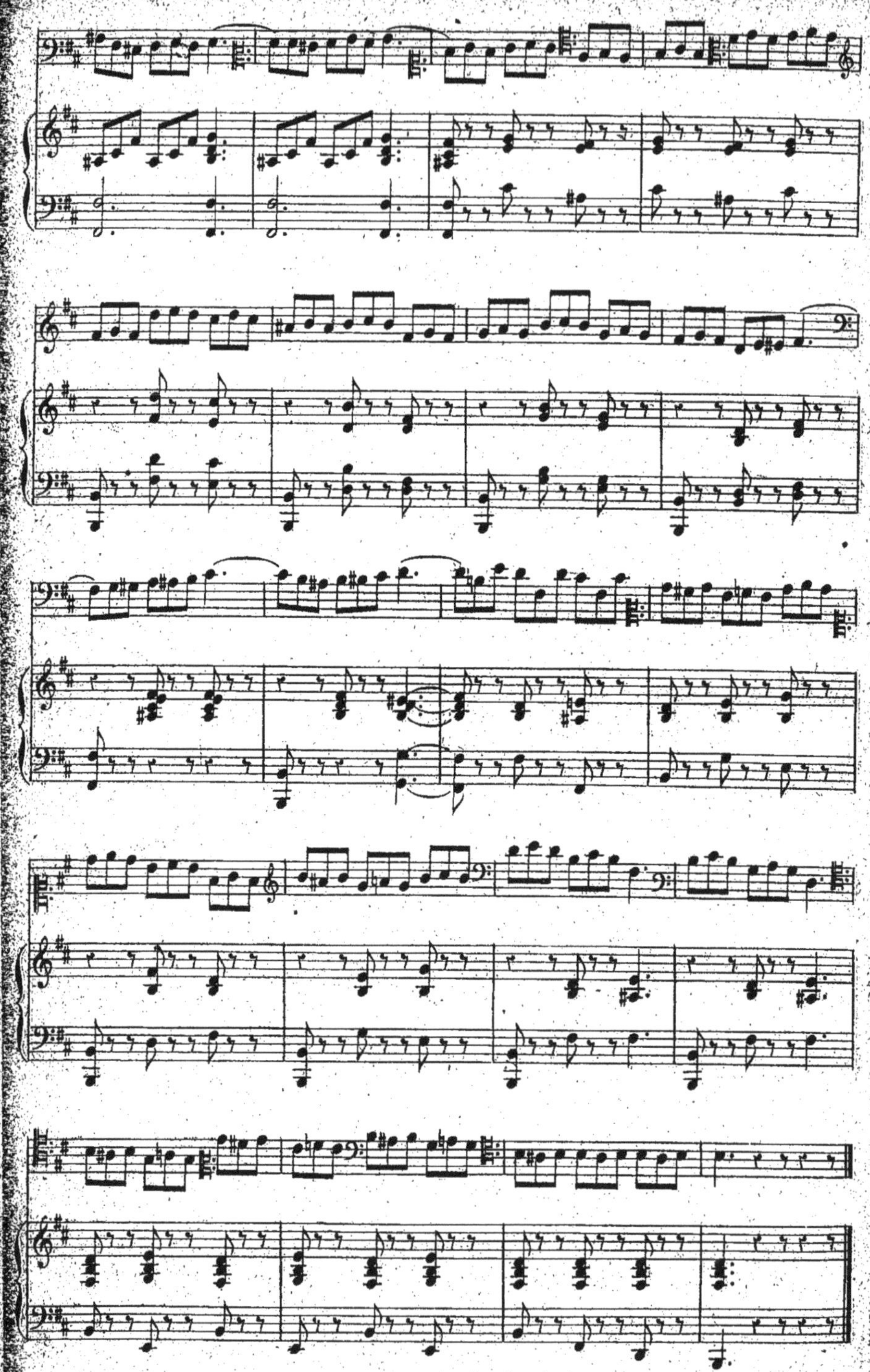

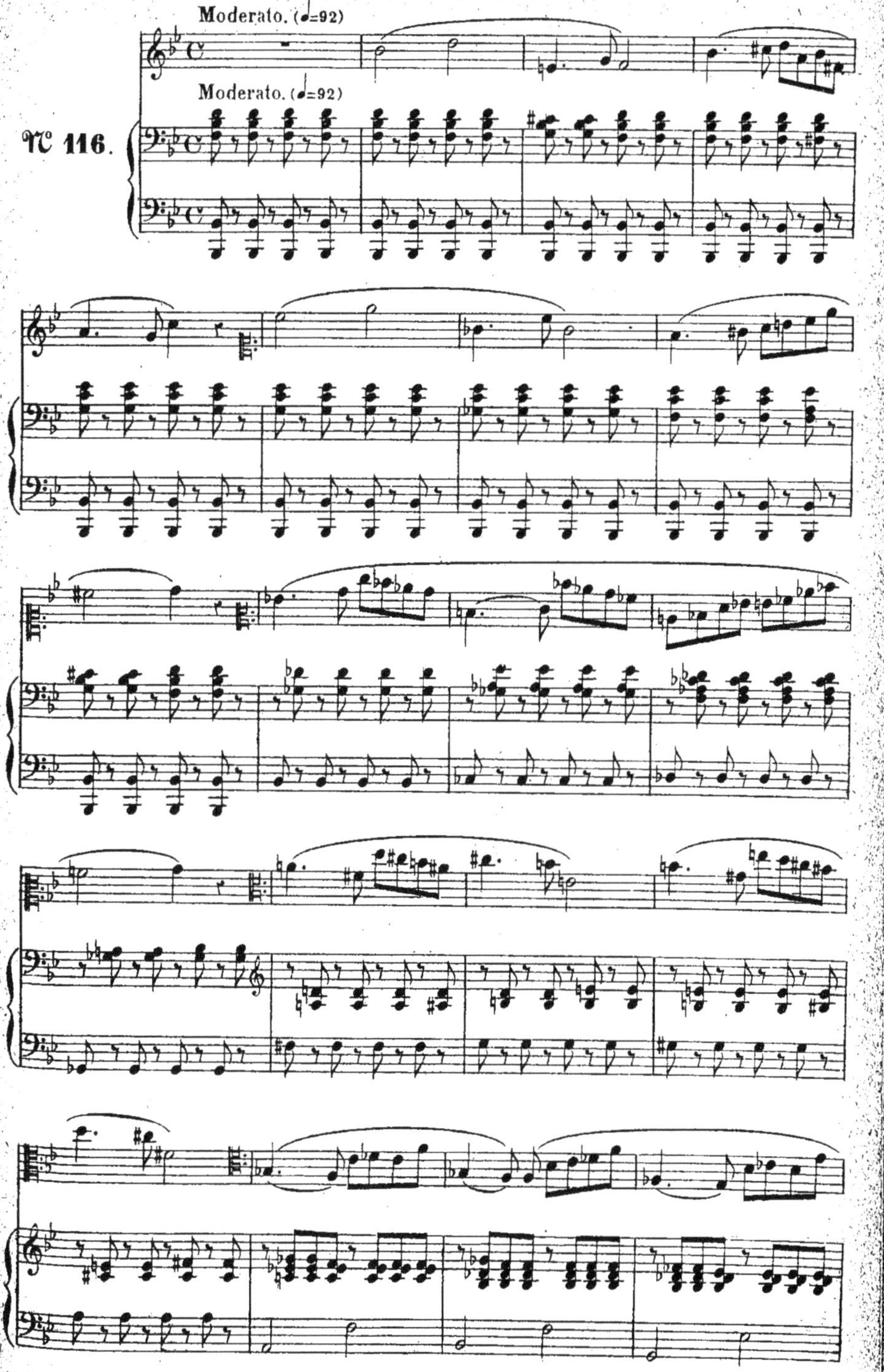
Moderato. (♩=92)
Moderato. (♩=92)
№ 116.

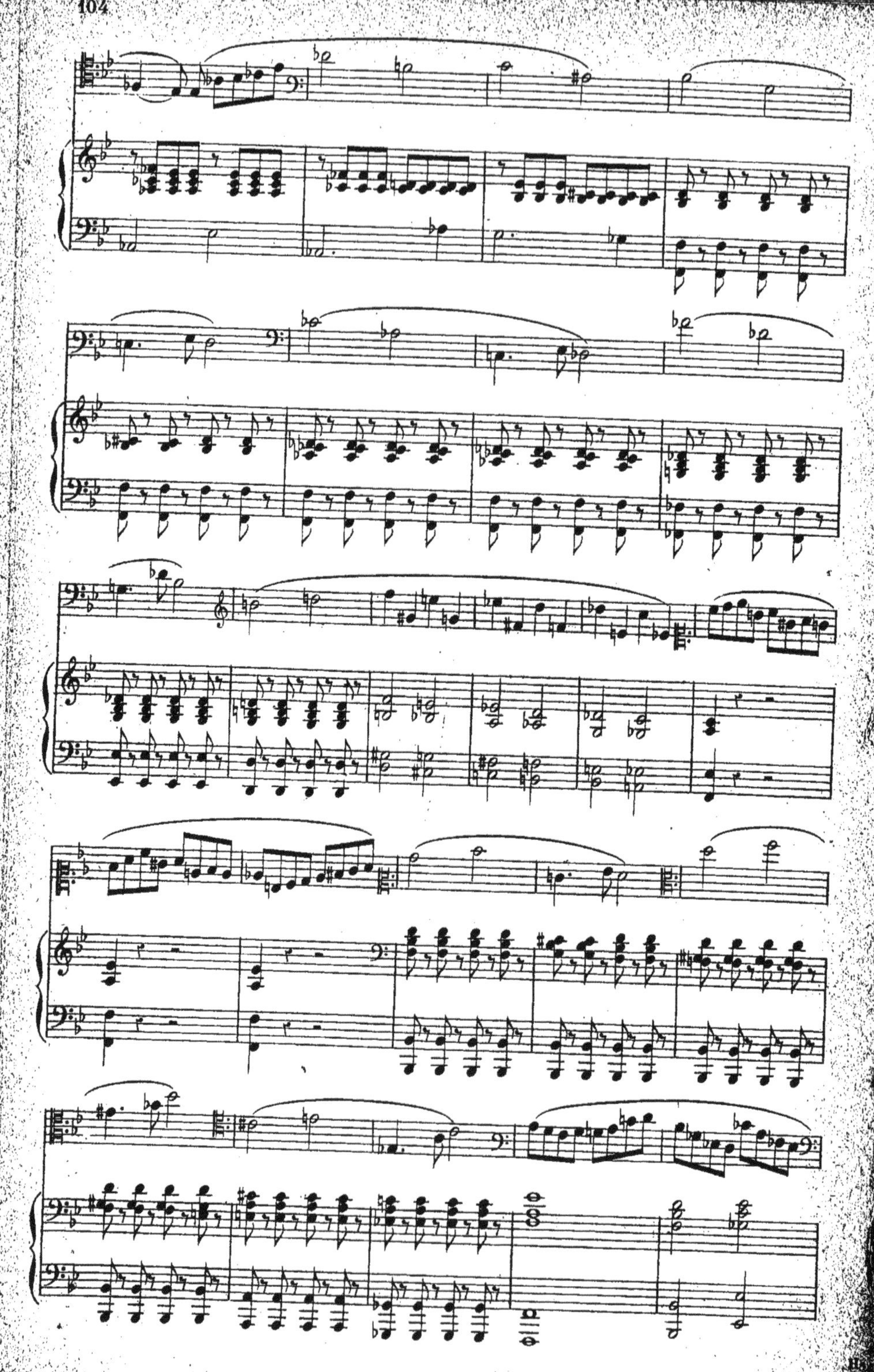

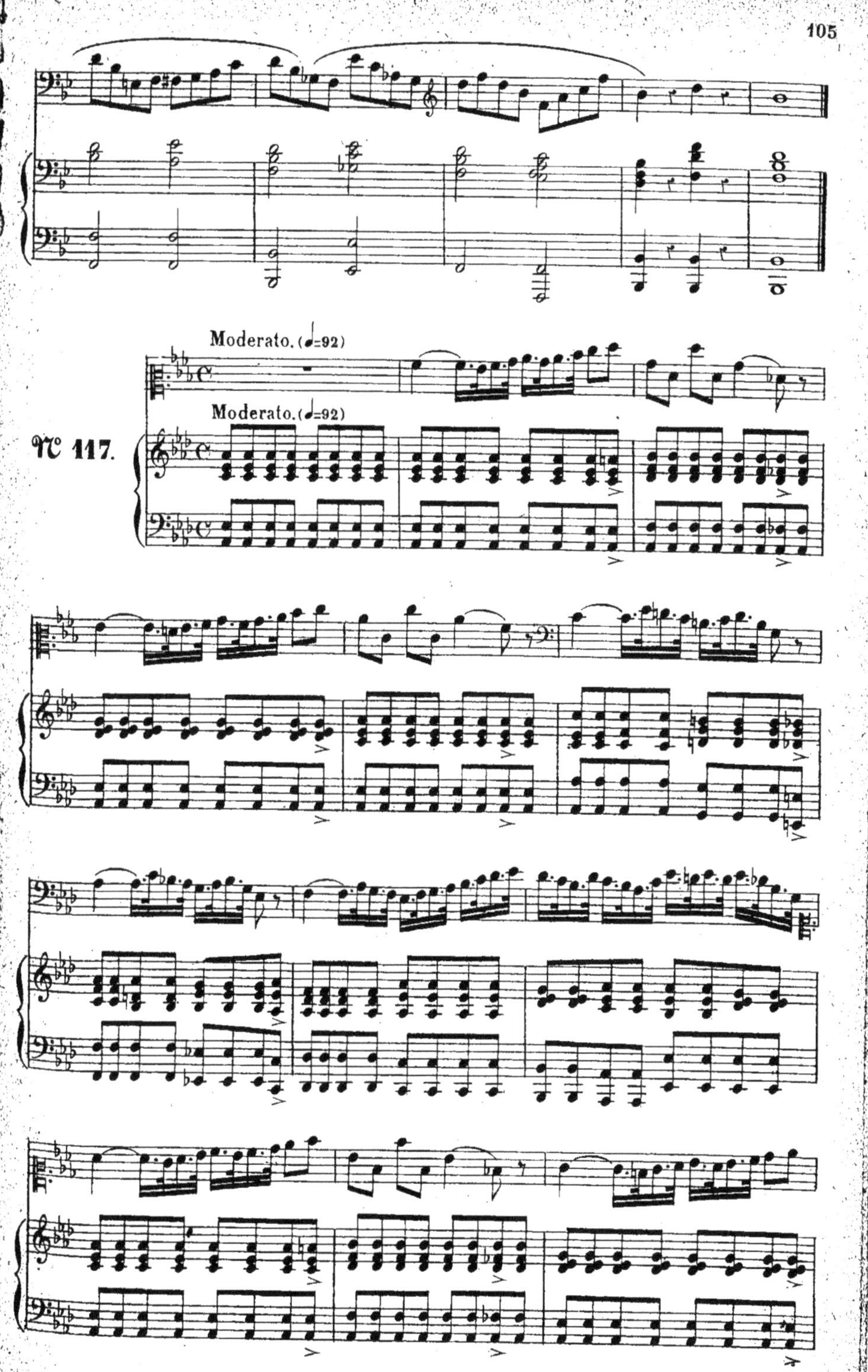
Moderato. (♩=92)
Moderato. (♩=92)
№ 117.

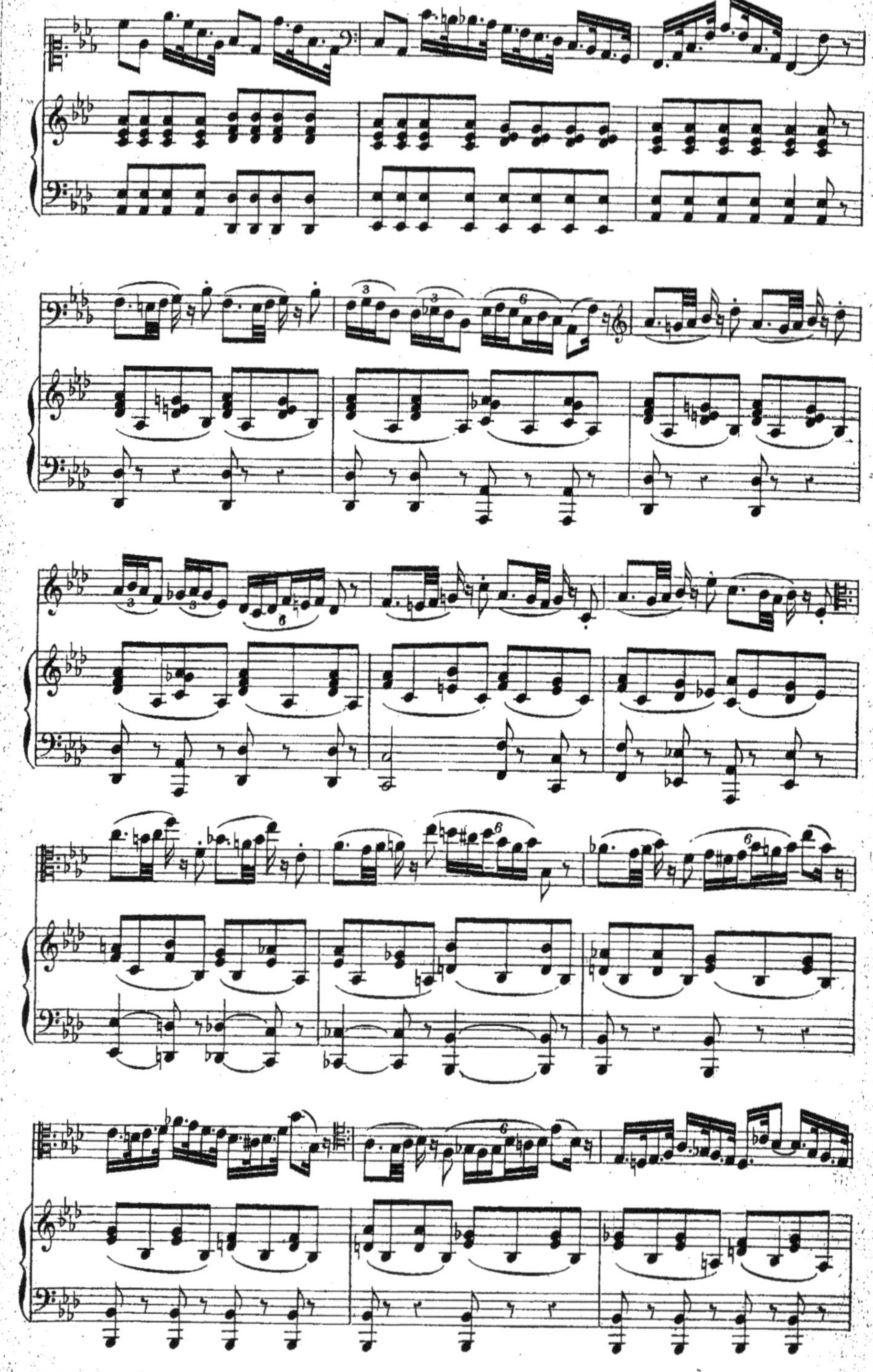

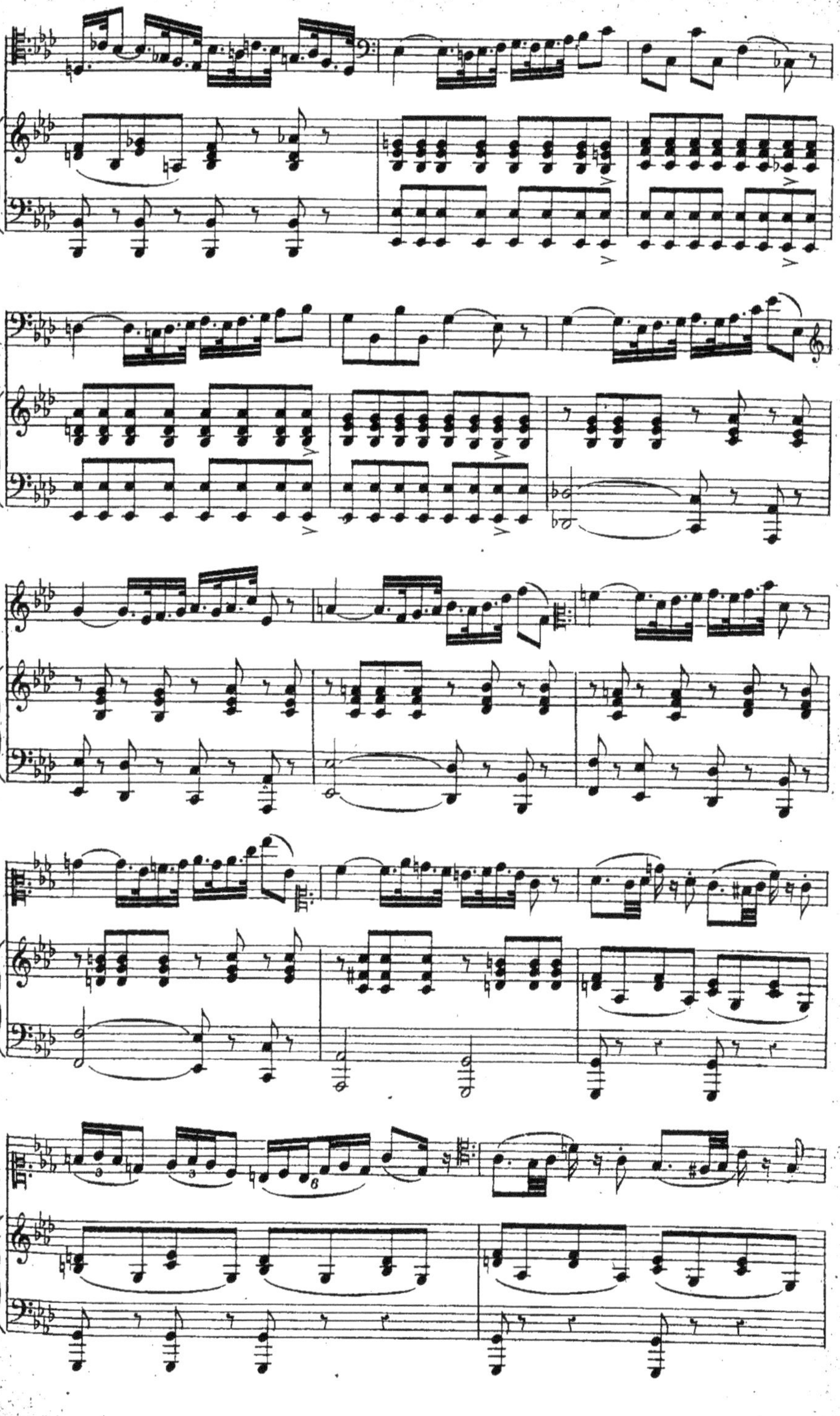

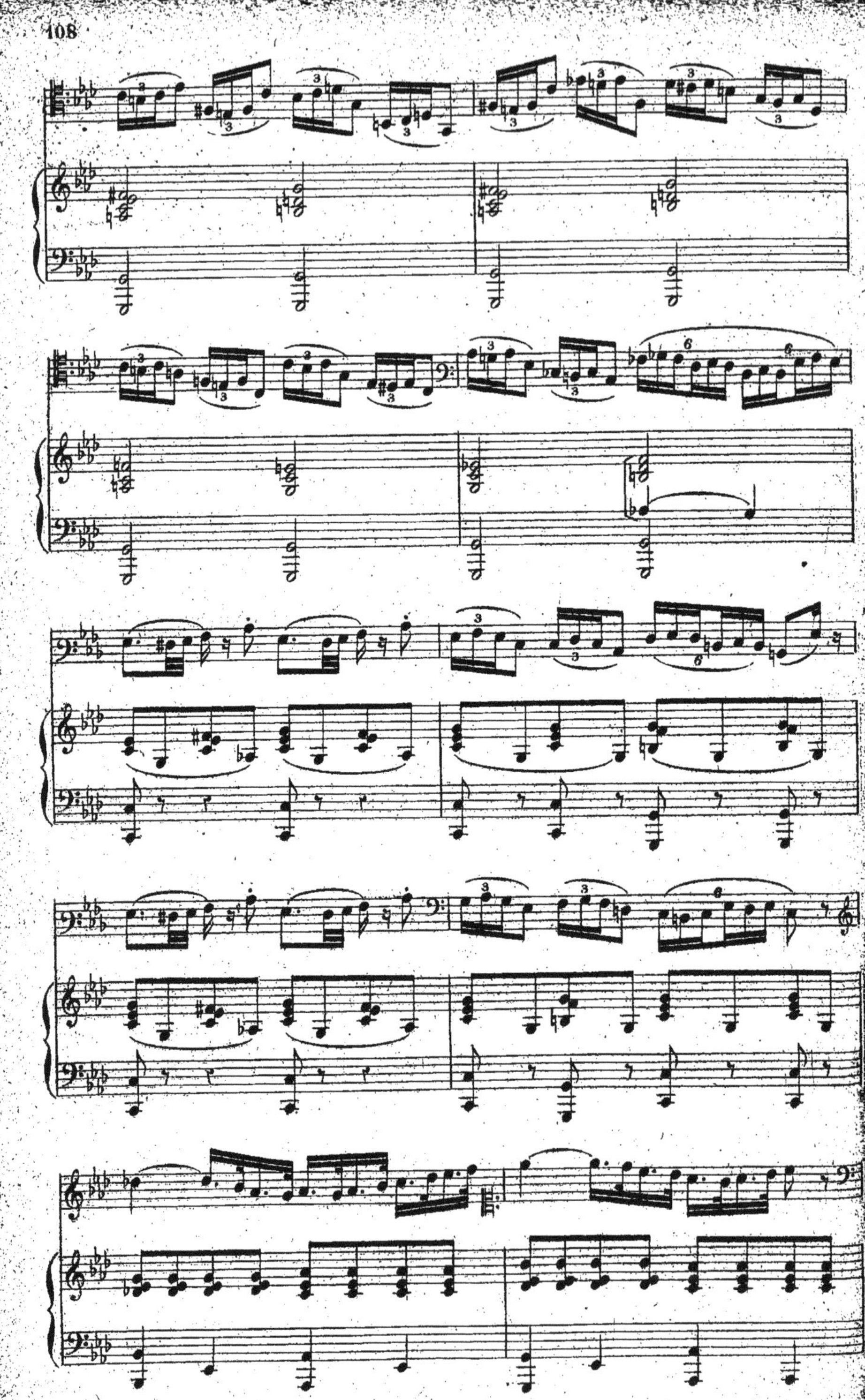

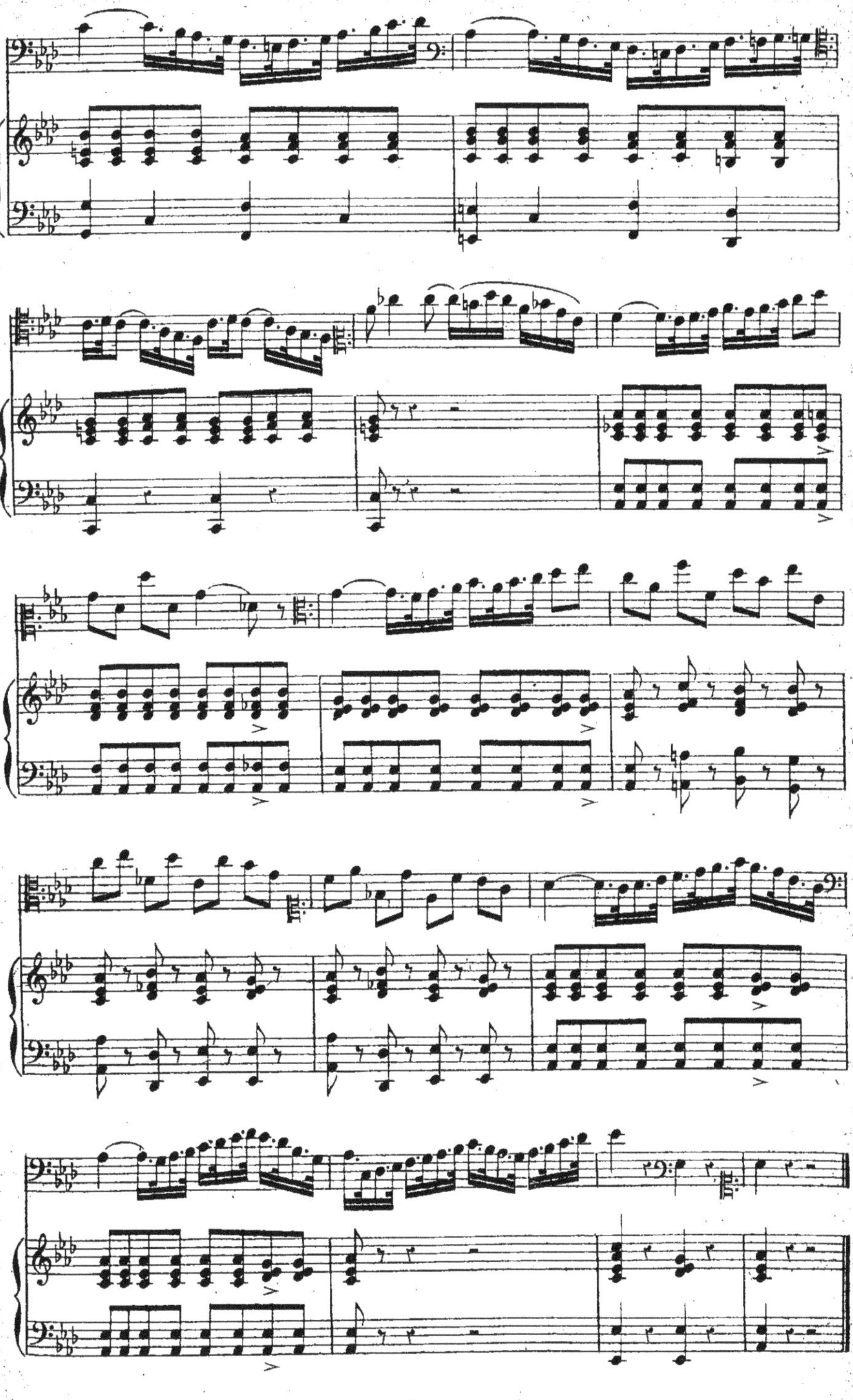

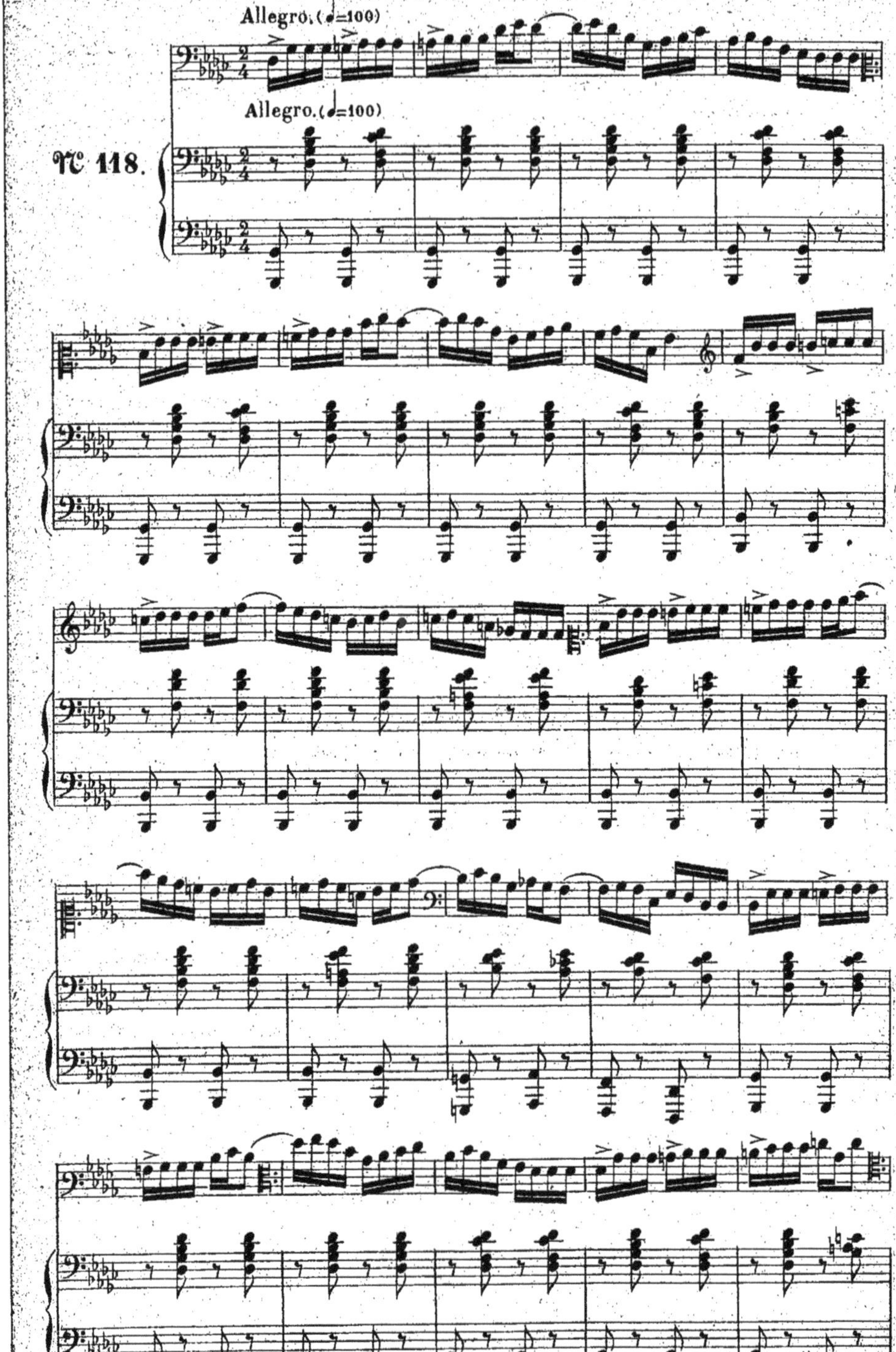

Allegro.(♩=100)
Allegro.(♩=100)
N° 118.

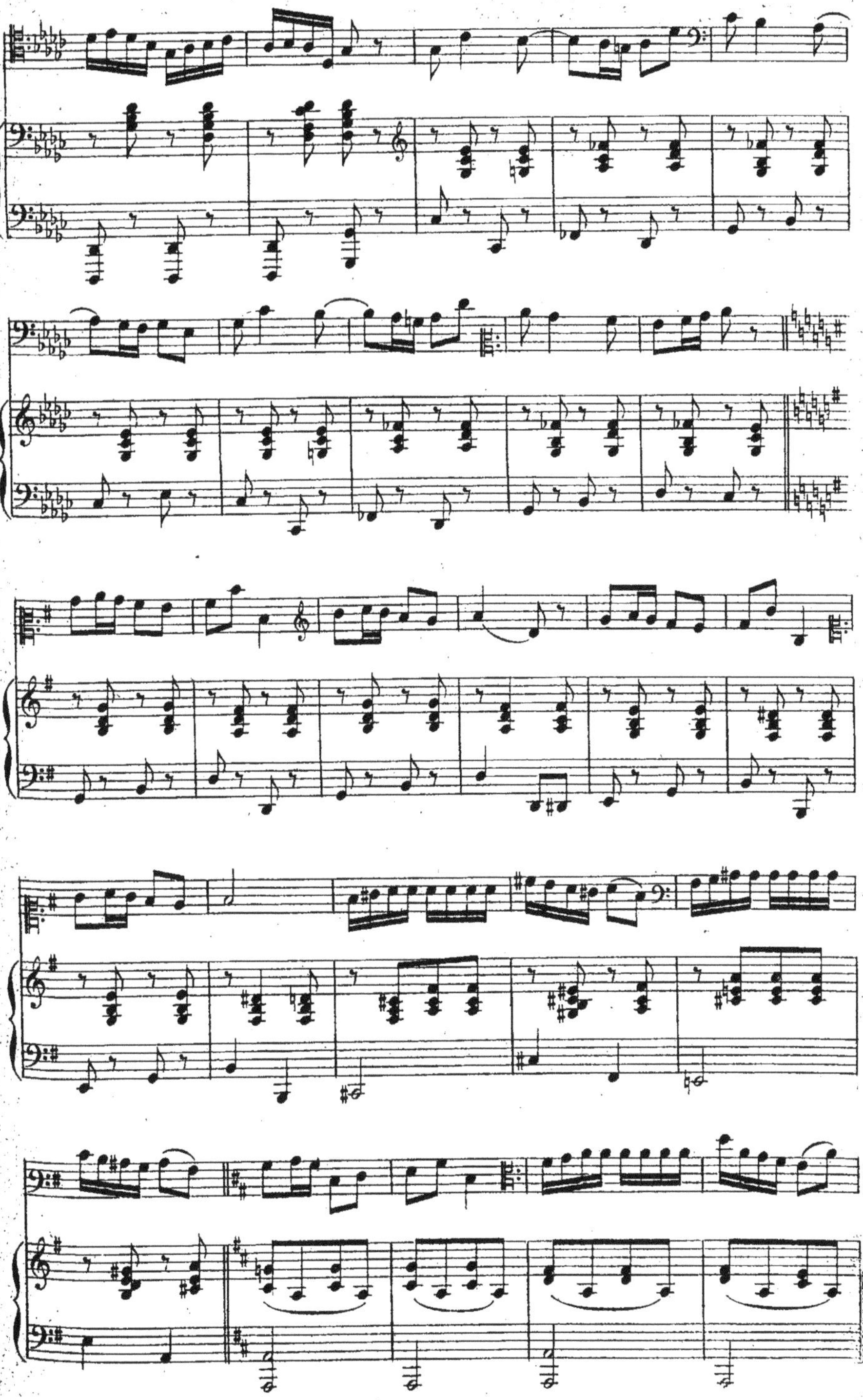

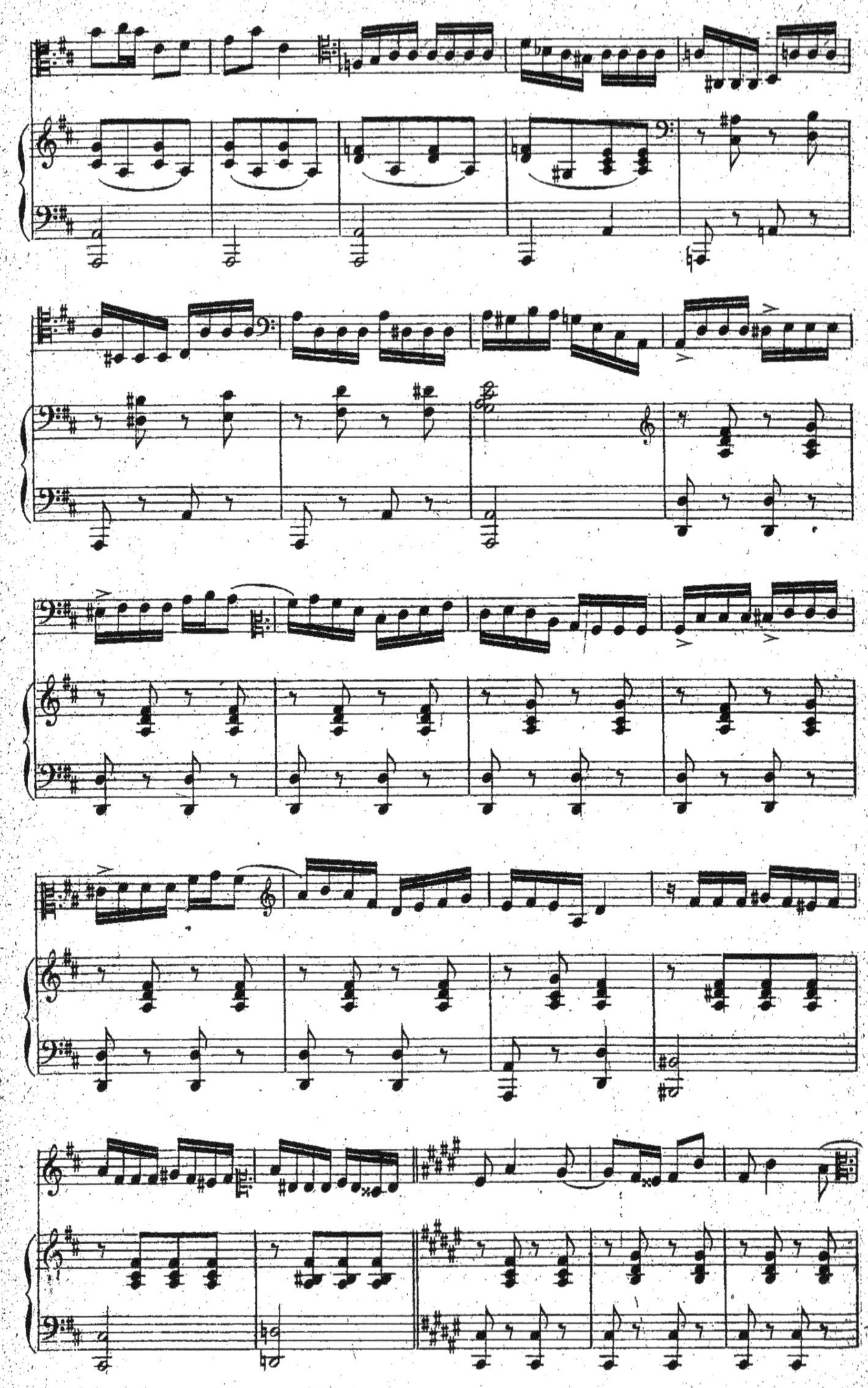

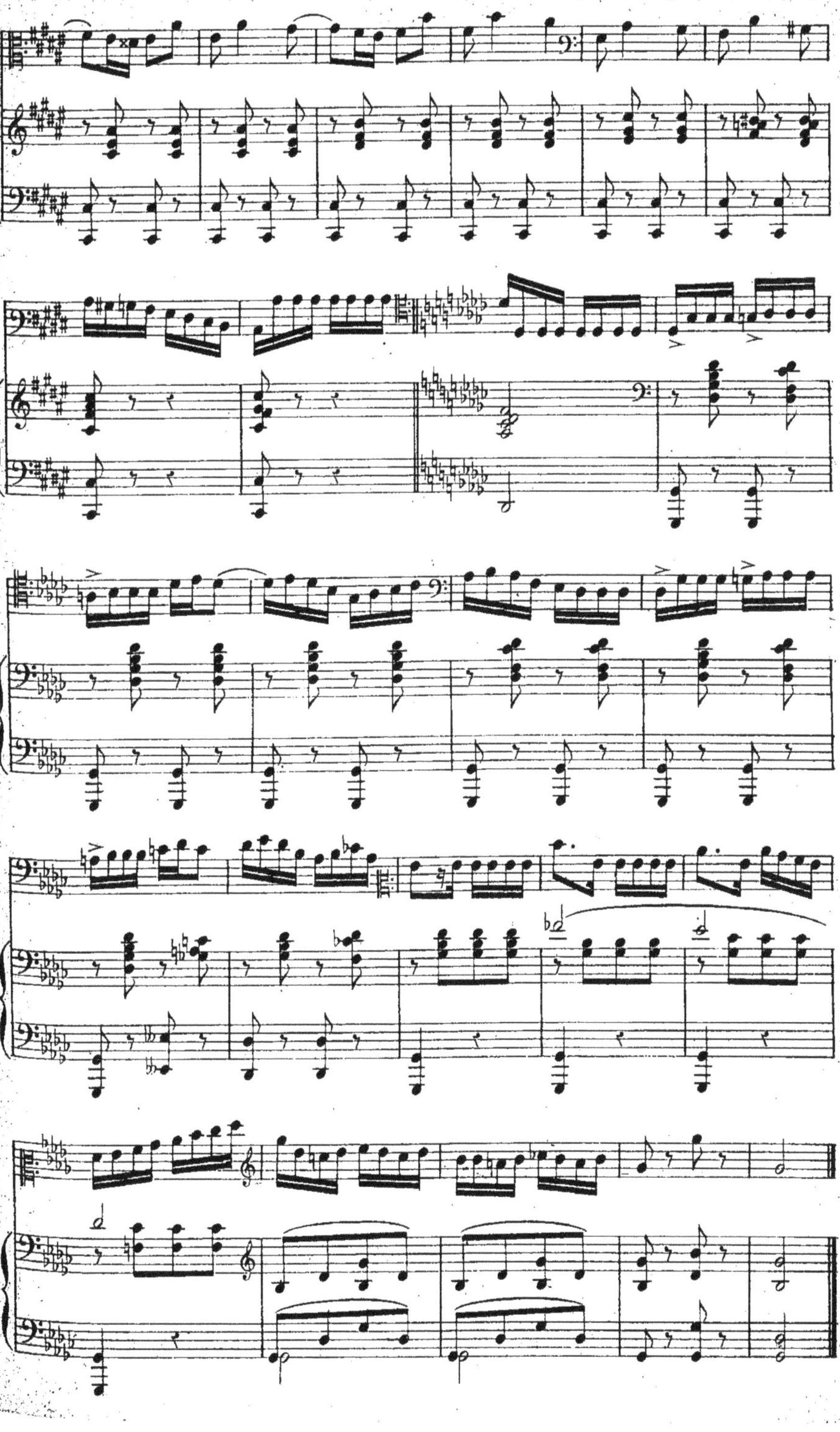

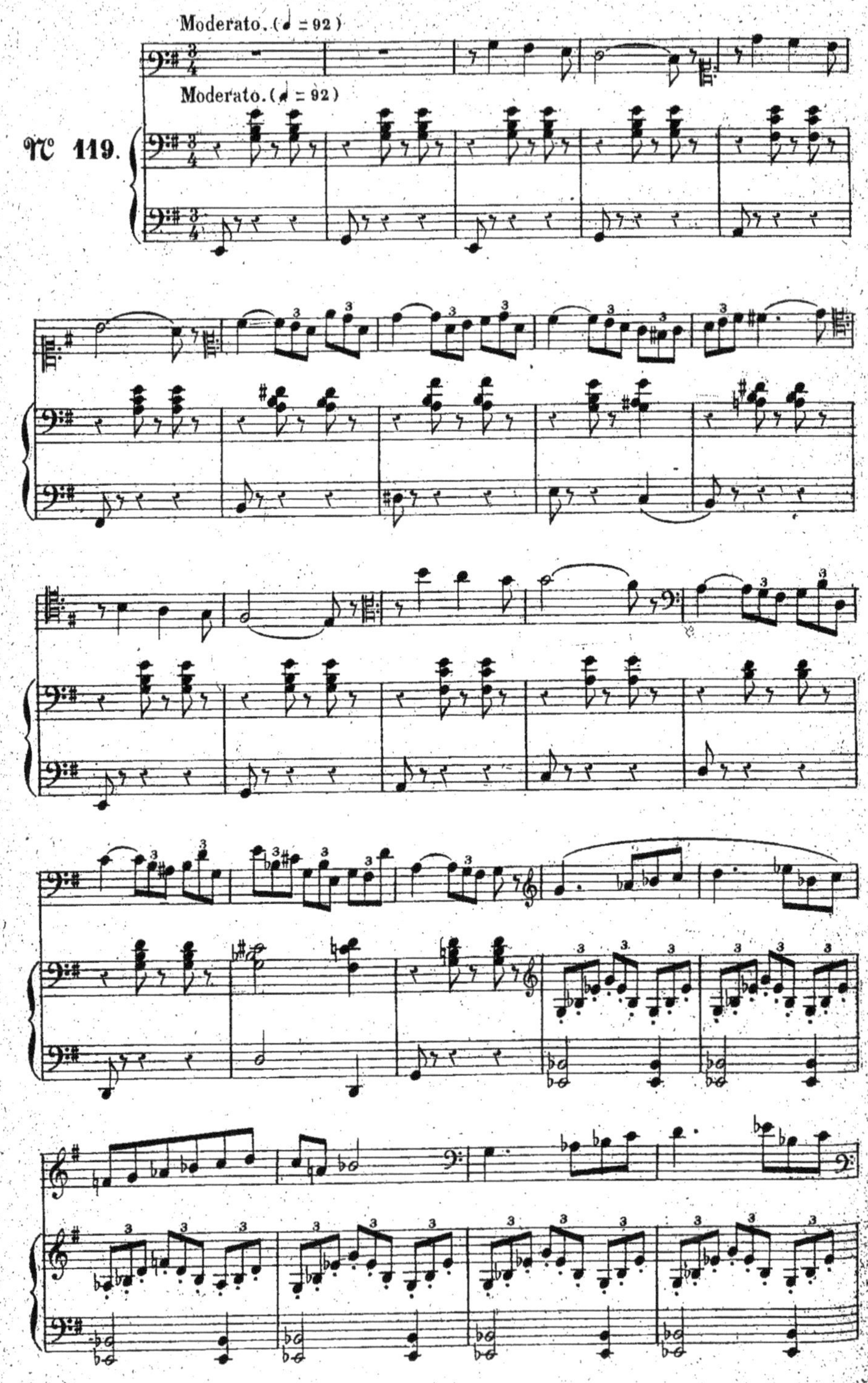
Moderato. (♩ = 92)
Moderato. (♩ = 92)
№ 119.

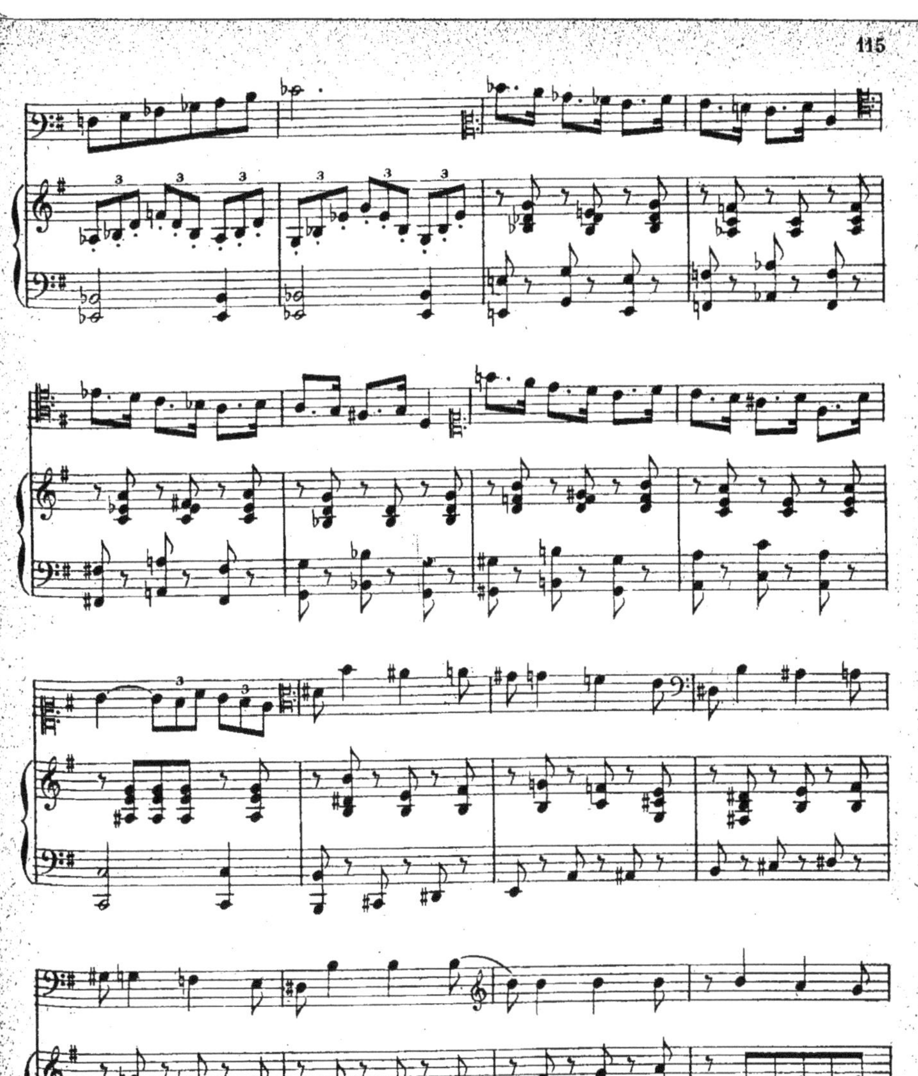

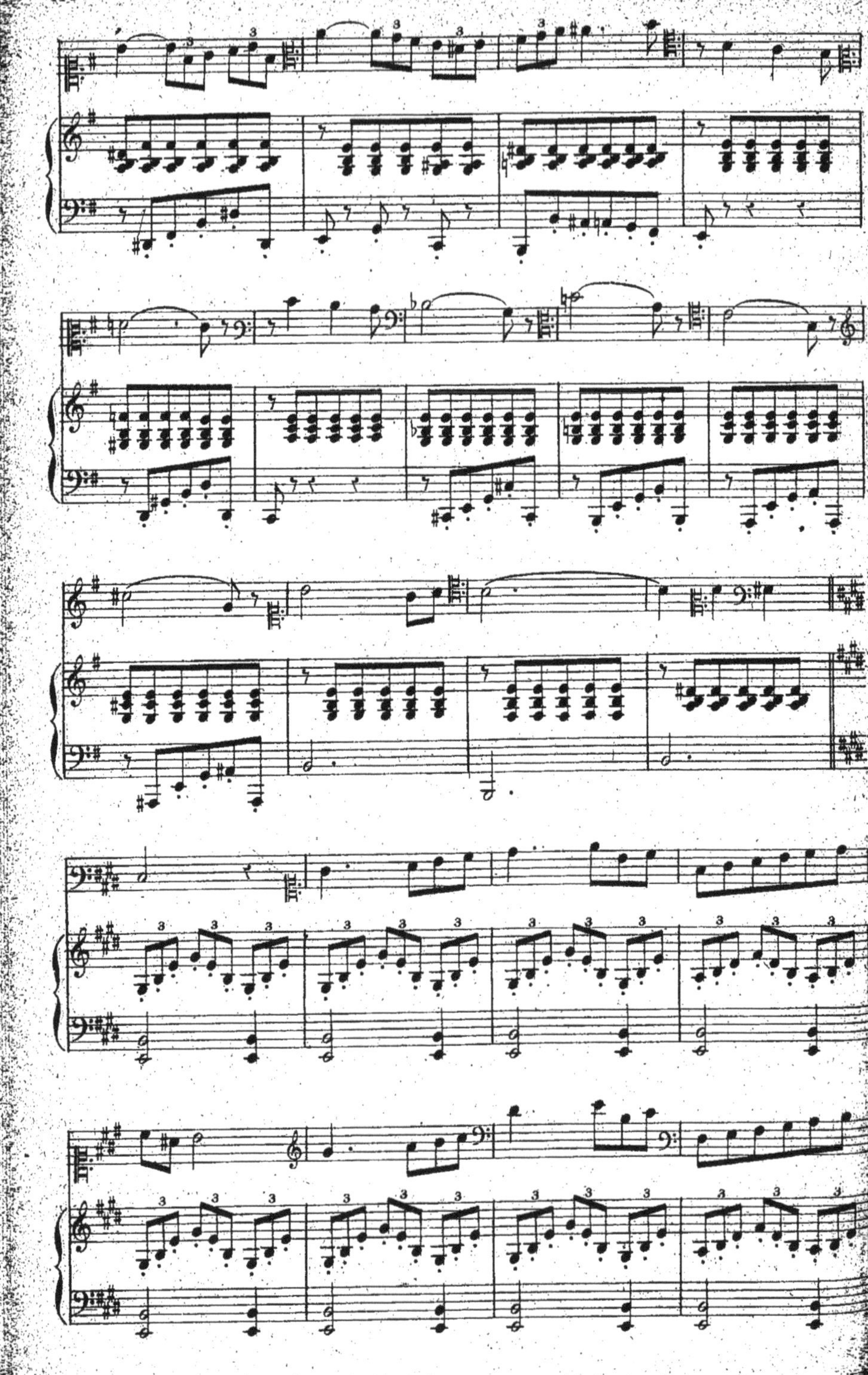

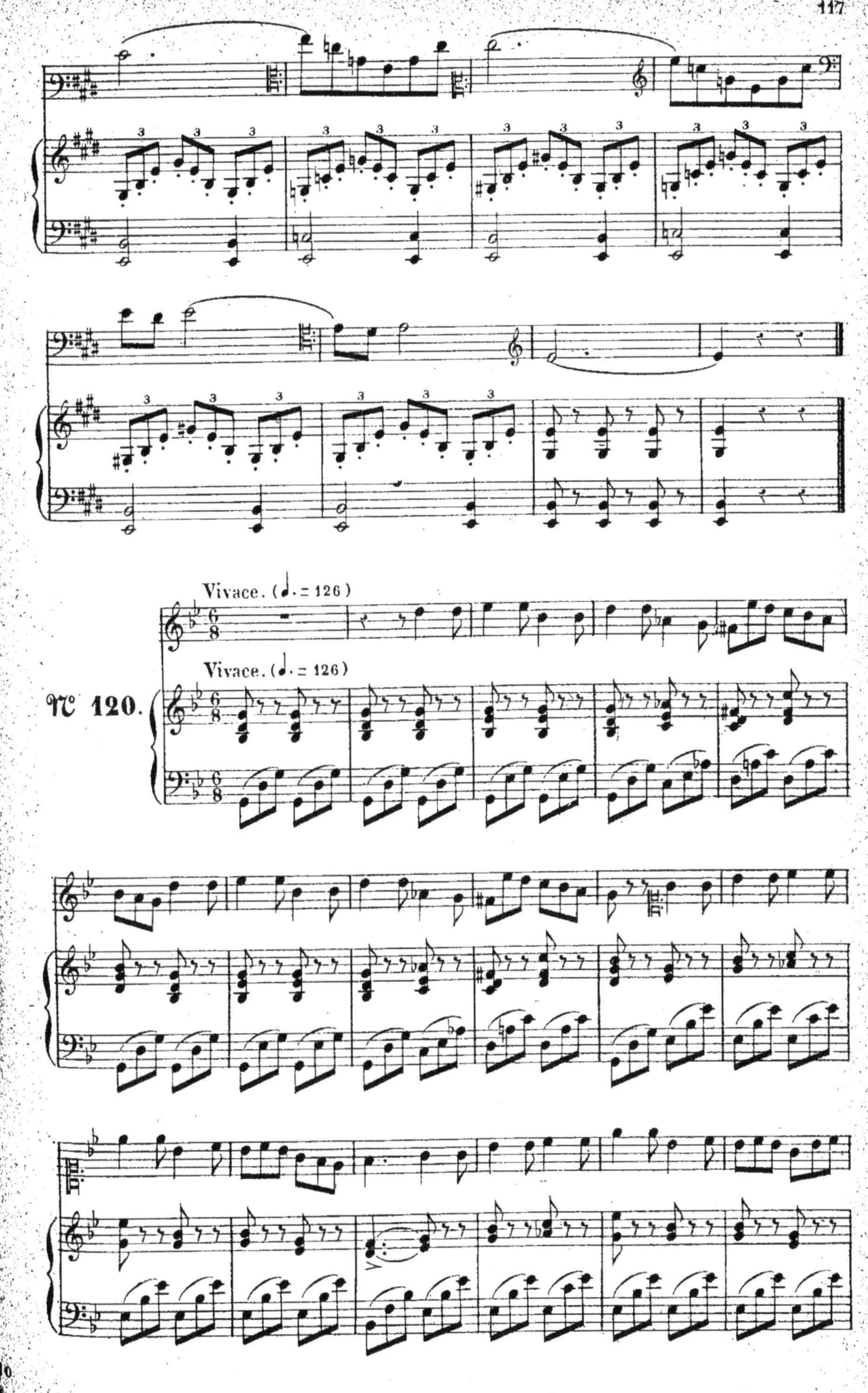
Vivace. (♩. = 126)
Vivace. (♩. = 126)
N° 120.

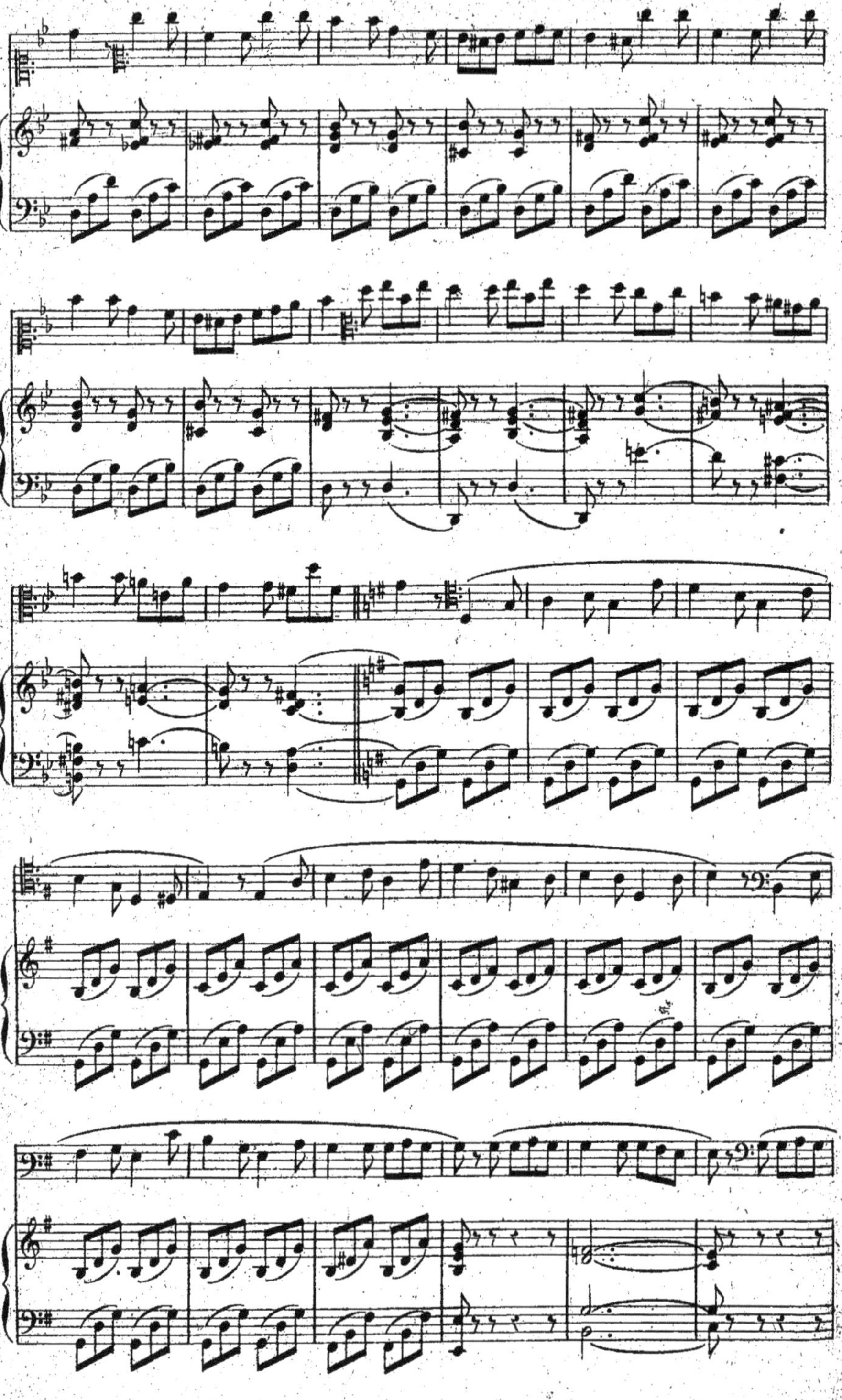

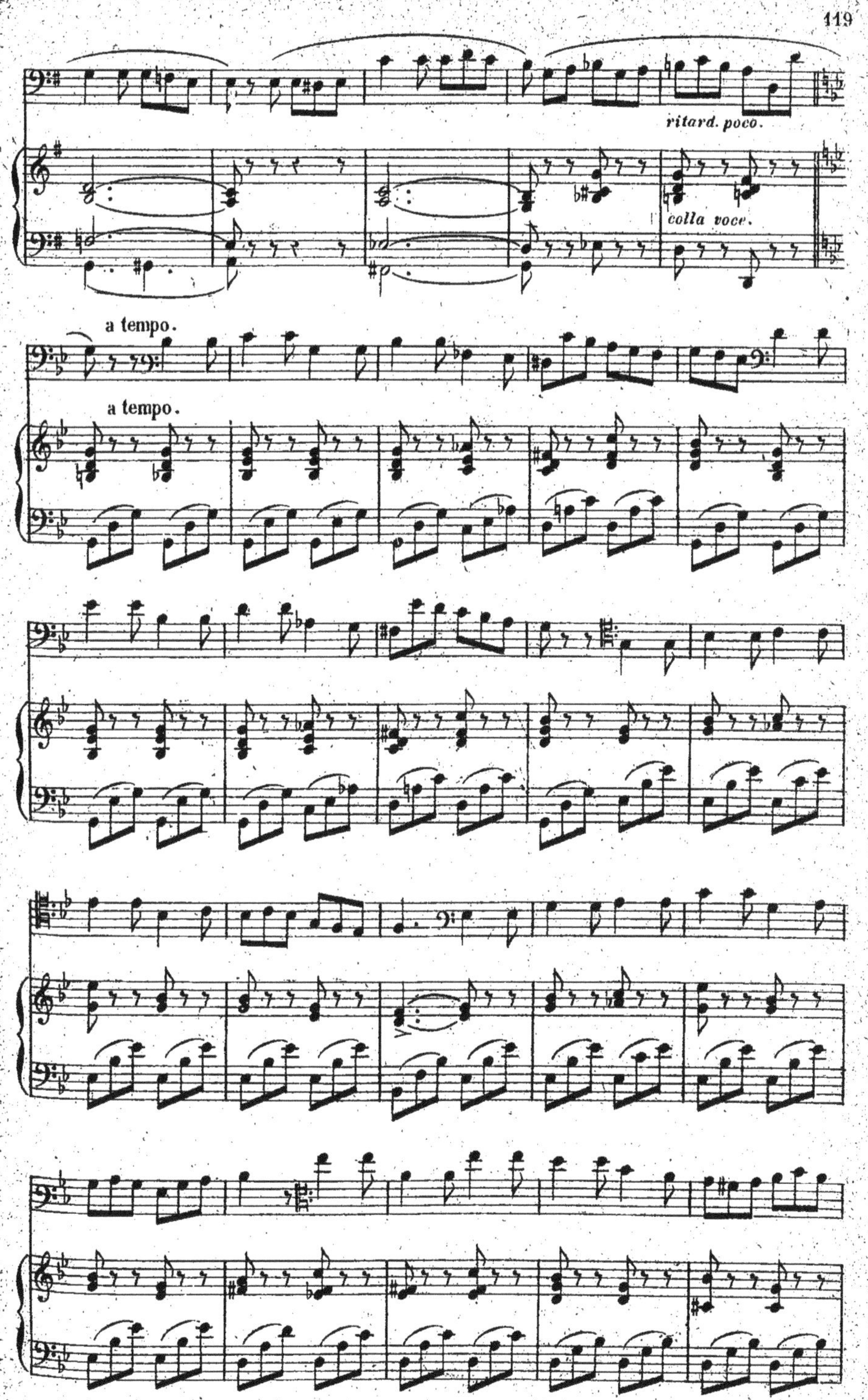
ritard. poco.
colla voce.
a tempo.
a tempo.

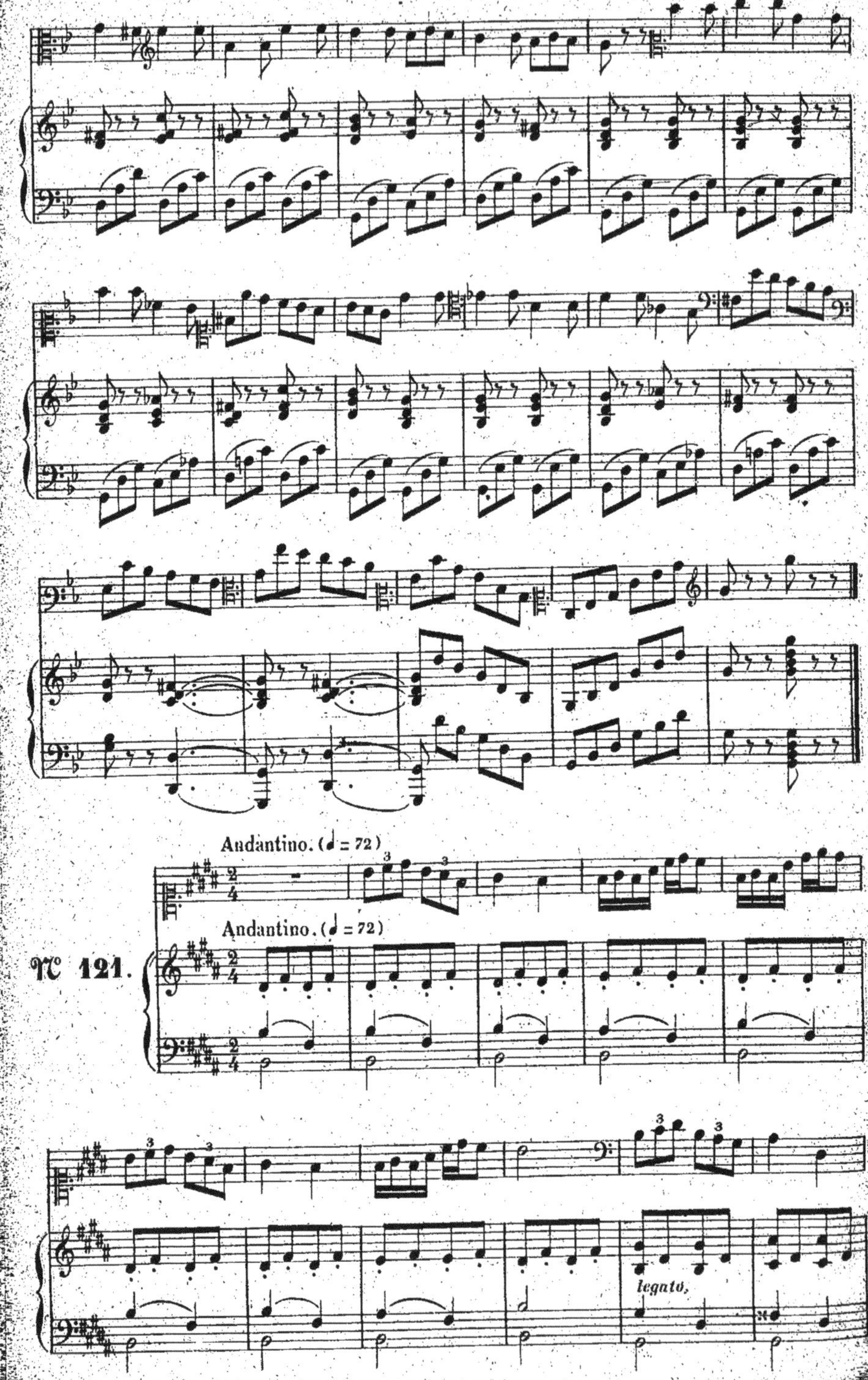
Andantino. (♩ = 72)
Andantino. (♩ = 72)
N° 121.
legato,

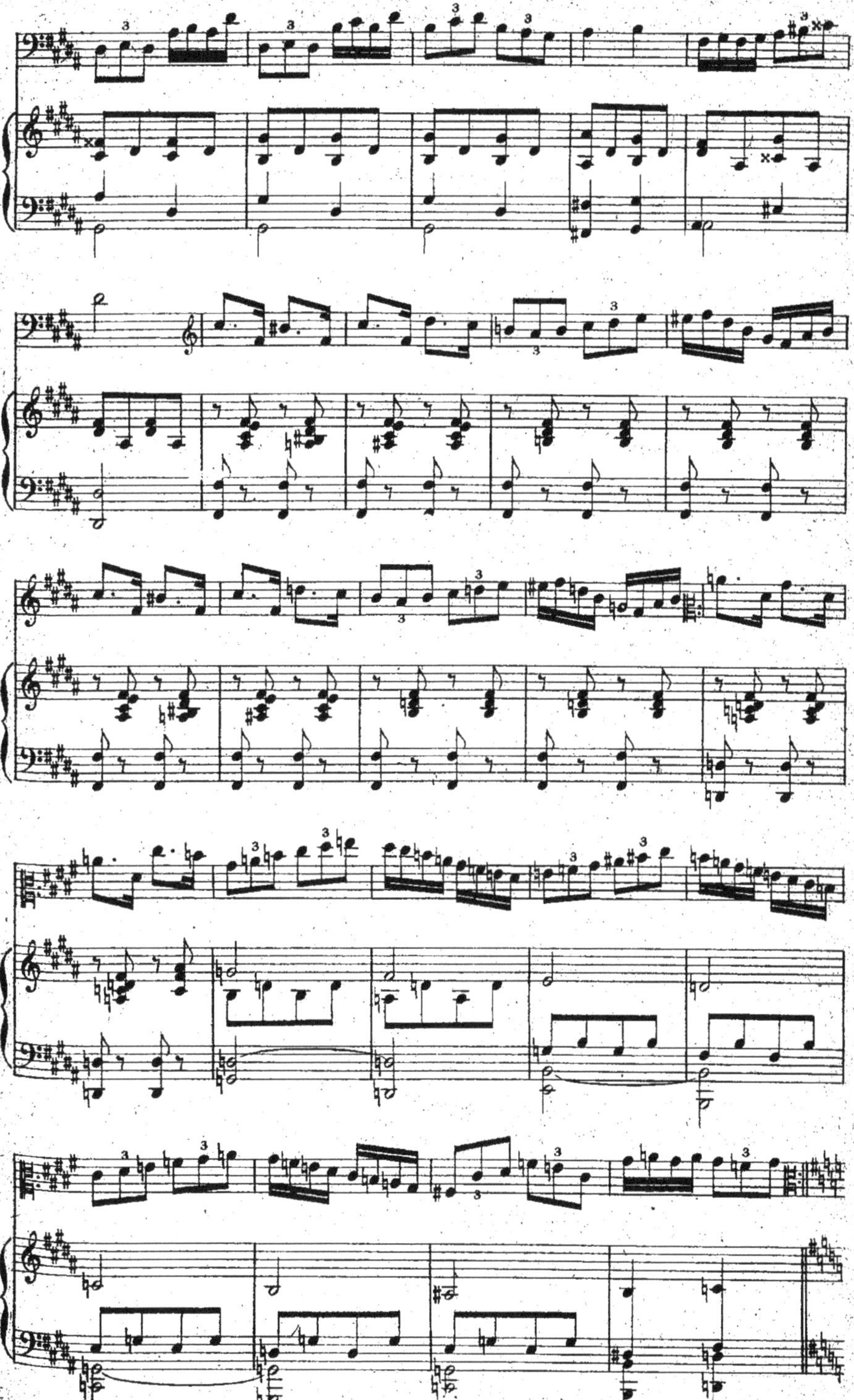

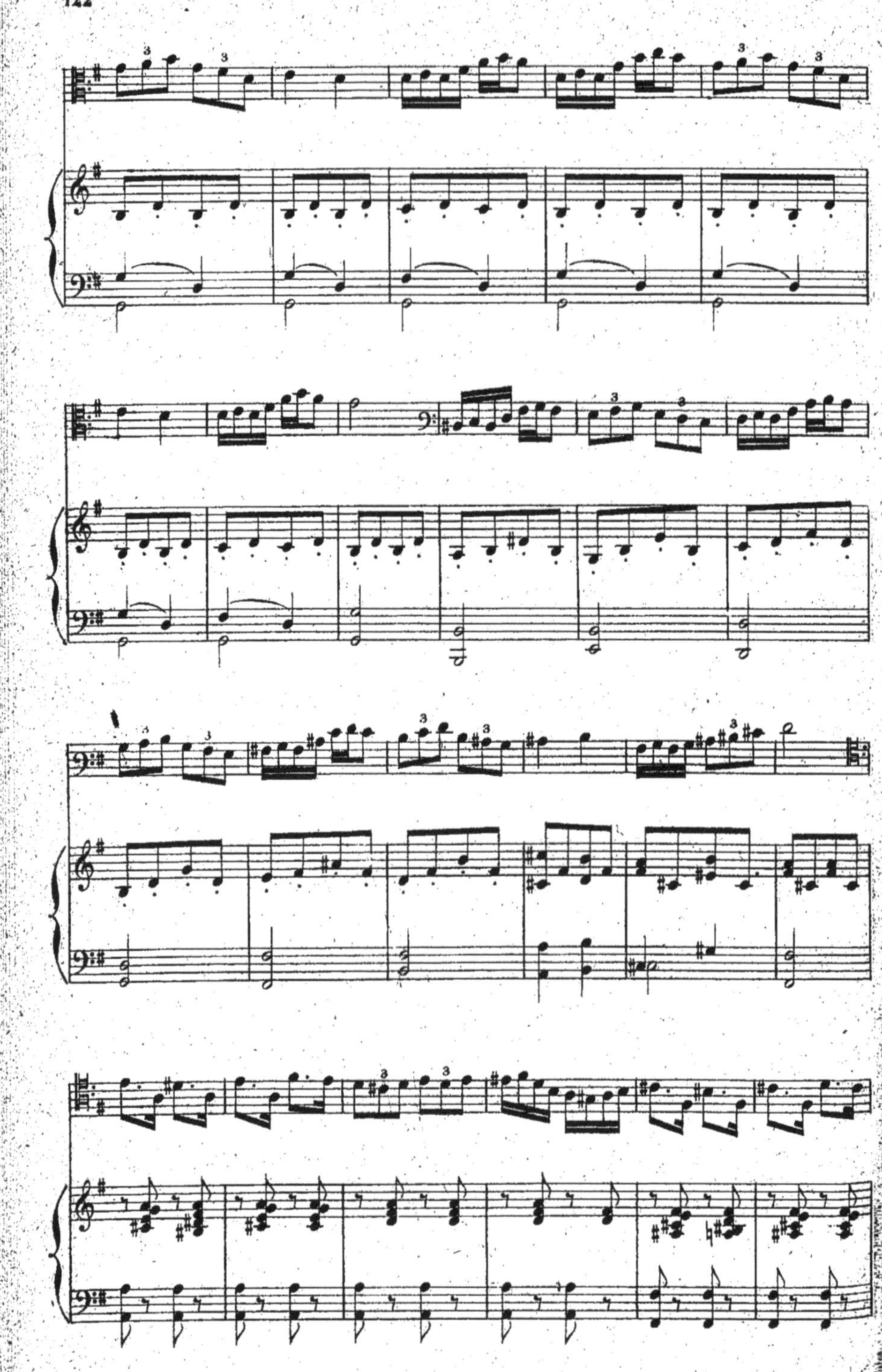

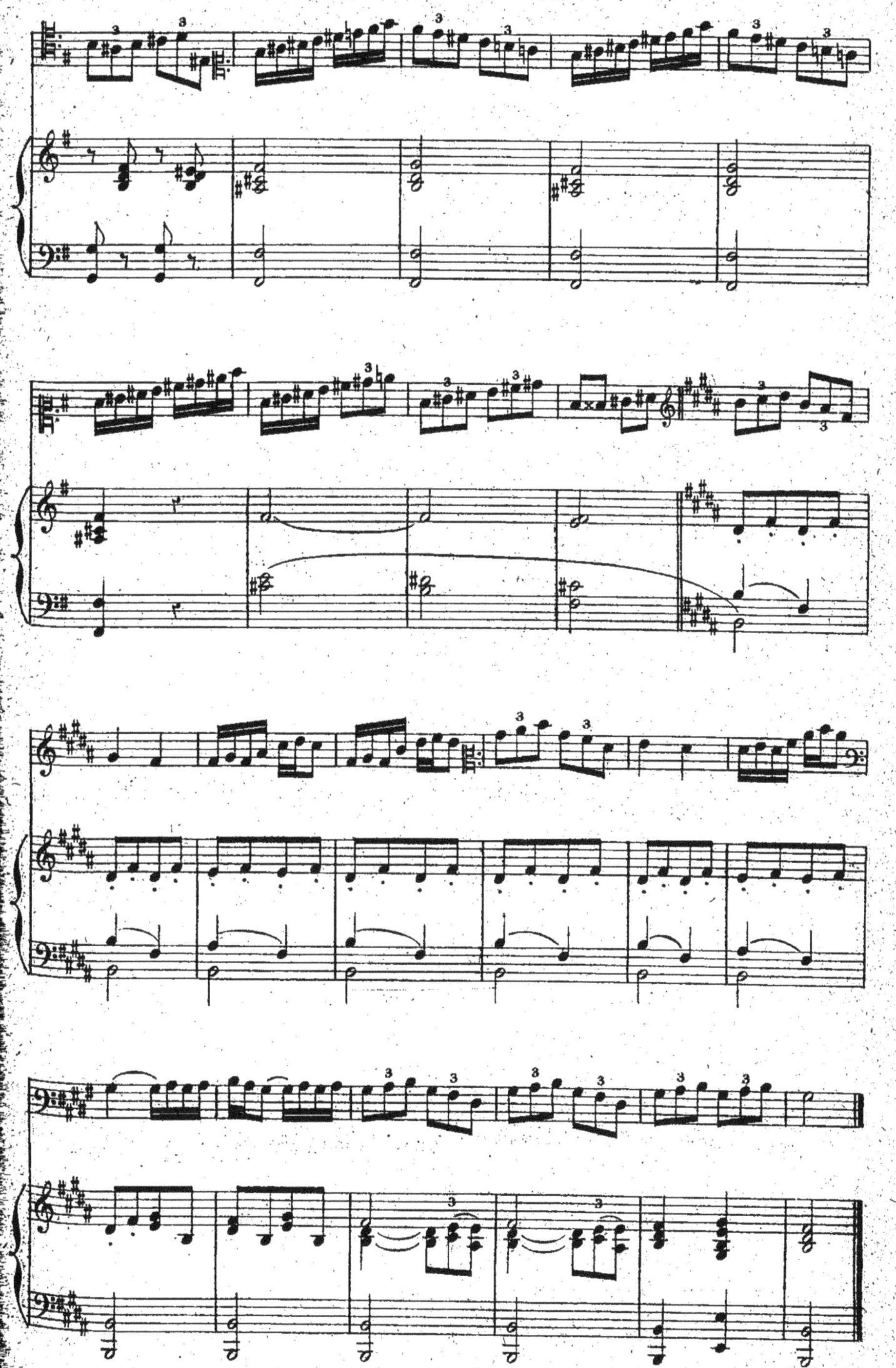

LEÇONS TRÈS DIFFICILES

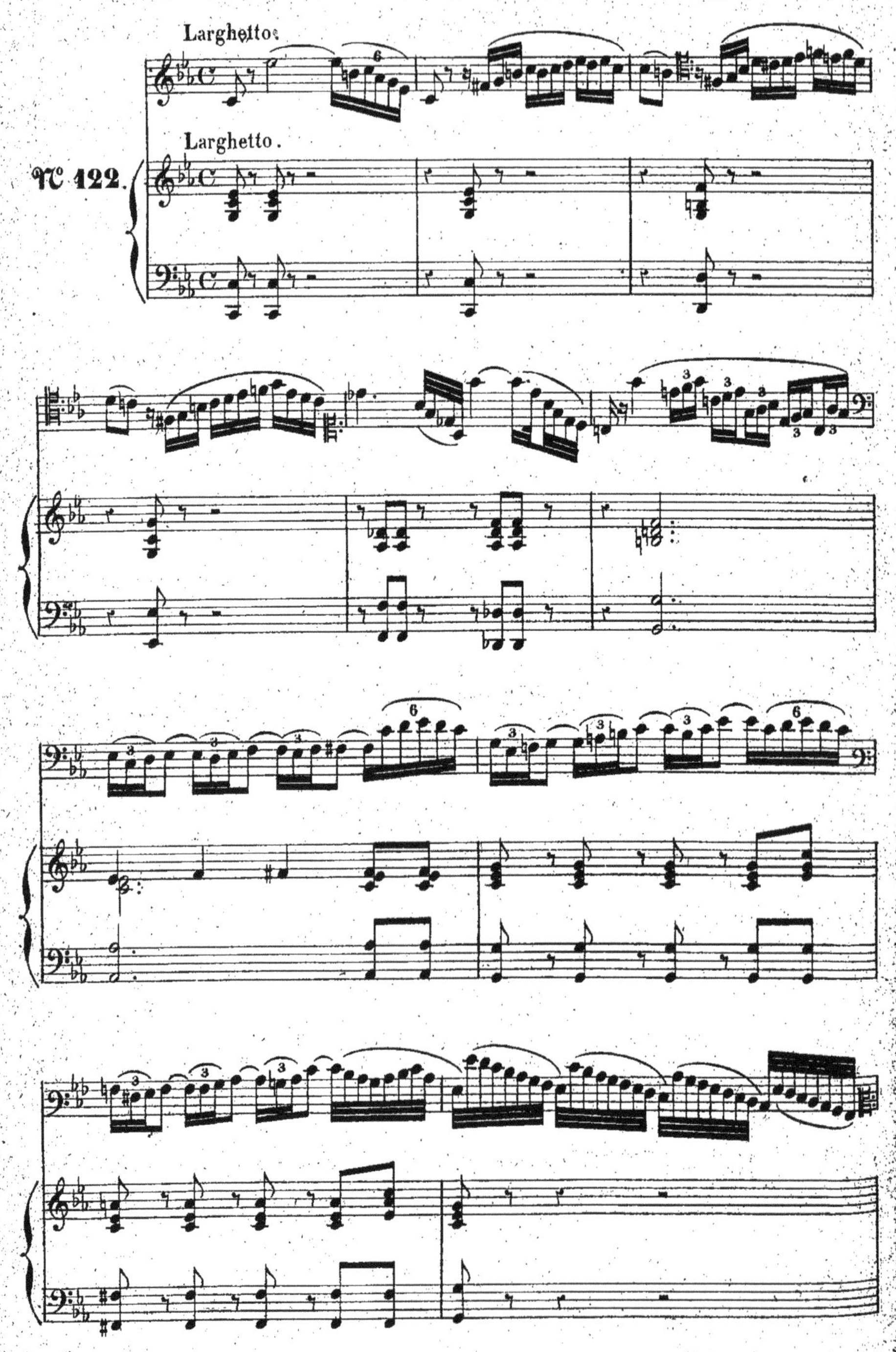

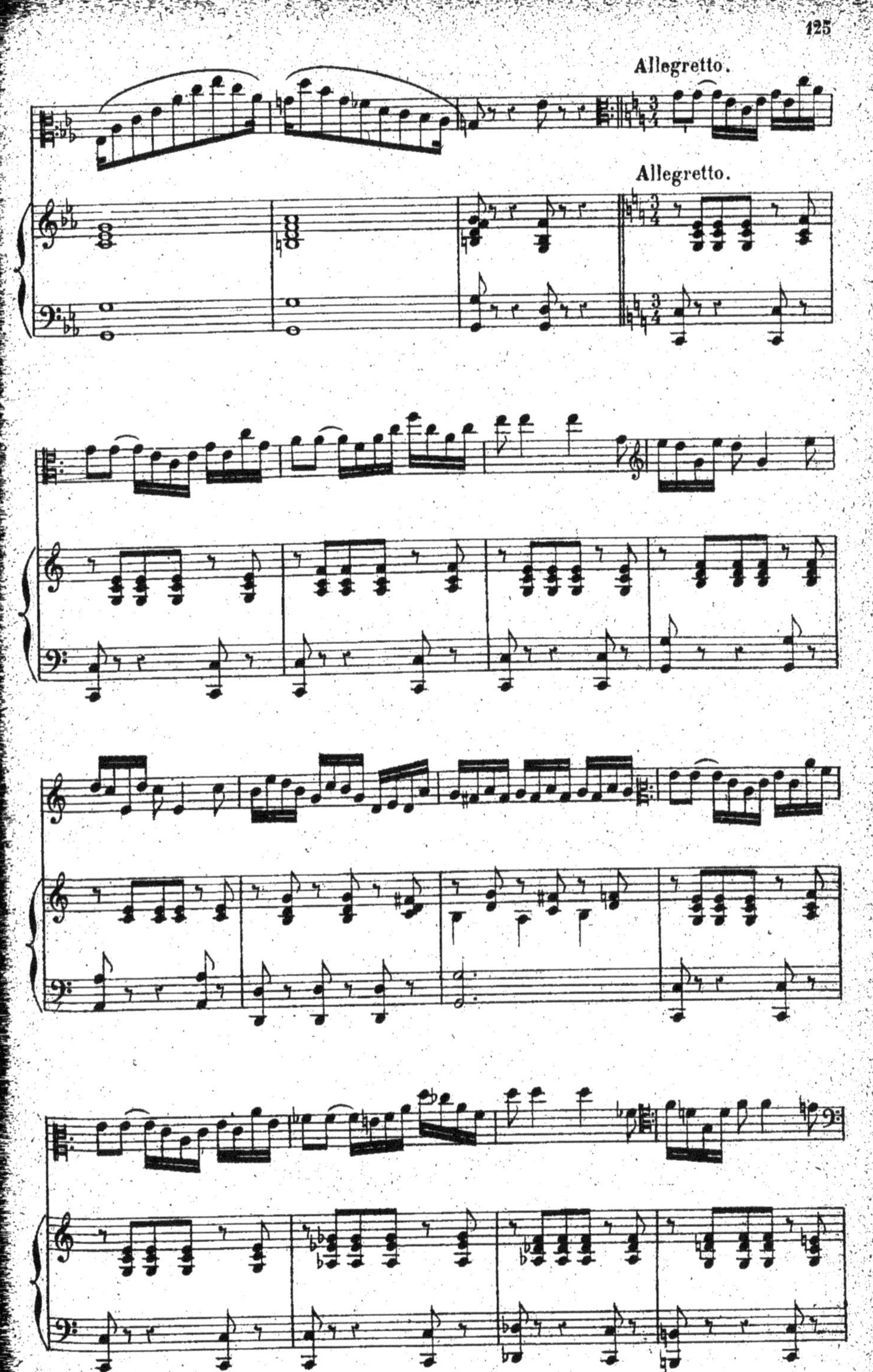
Allegretto.
Allegretto.

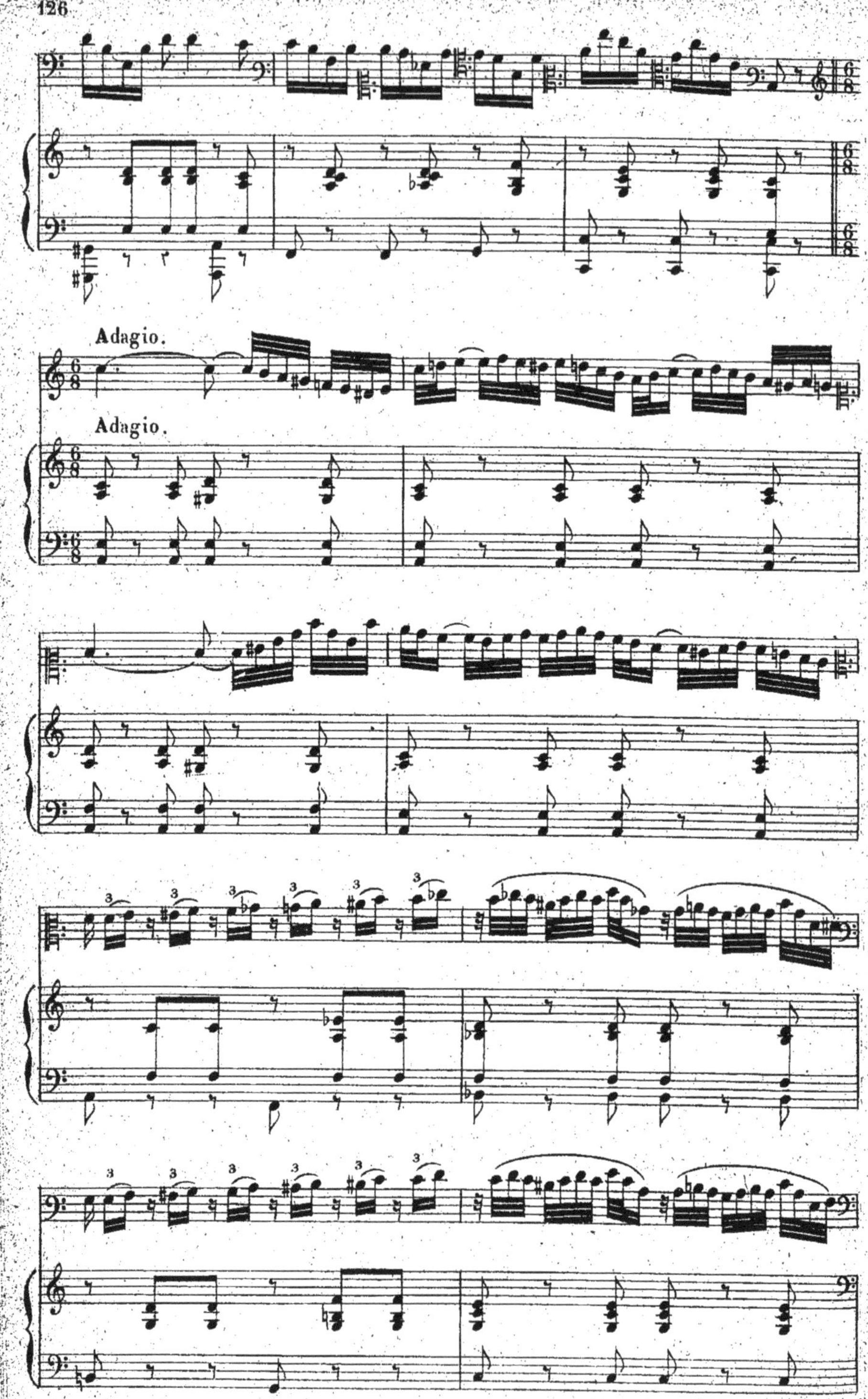
Adagio.
Adagio.

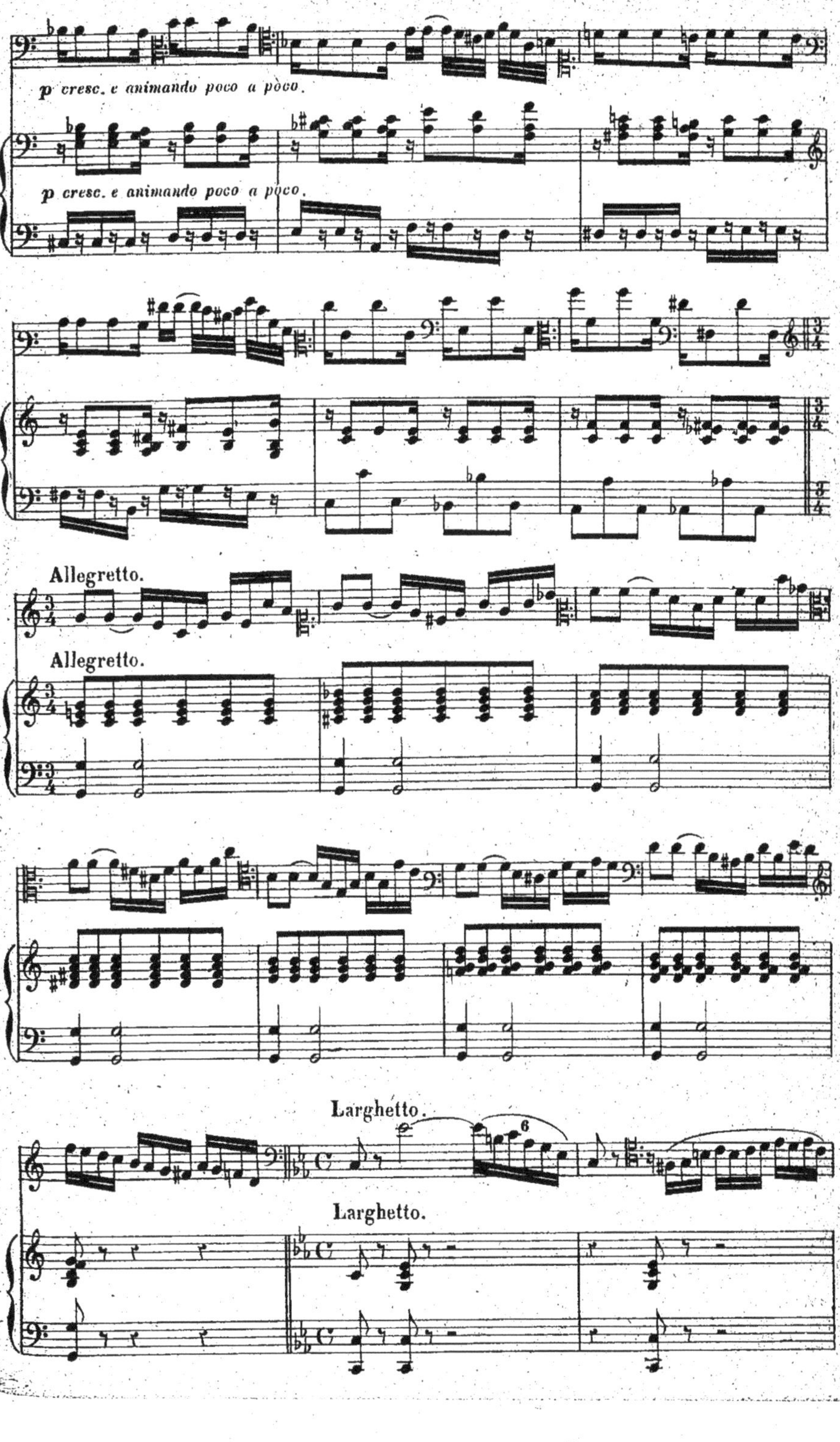

p cresc. e animando poco a poco.
p cresc. e animando poco a poco.
Allegretto.
Allegretto.
Larghetto.
Larghetto.

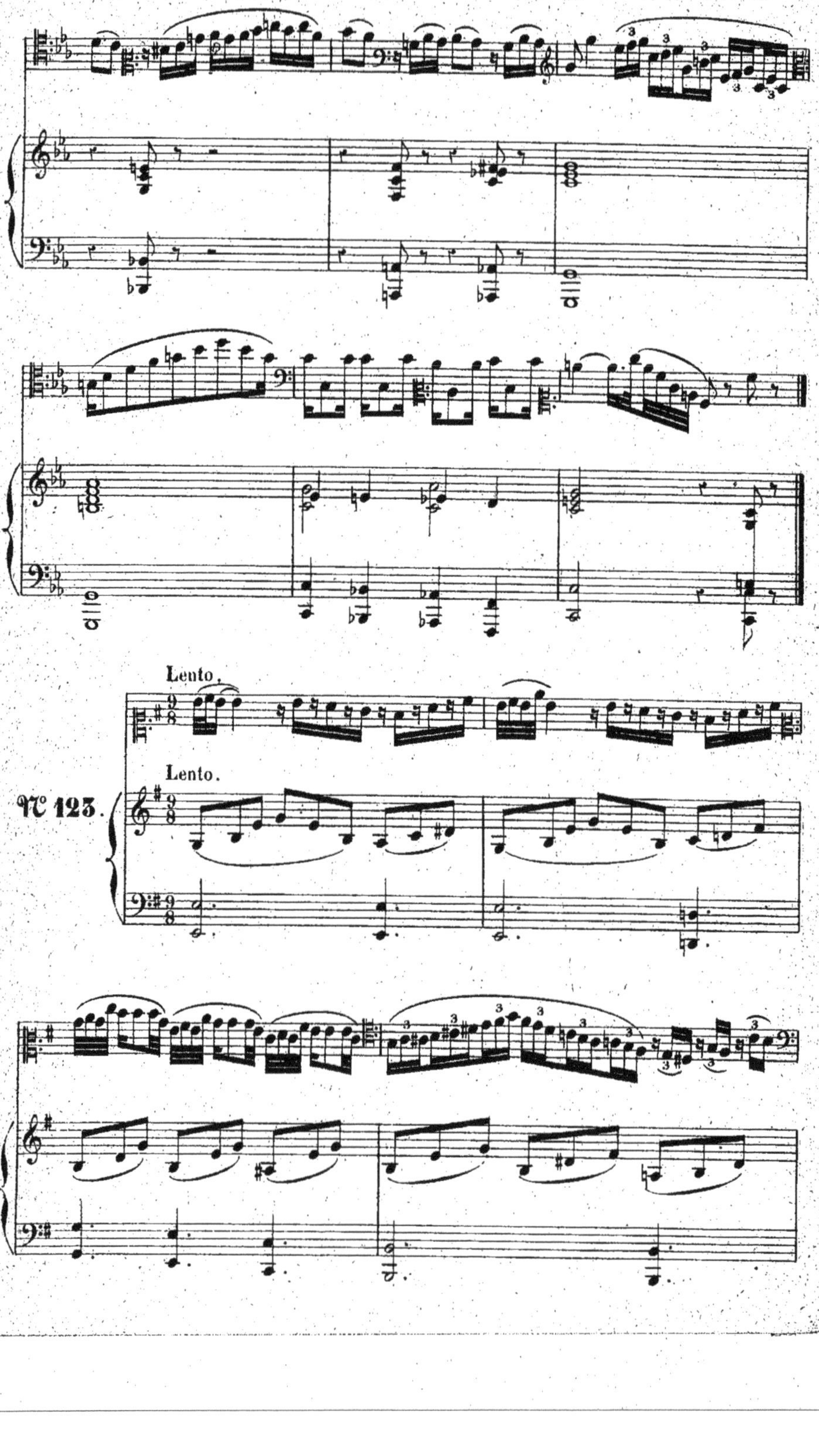

N° 123.

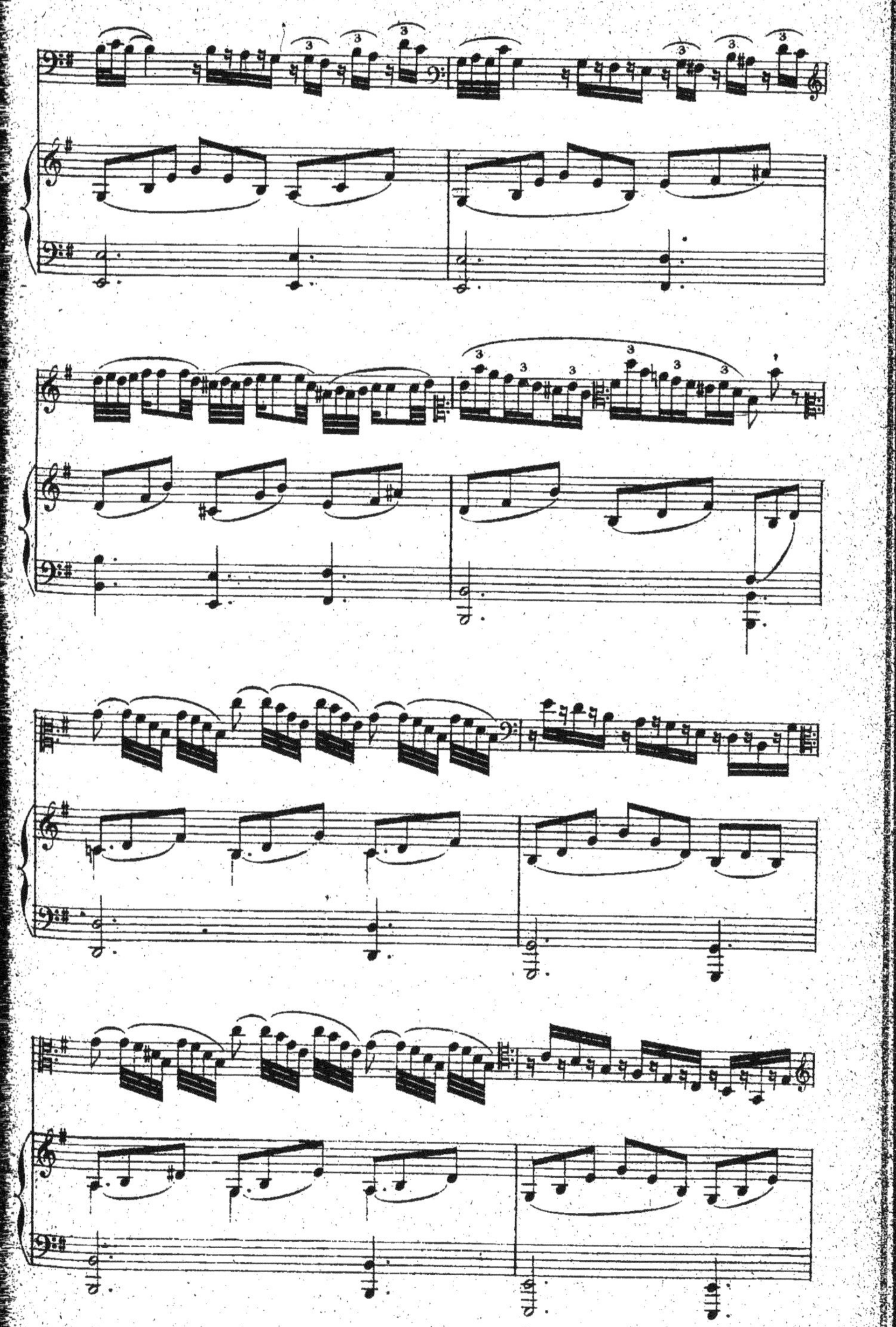

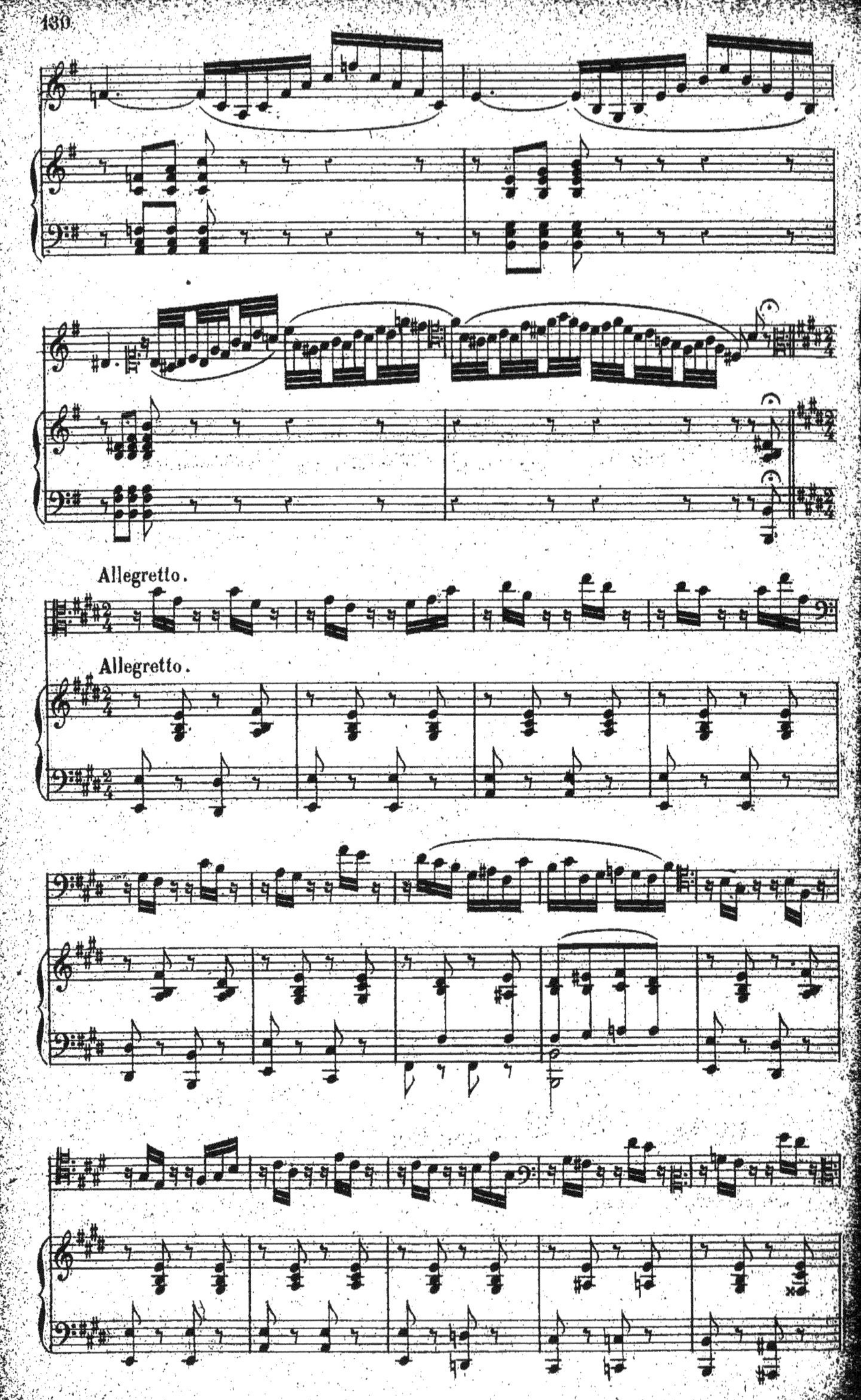

130
Allegretto.
Allegretto.

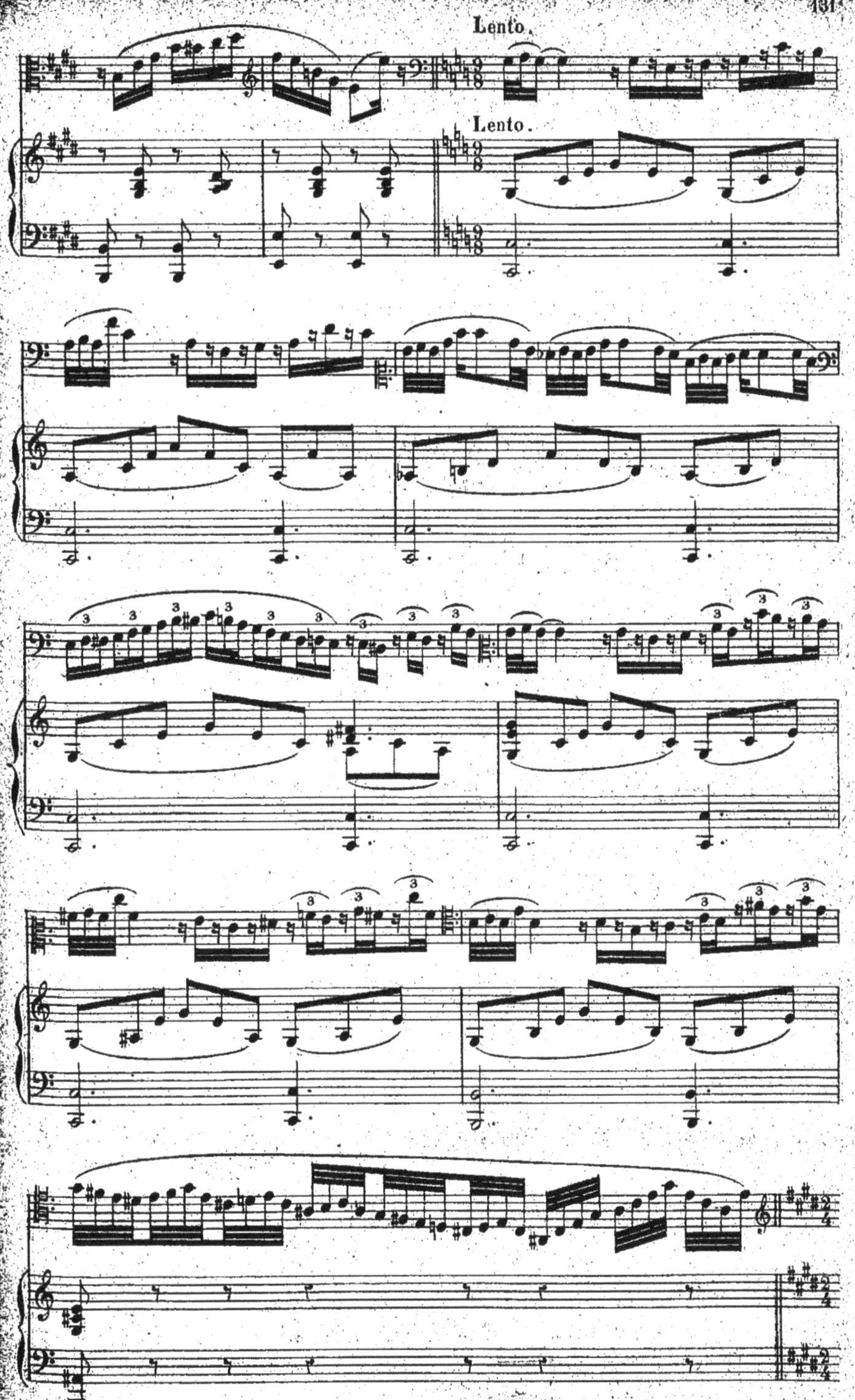
Lento.
Lento.

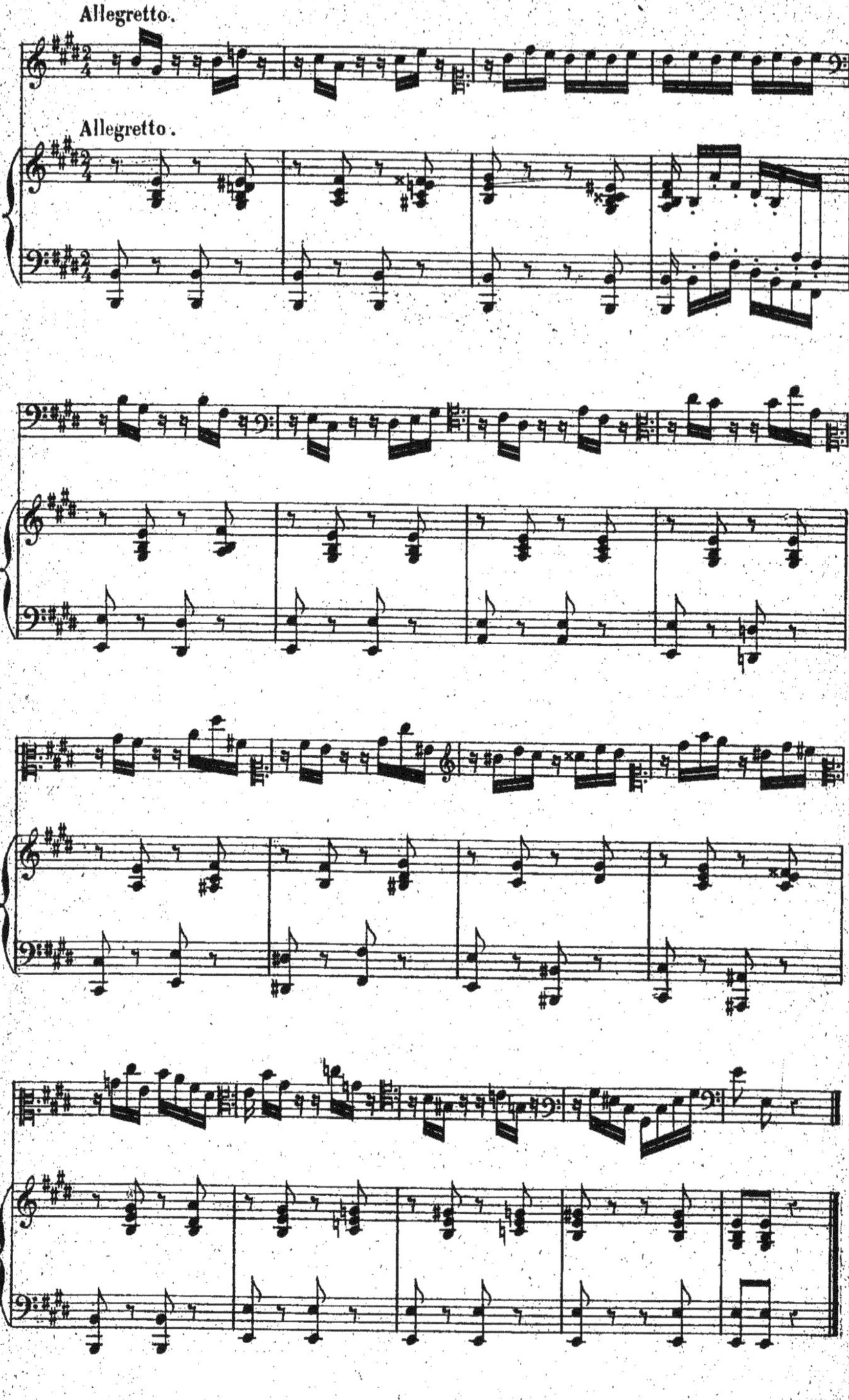

Allegretto.

Allegretto.

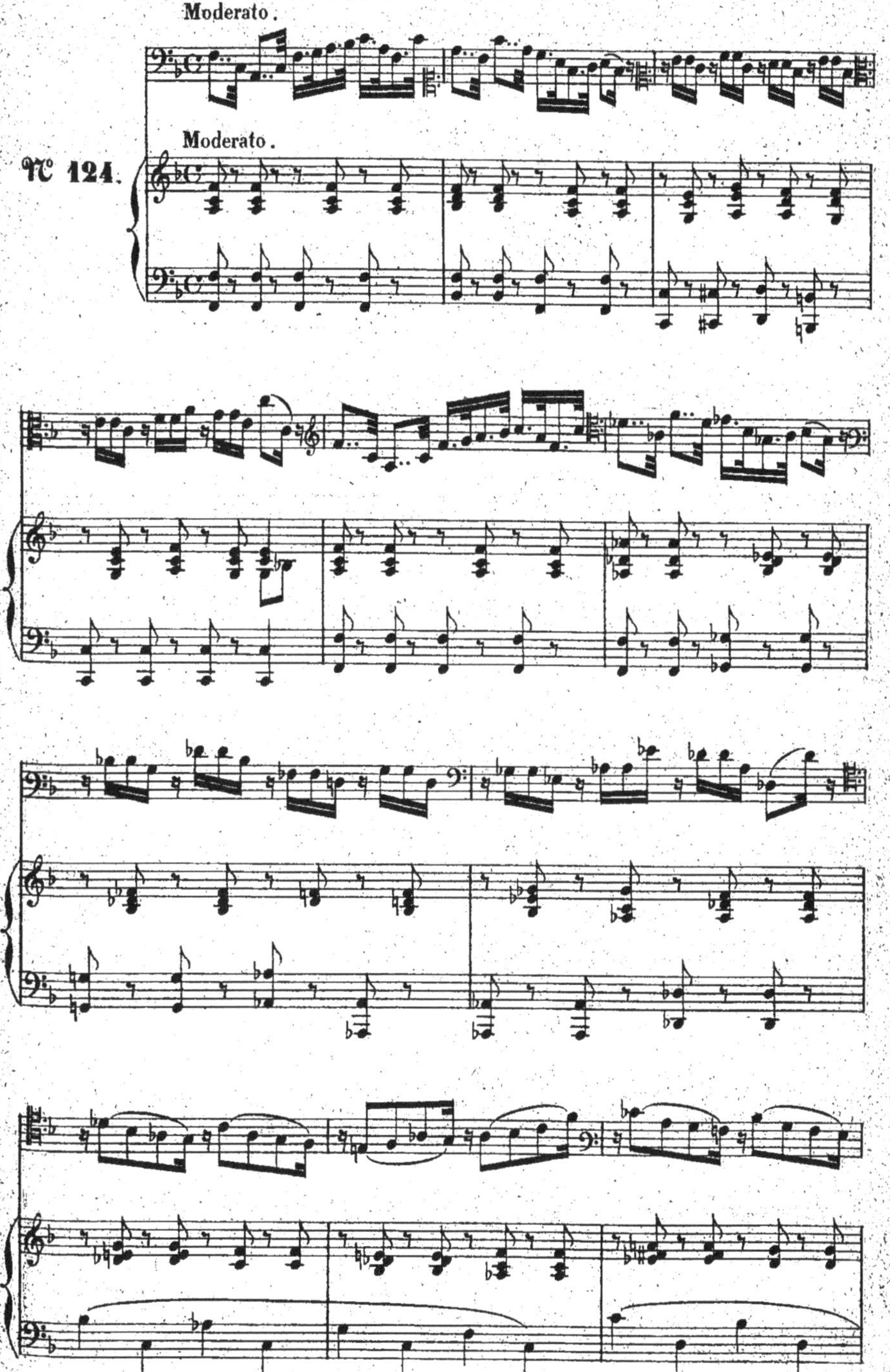
Moderato.
Moderato.
№ 124.

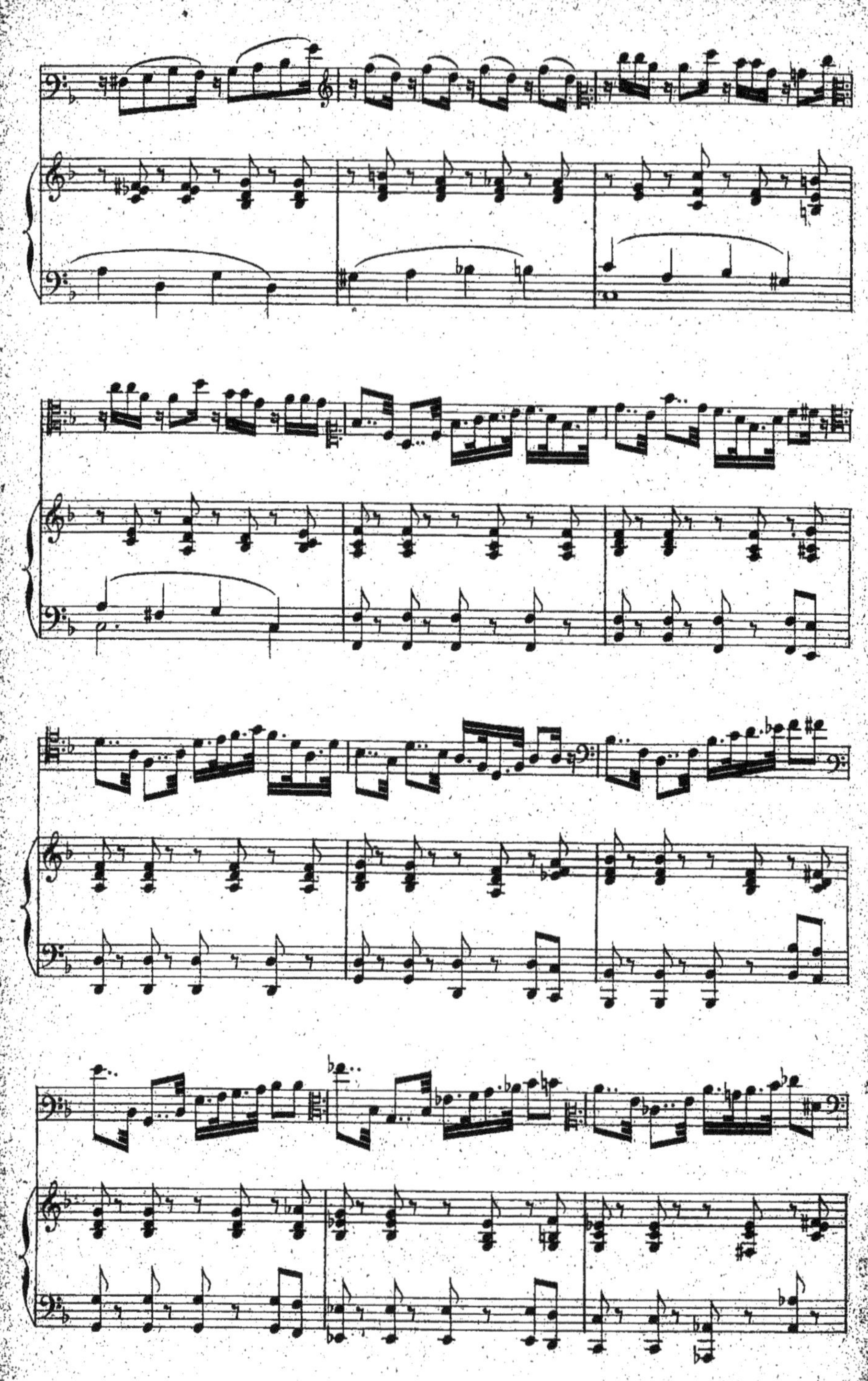

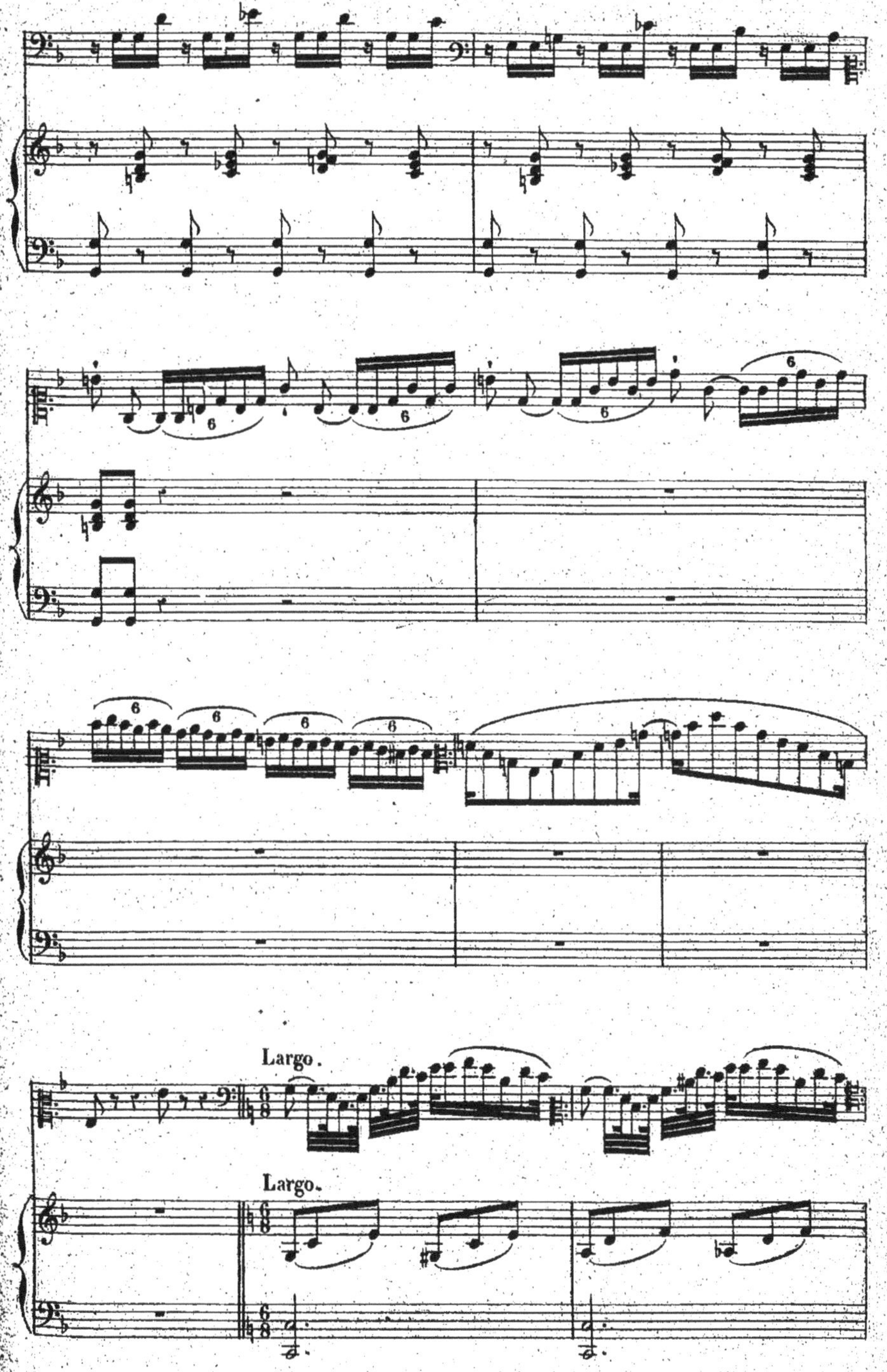
Largo.
Largo.

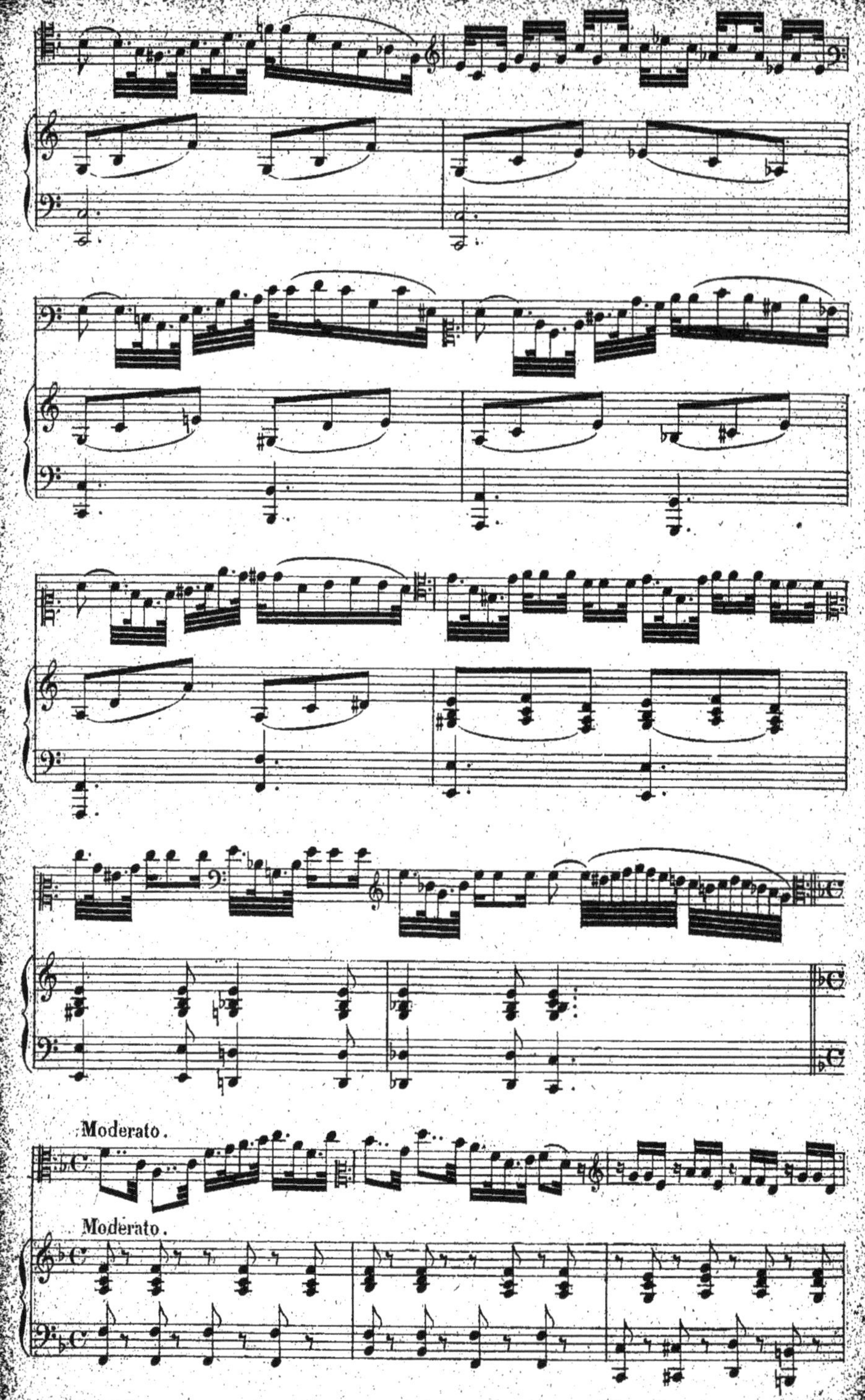
Moderato.
Moderato.

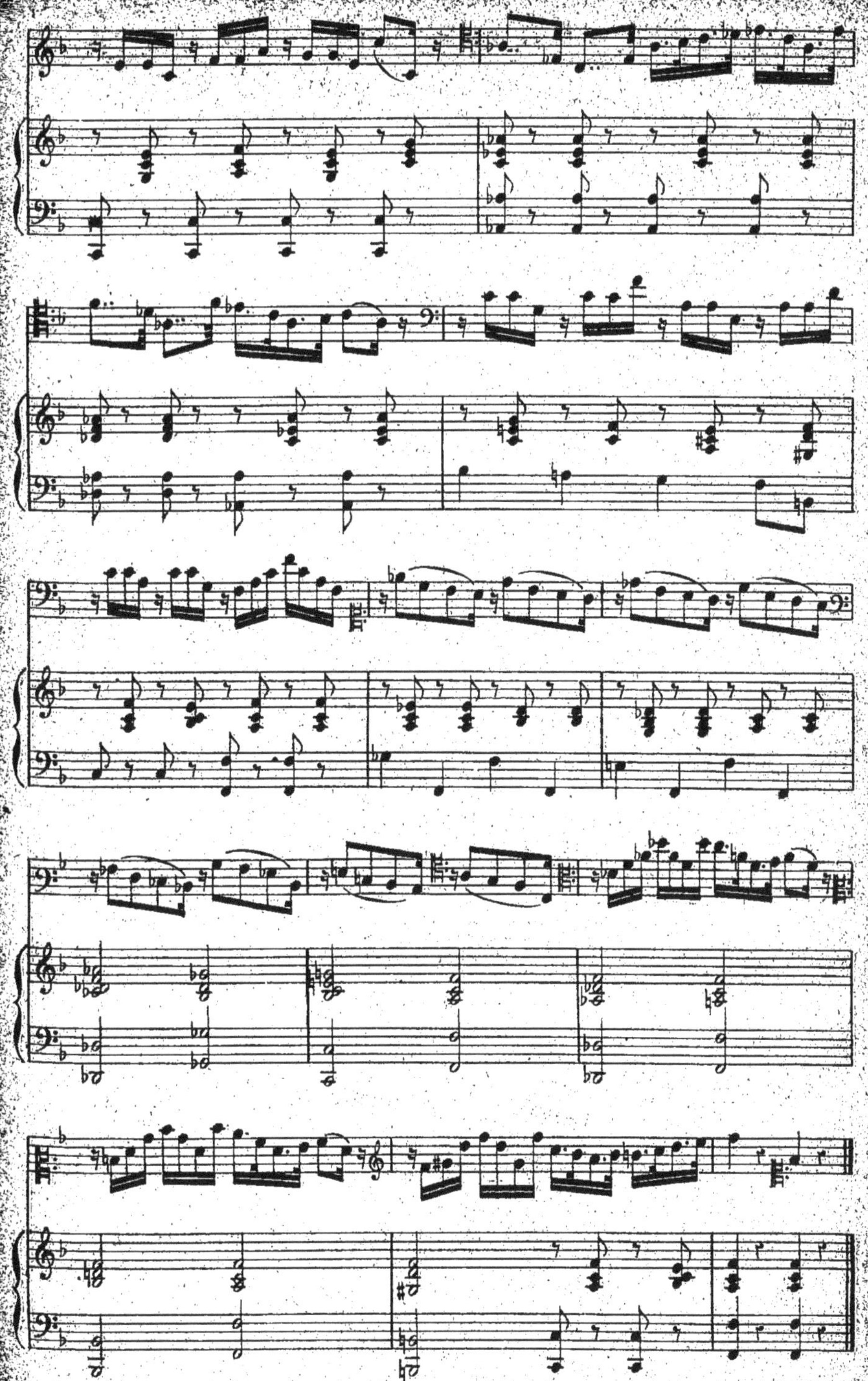

Andantino.

№ 125

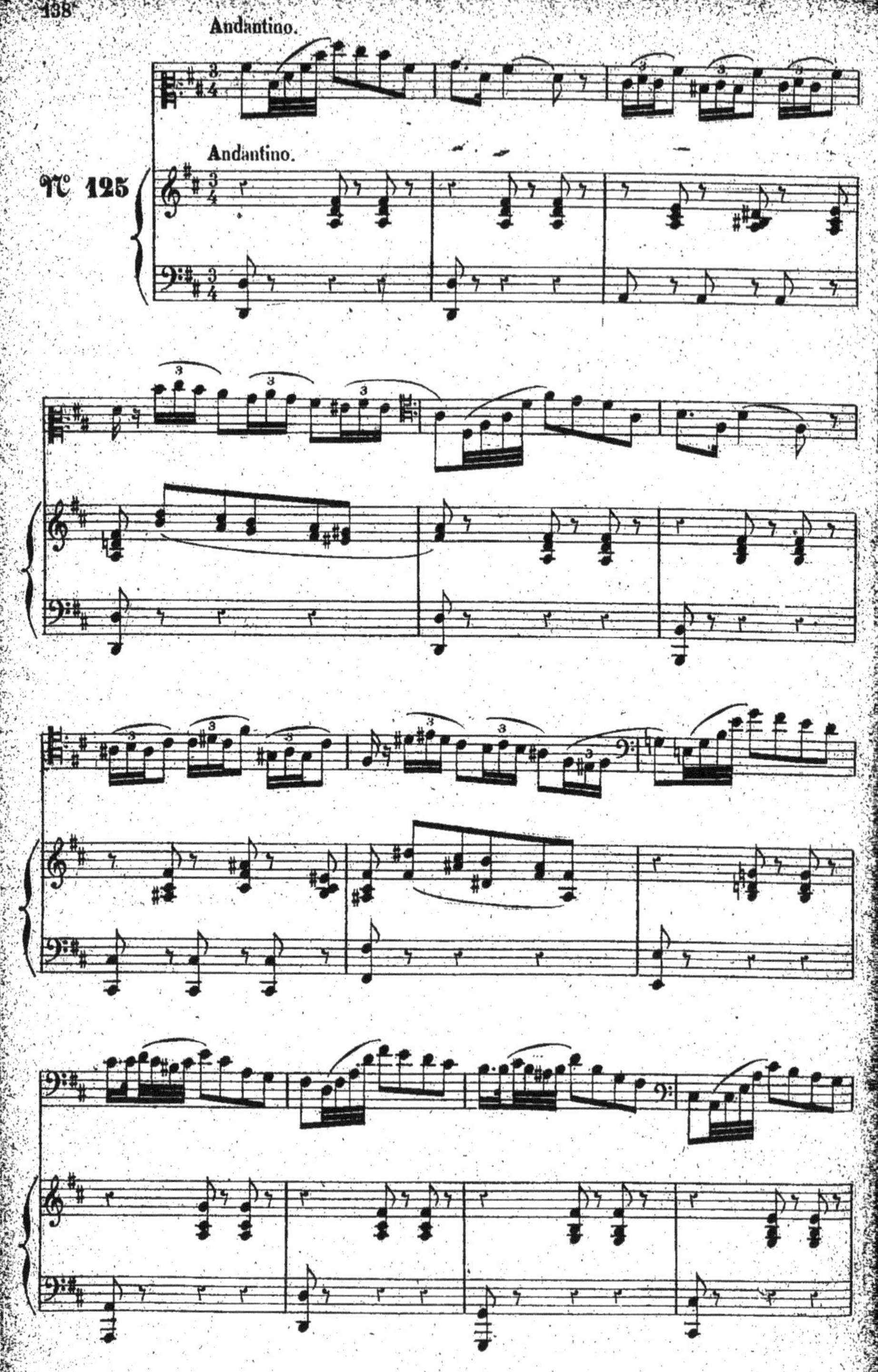

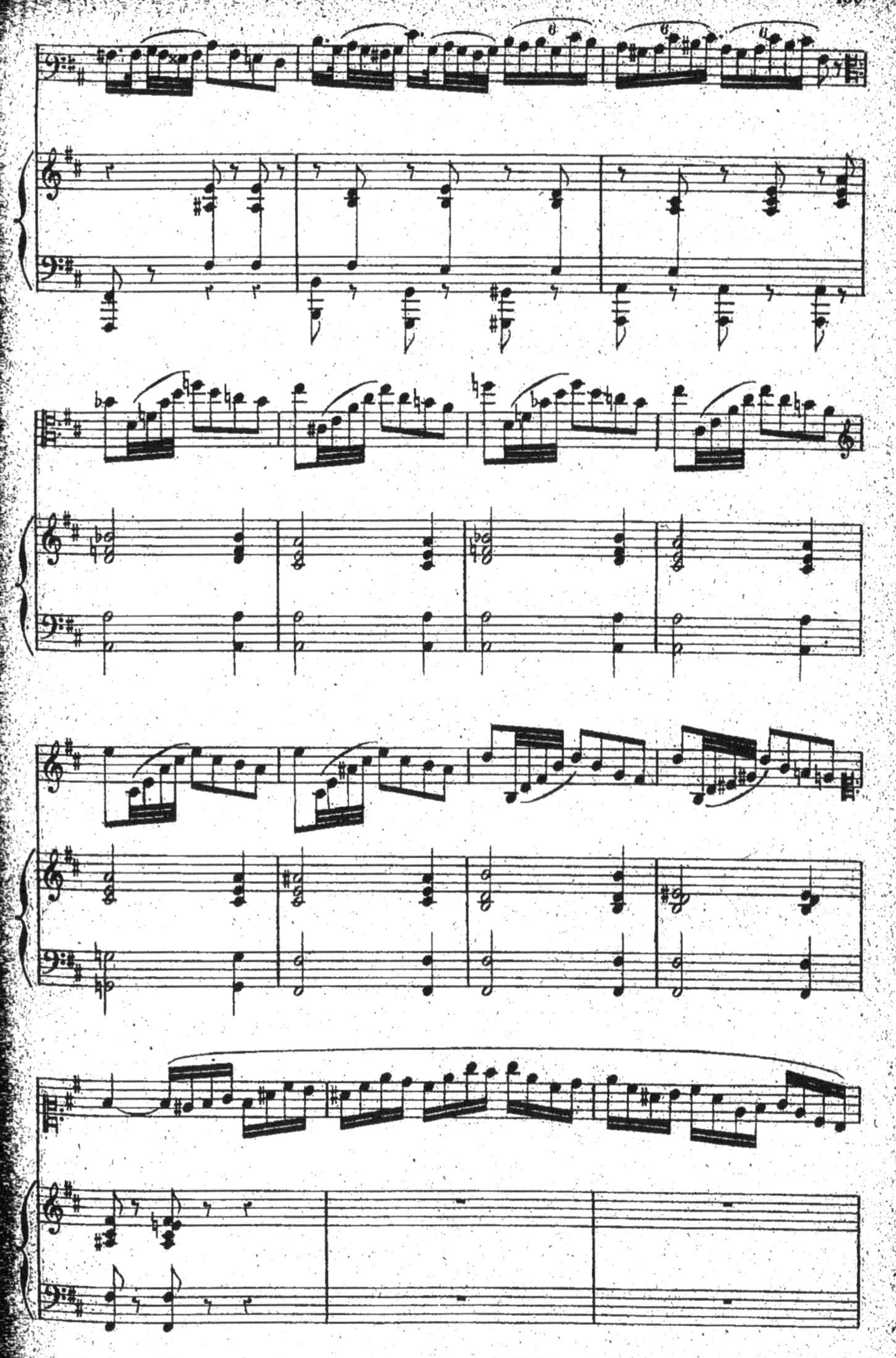

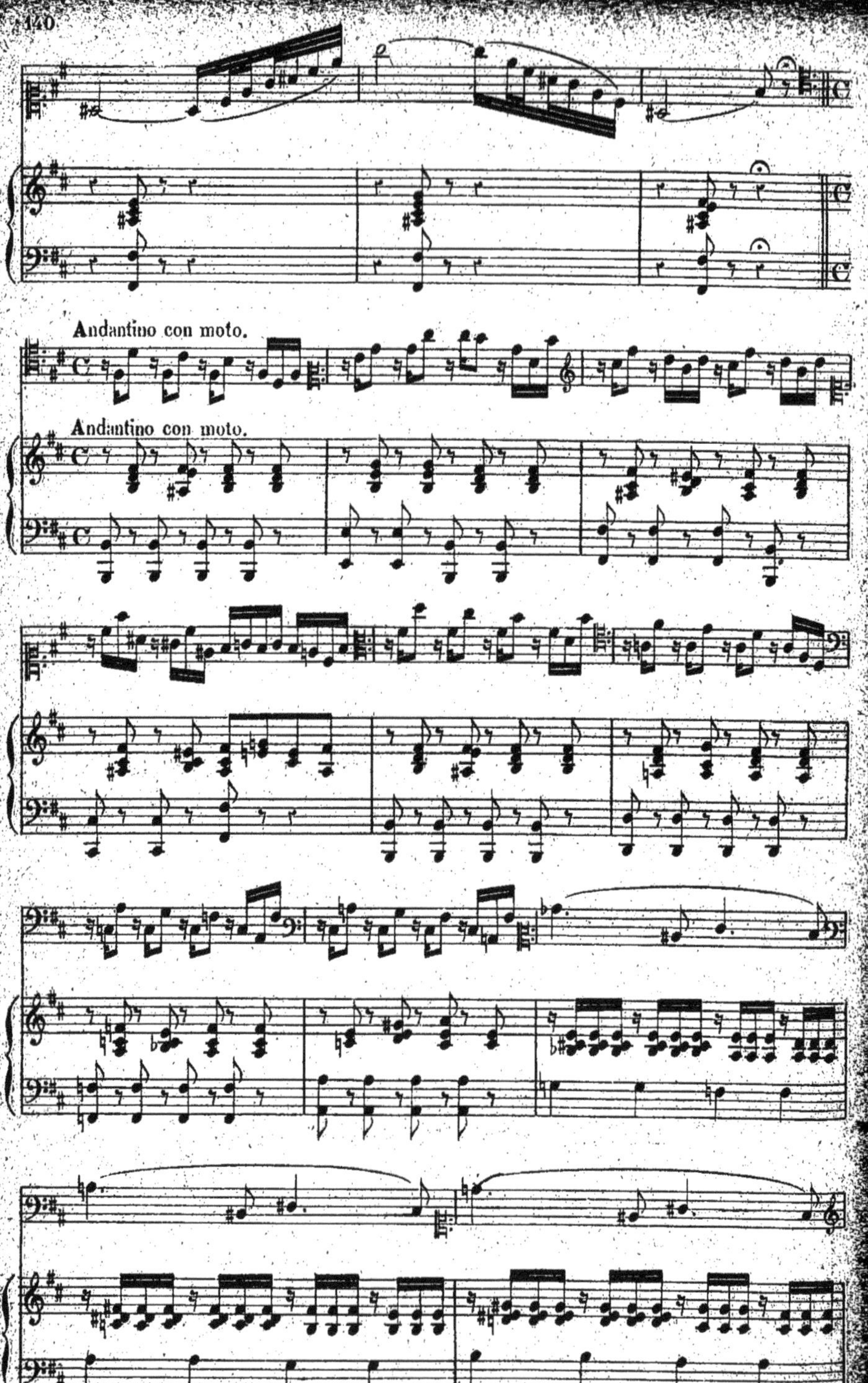
Andantino con moto.
Andantino con moto.

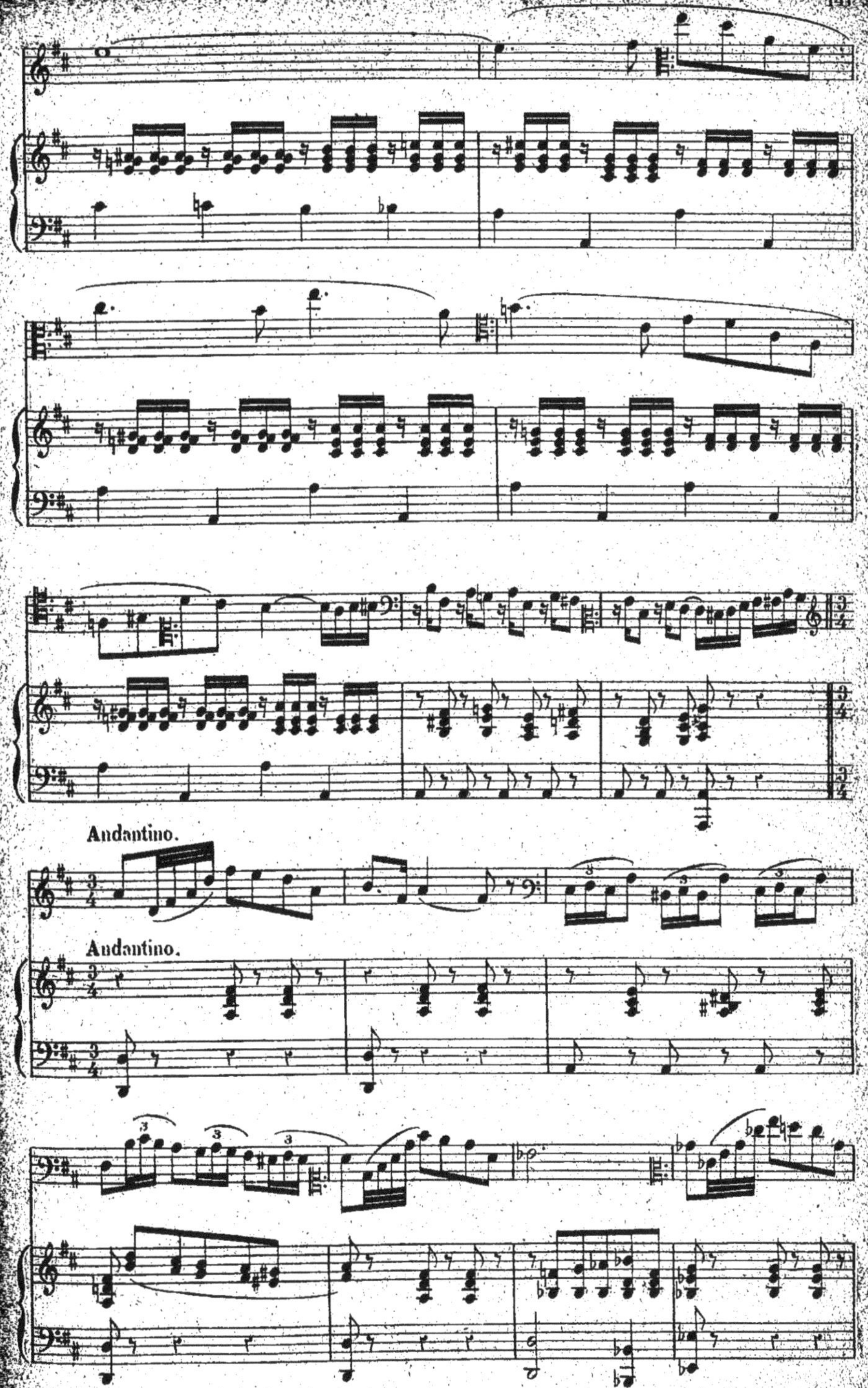
Andantino.
Andantino.

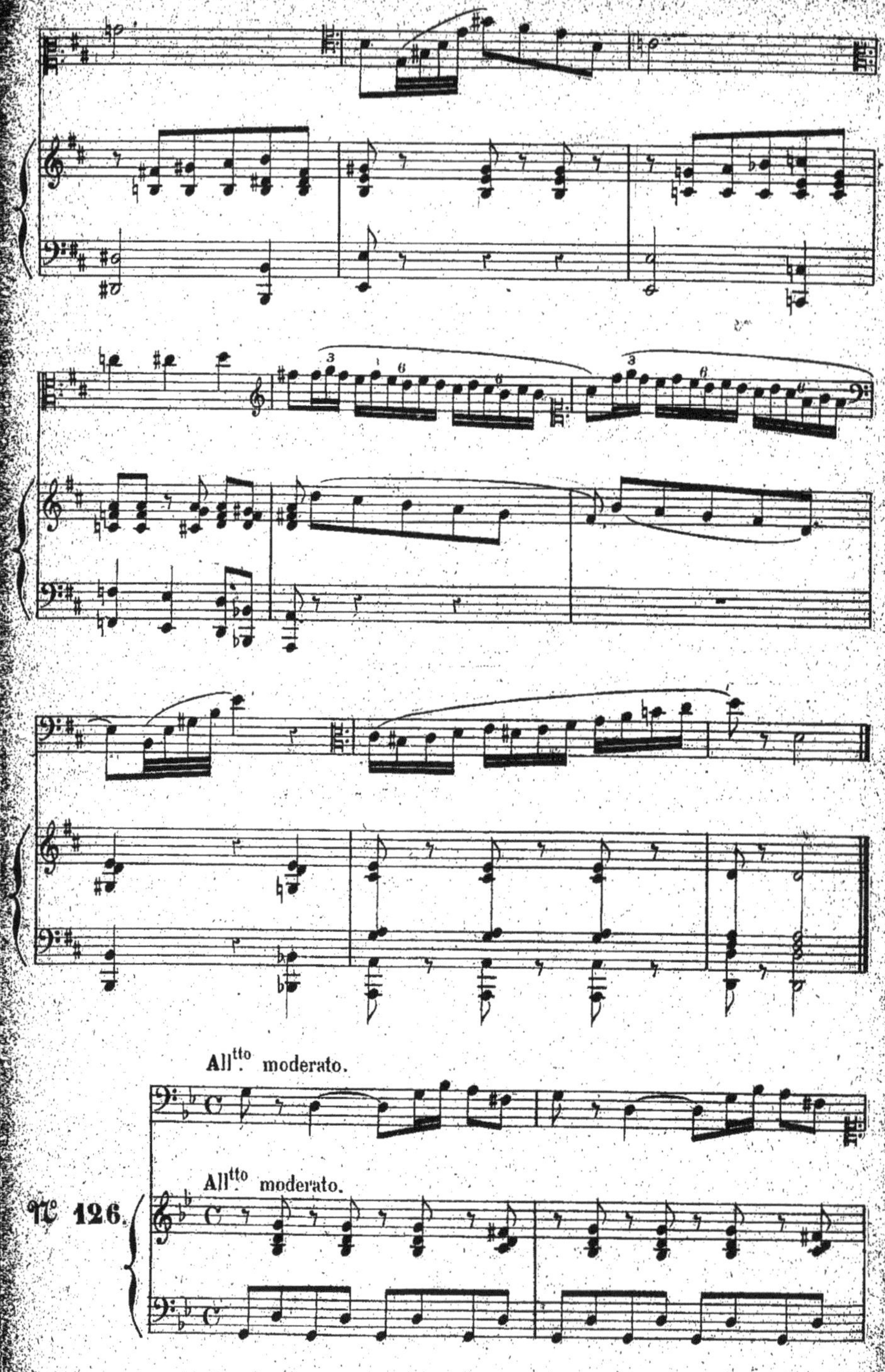

All.tto moderato.
All.tto moderato.
N° 126

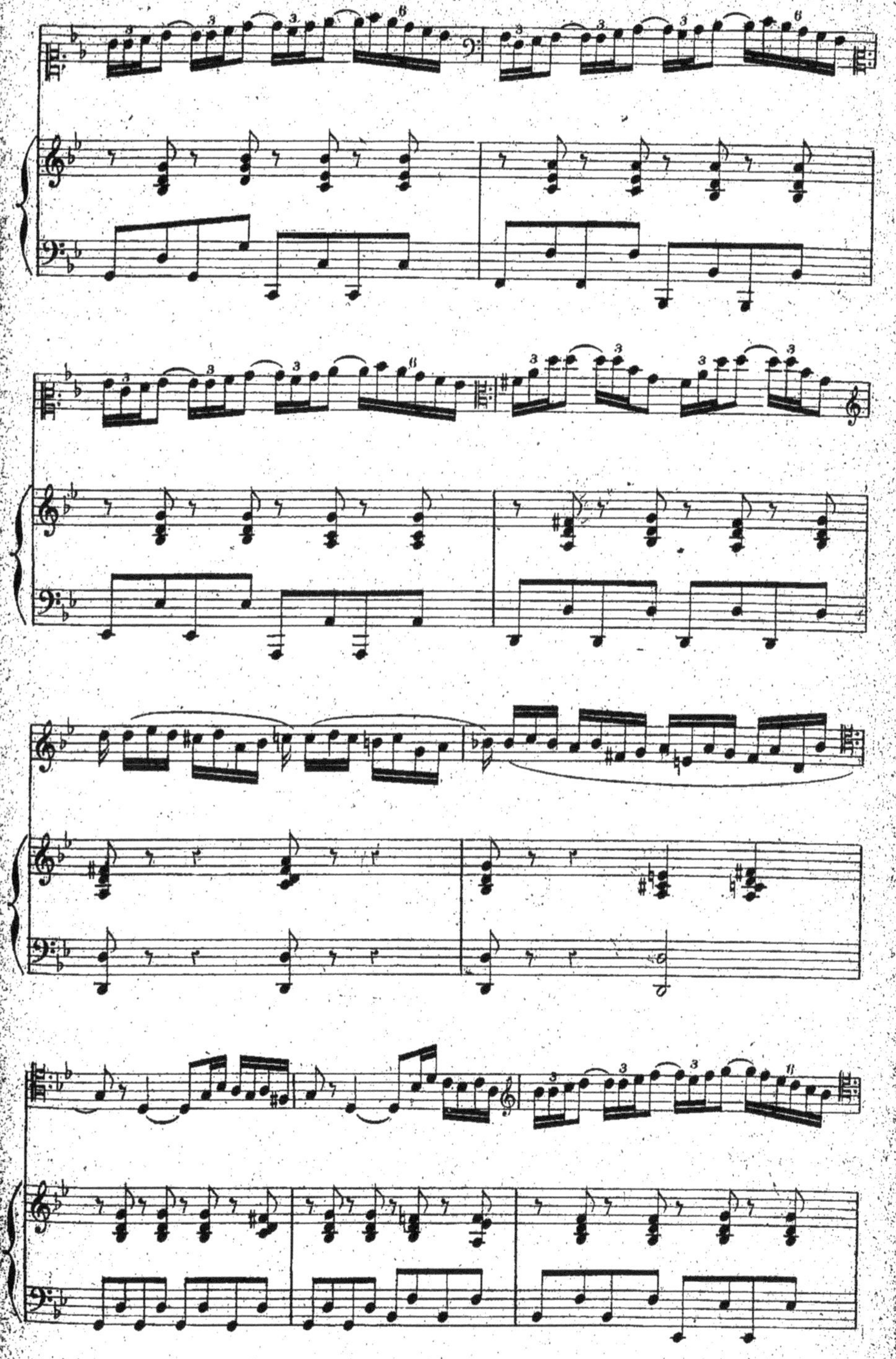

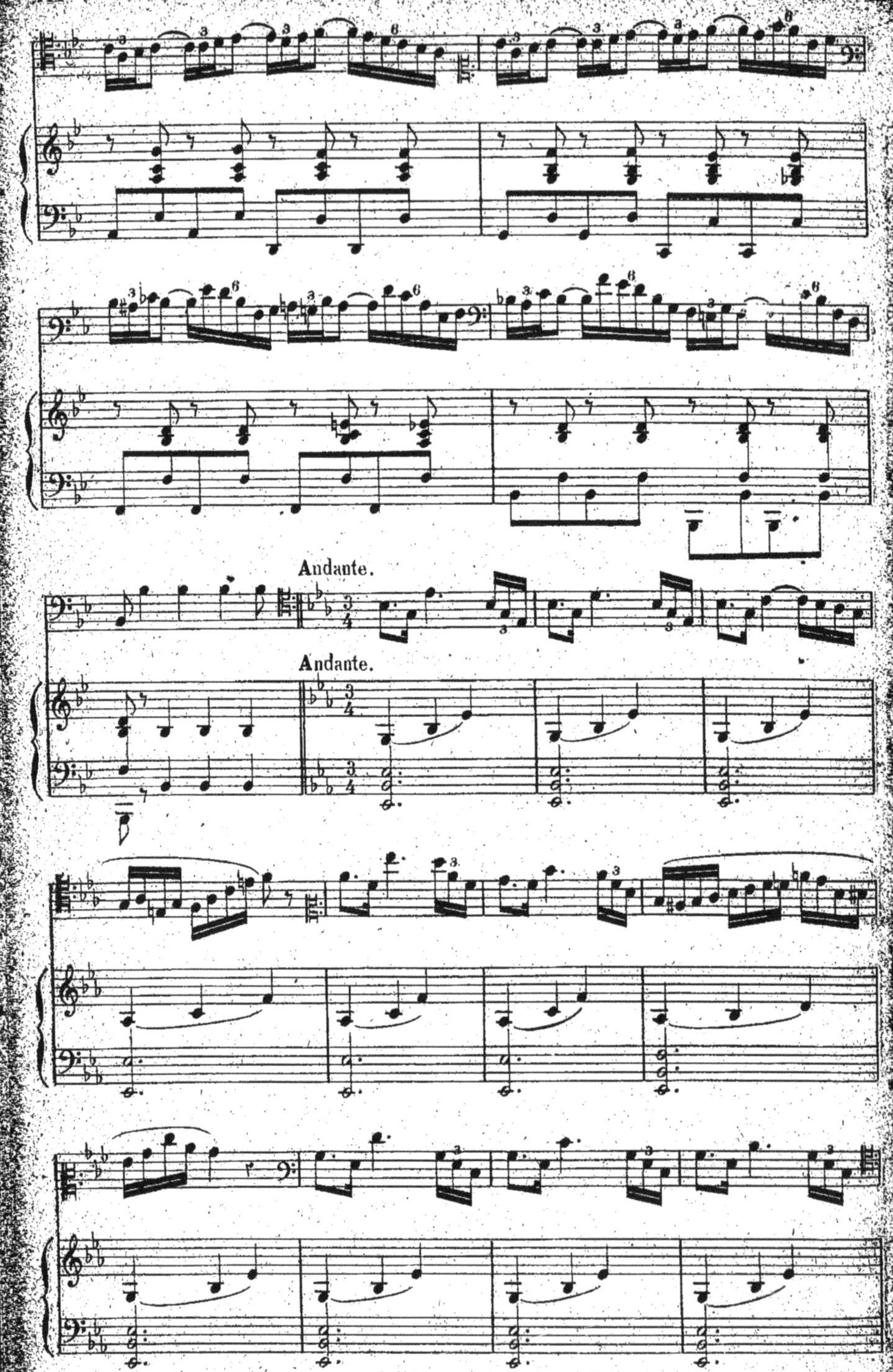

Andante.
Andante.

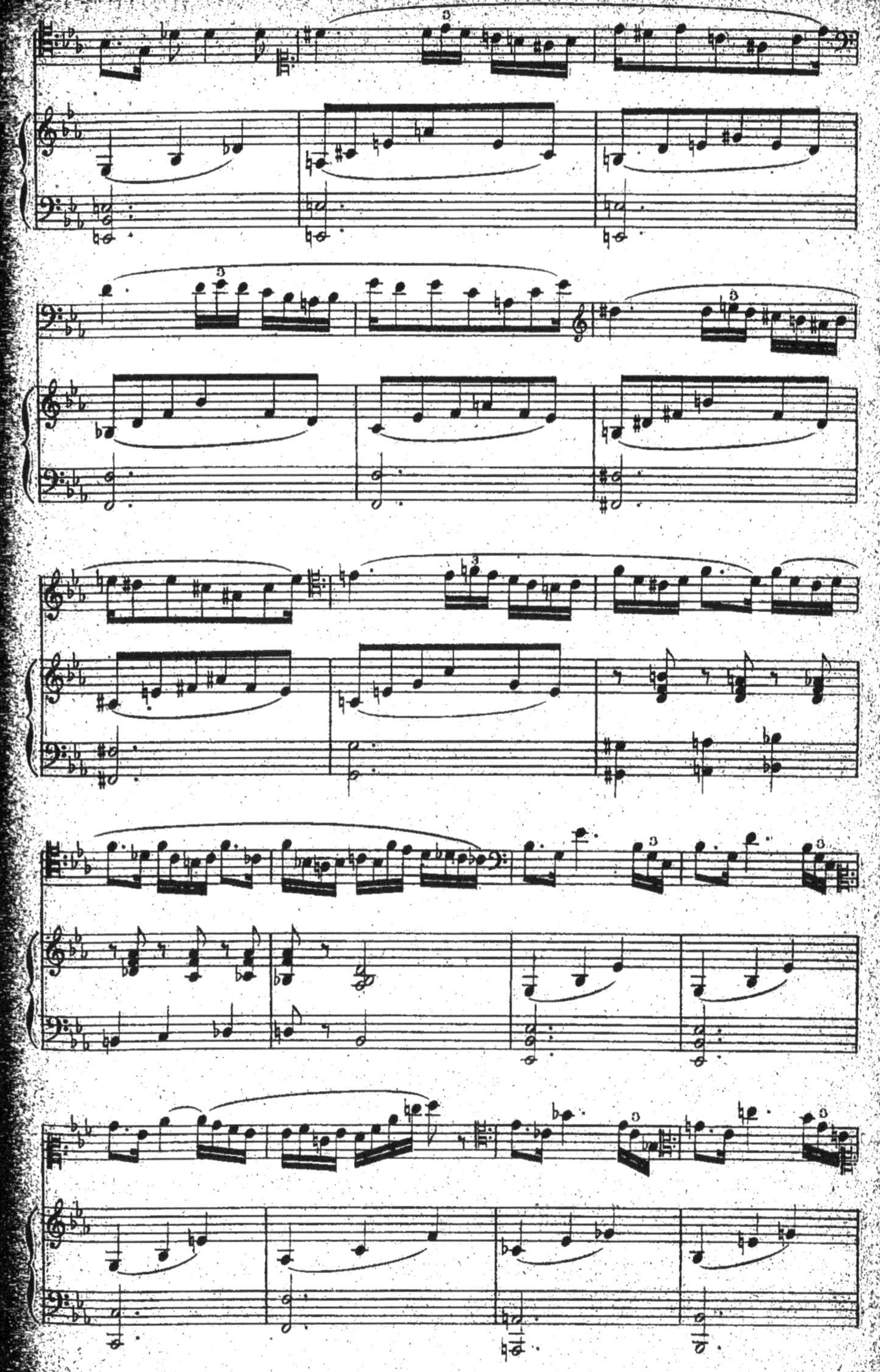

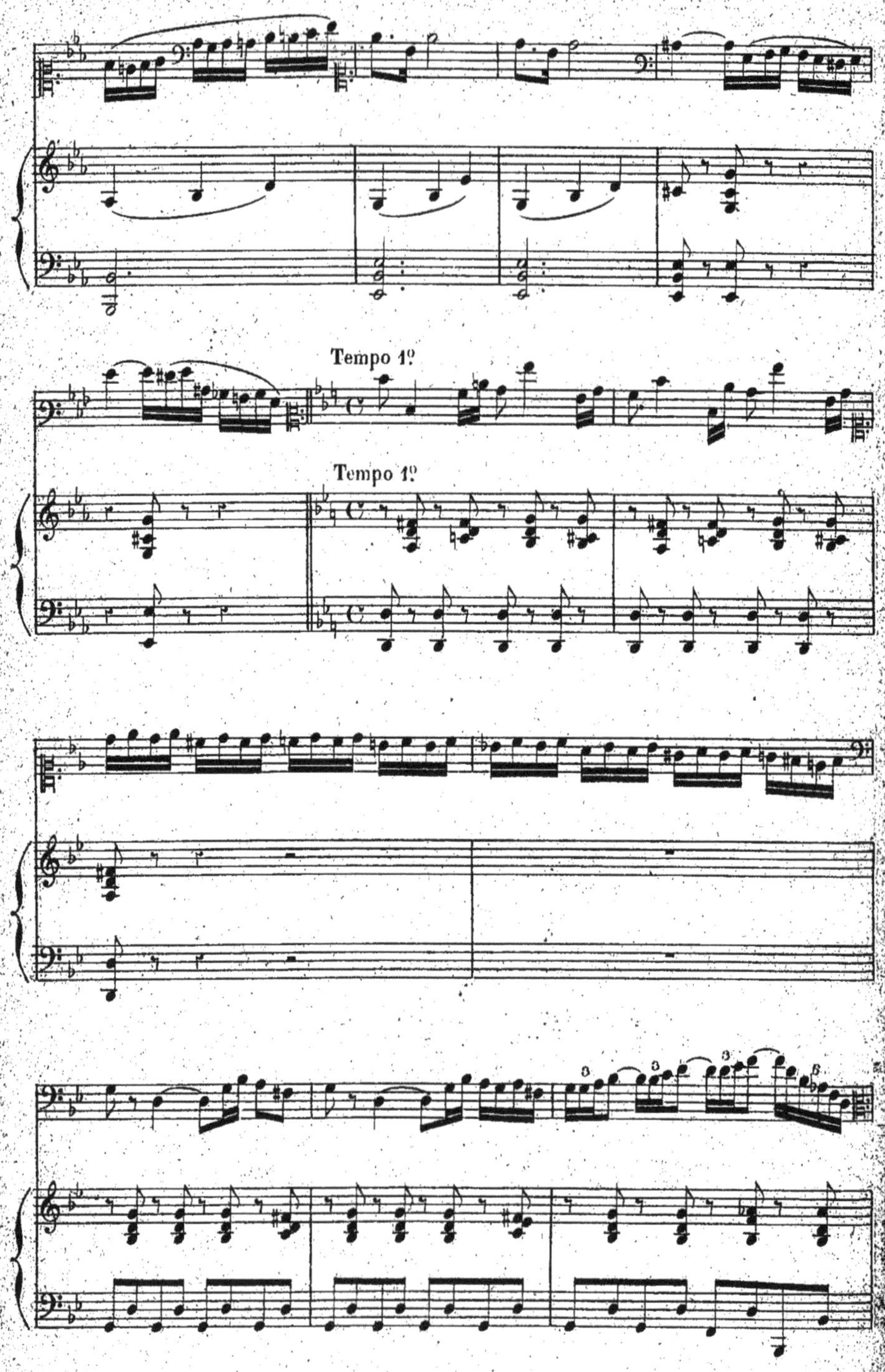

Tempo 1º
Tempo 1º

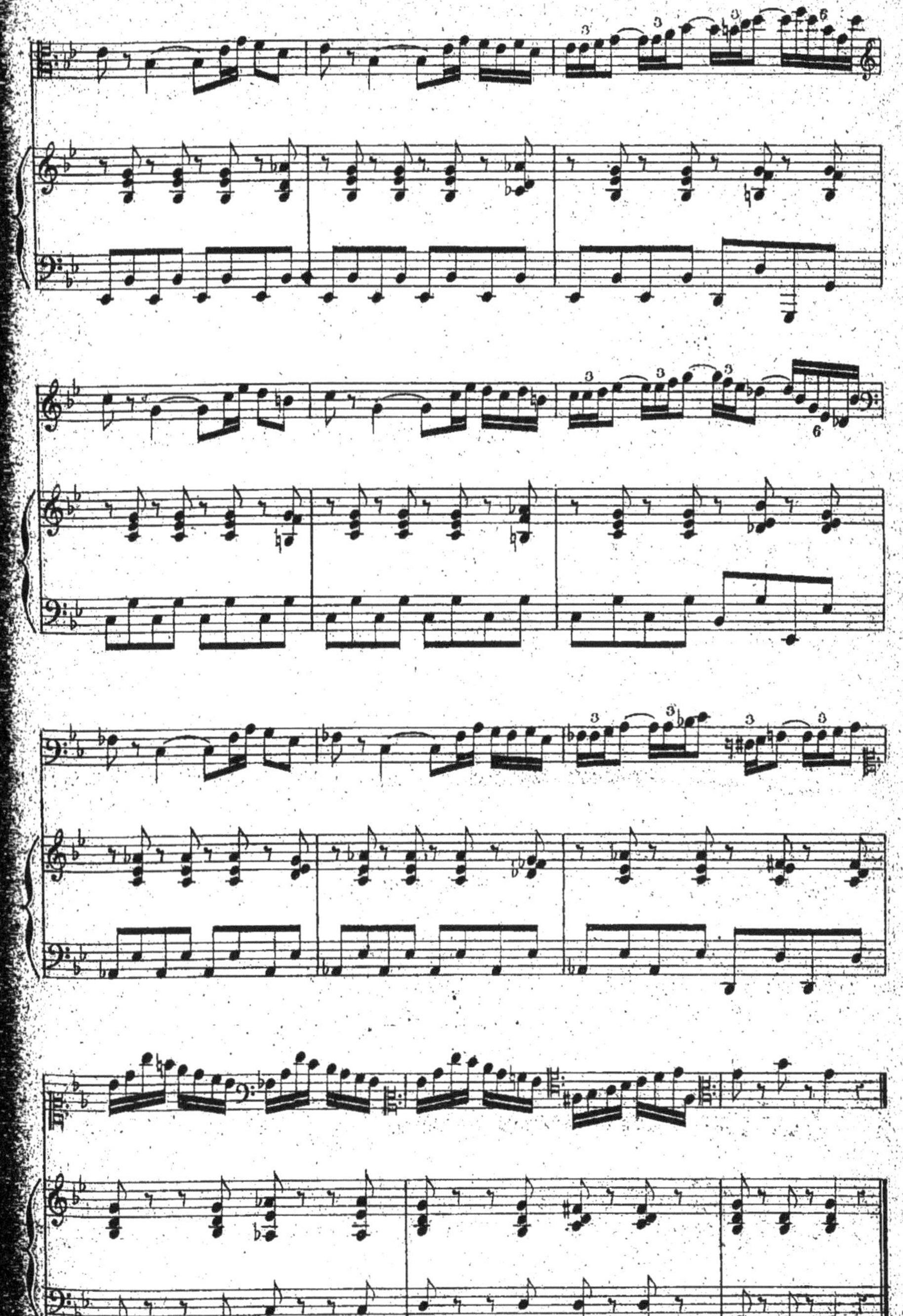

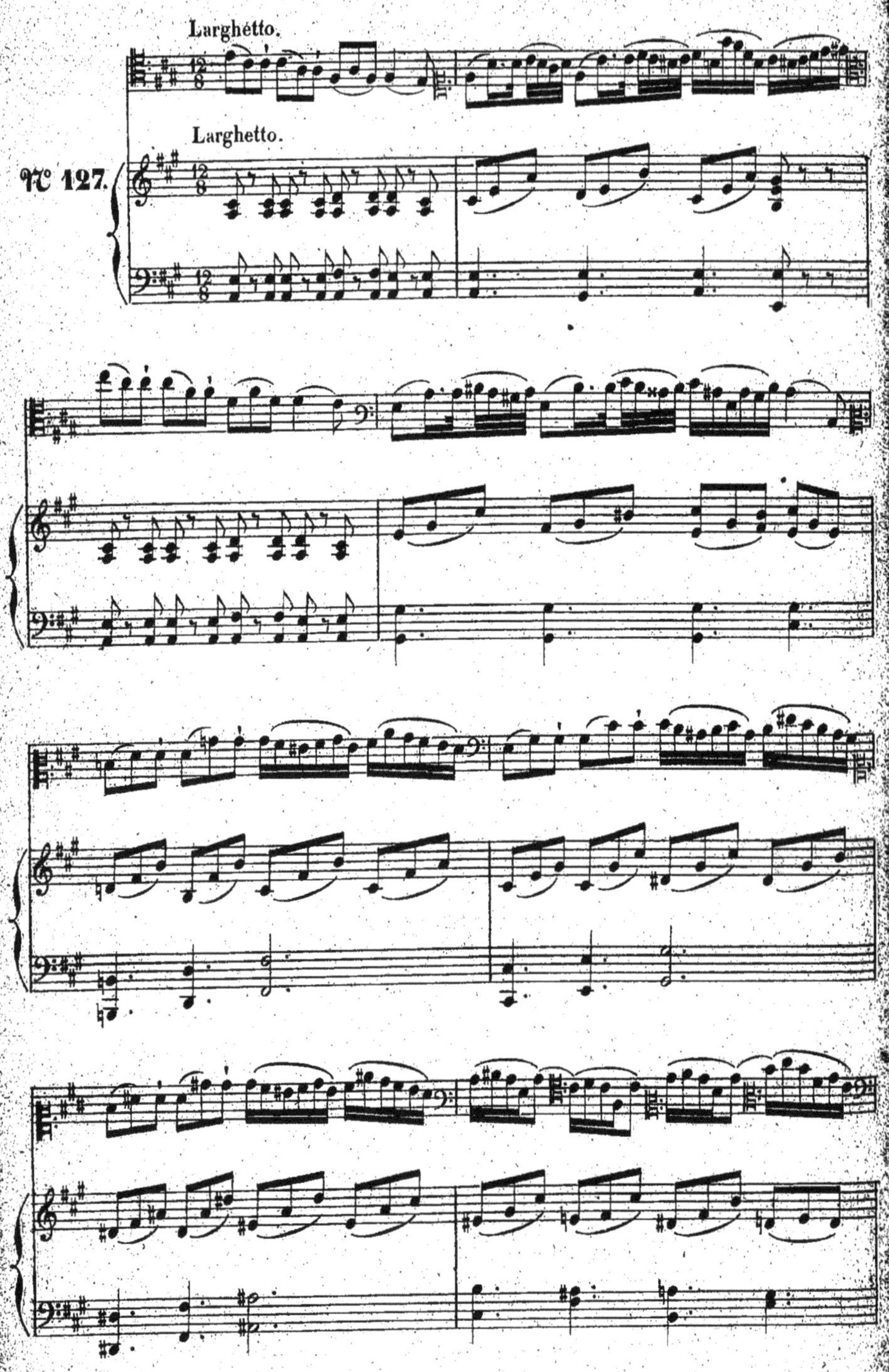
Larghetto.
Larghetto.
№ 127.

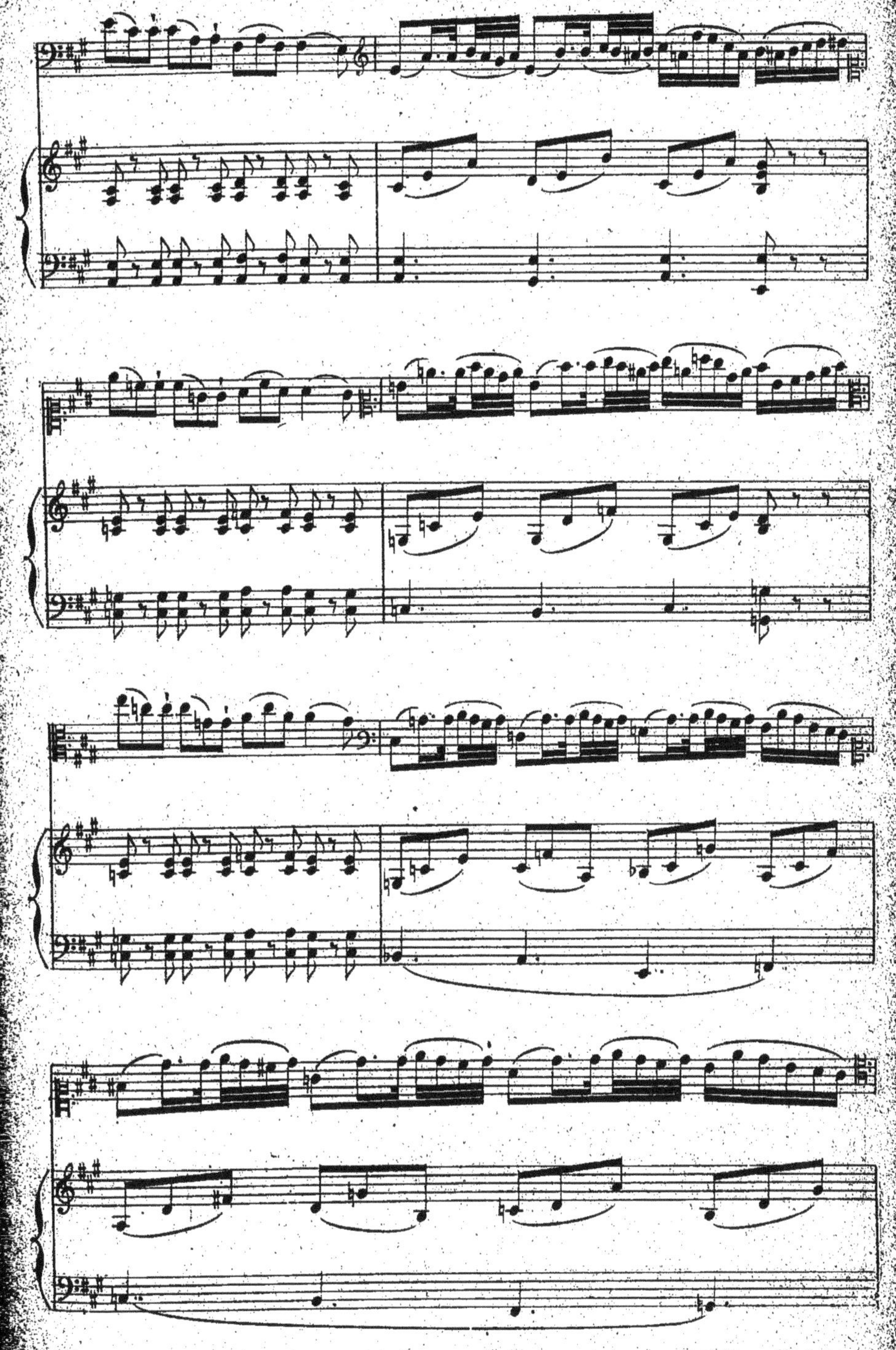

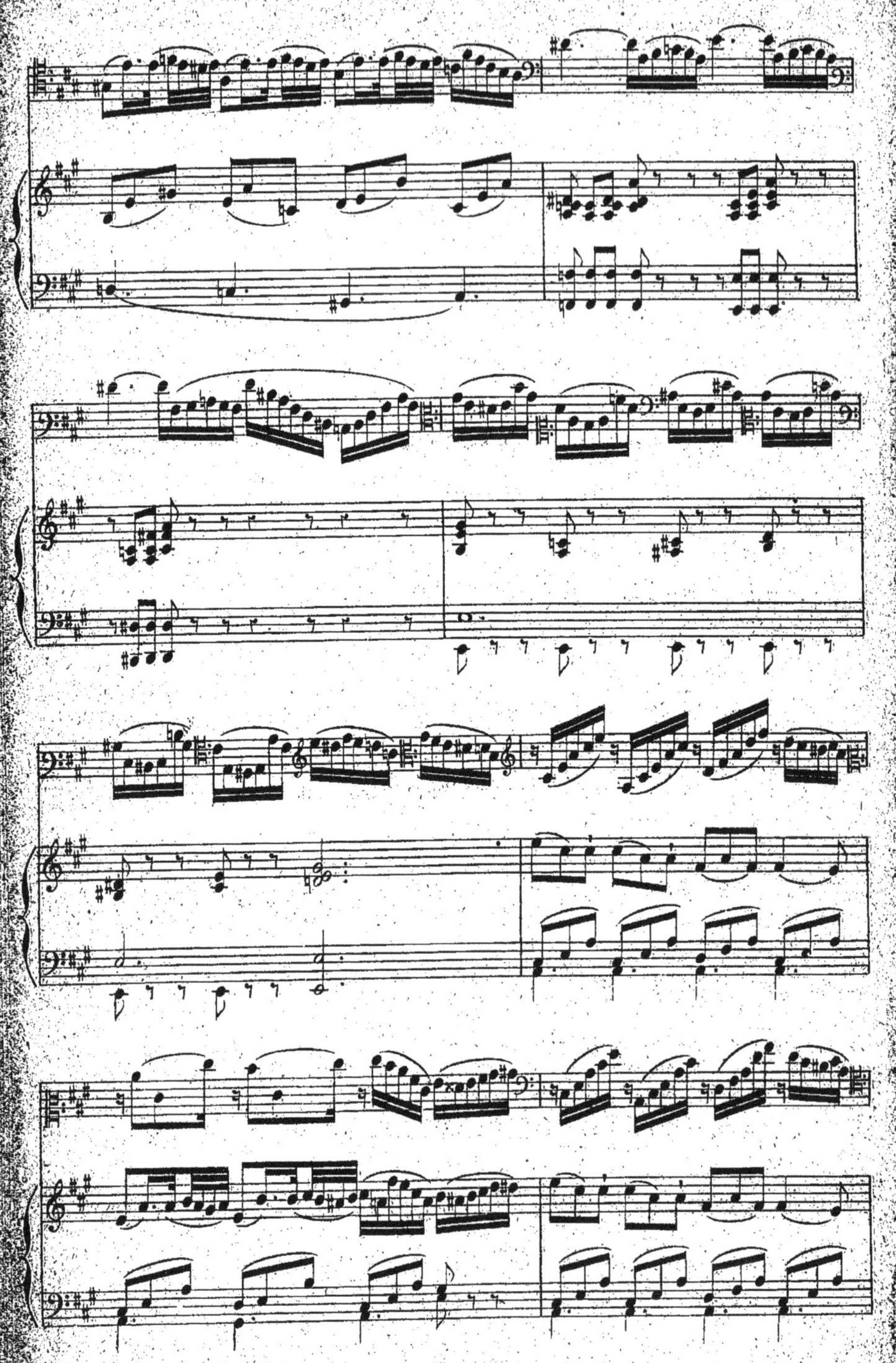

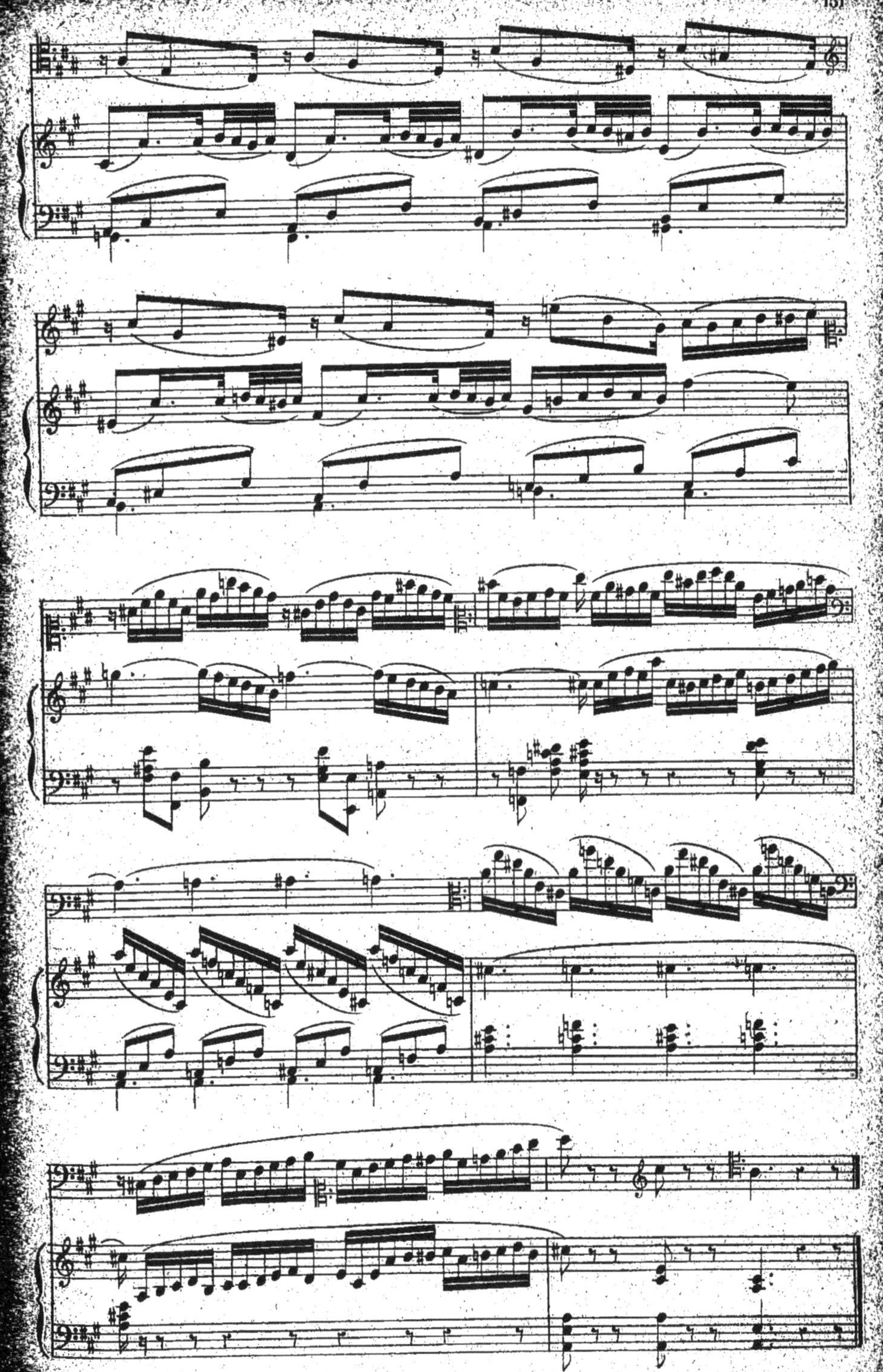

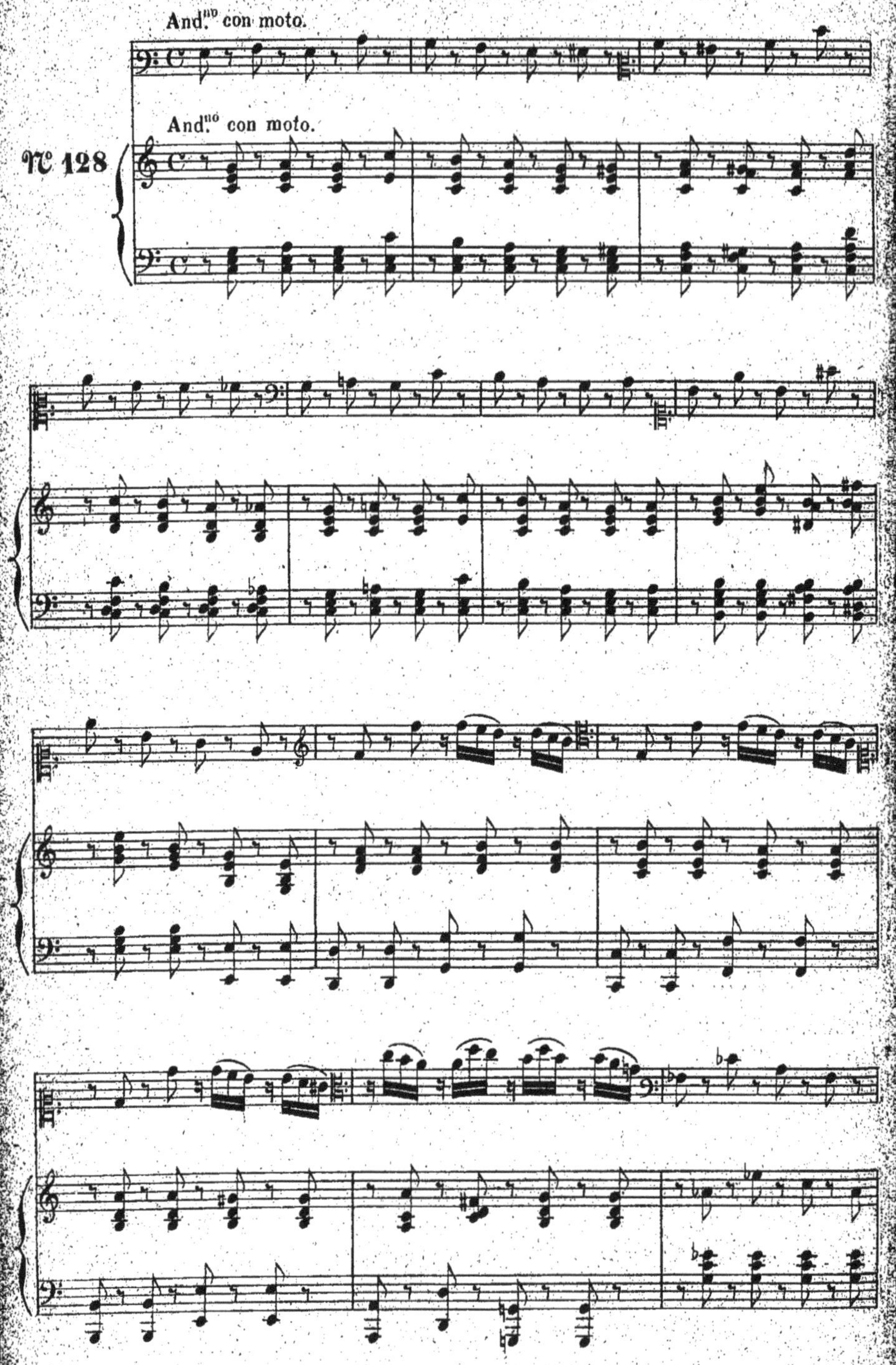
And.no con moto.
And.no con moto.
N° 128

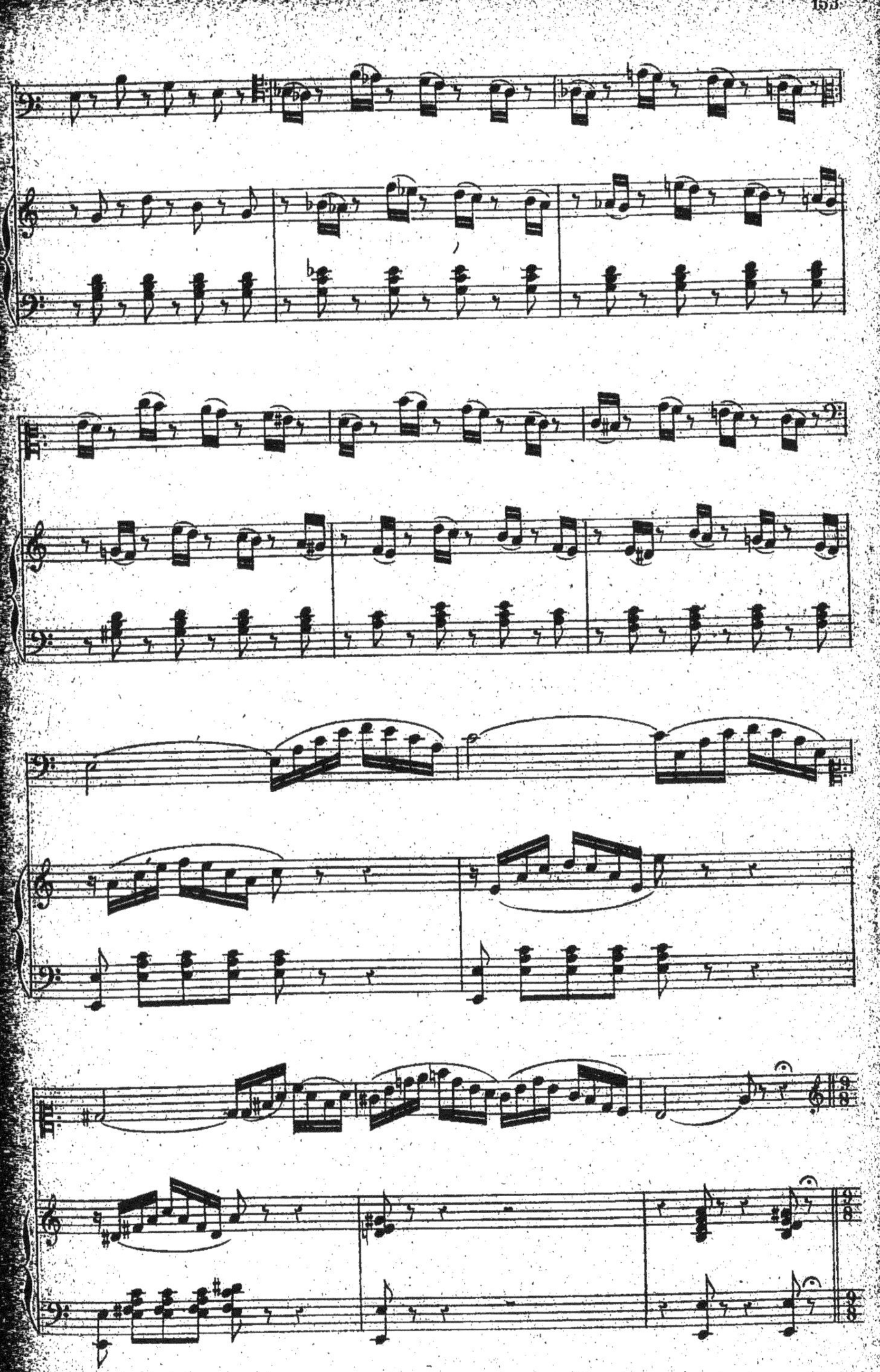

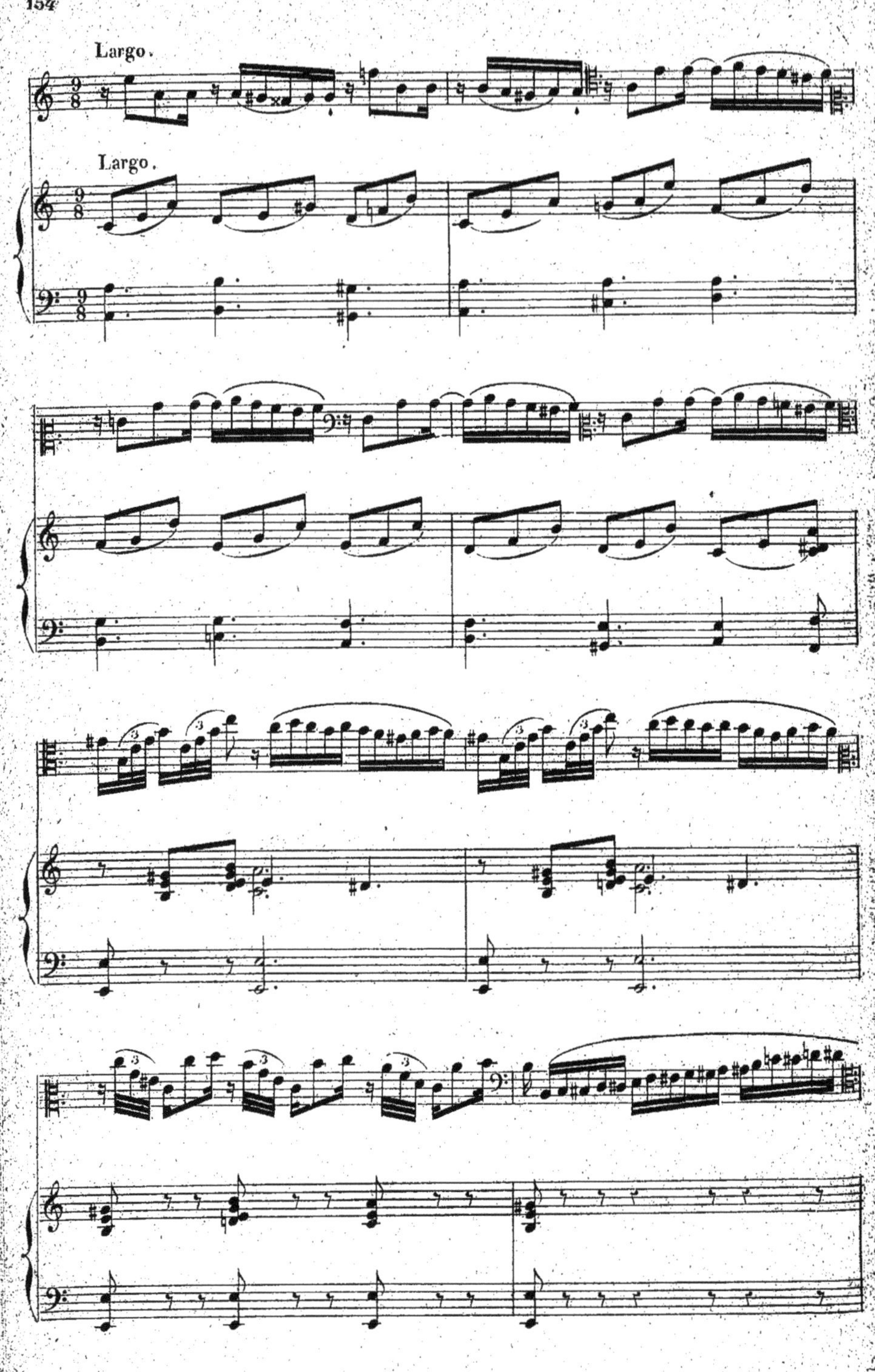
Largo.
Largo.

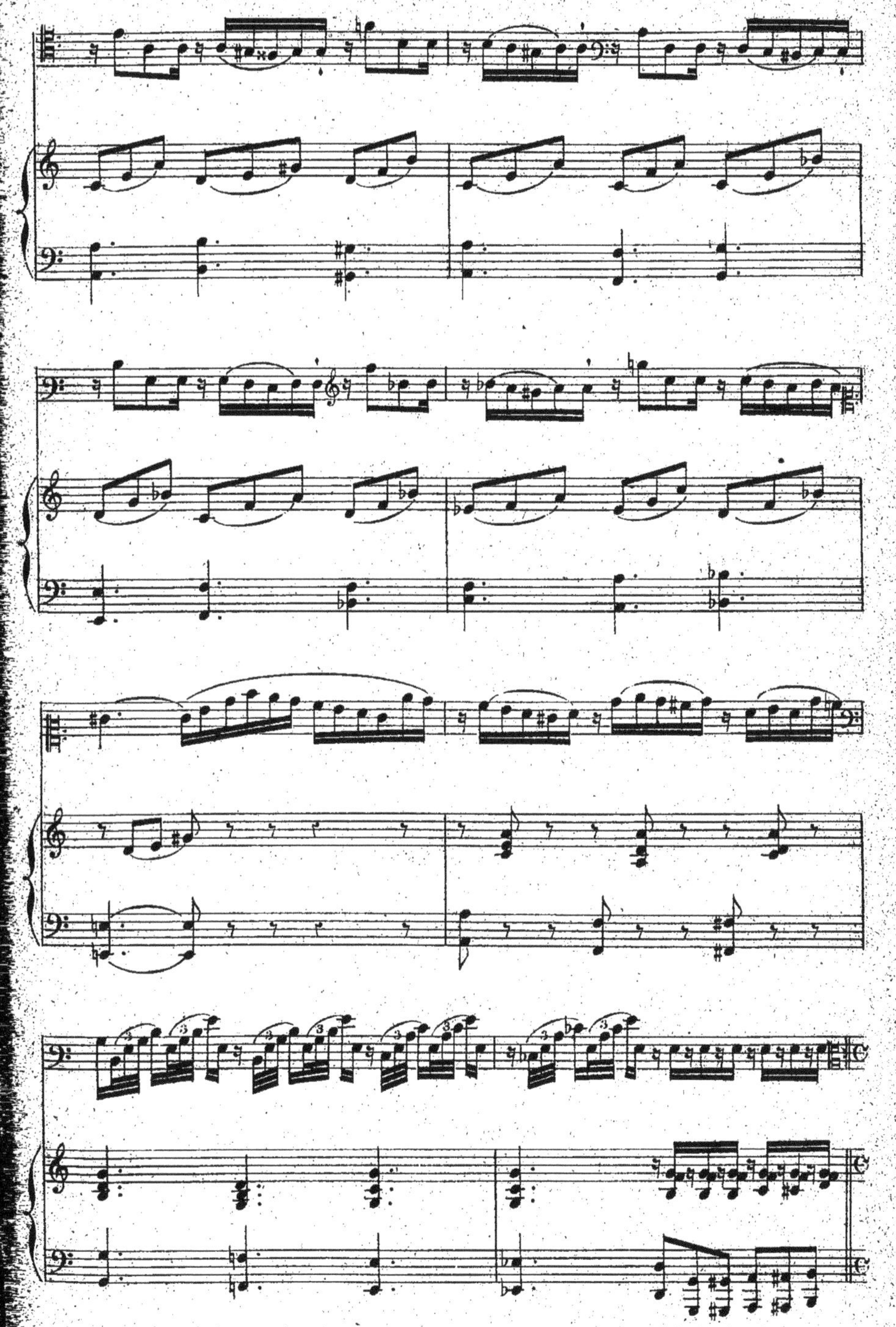

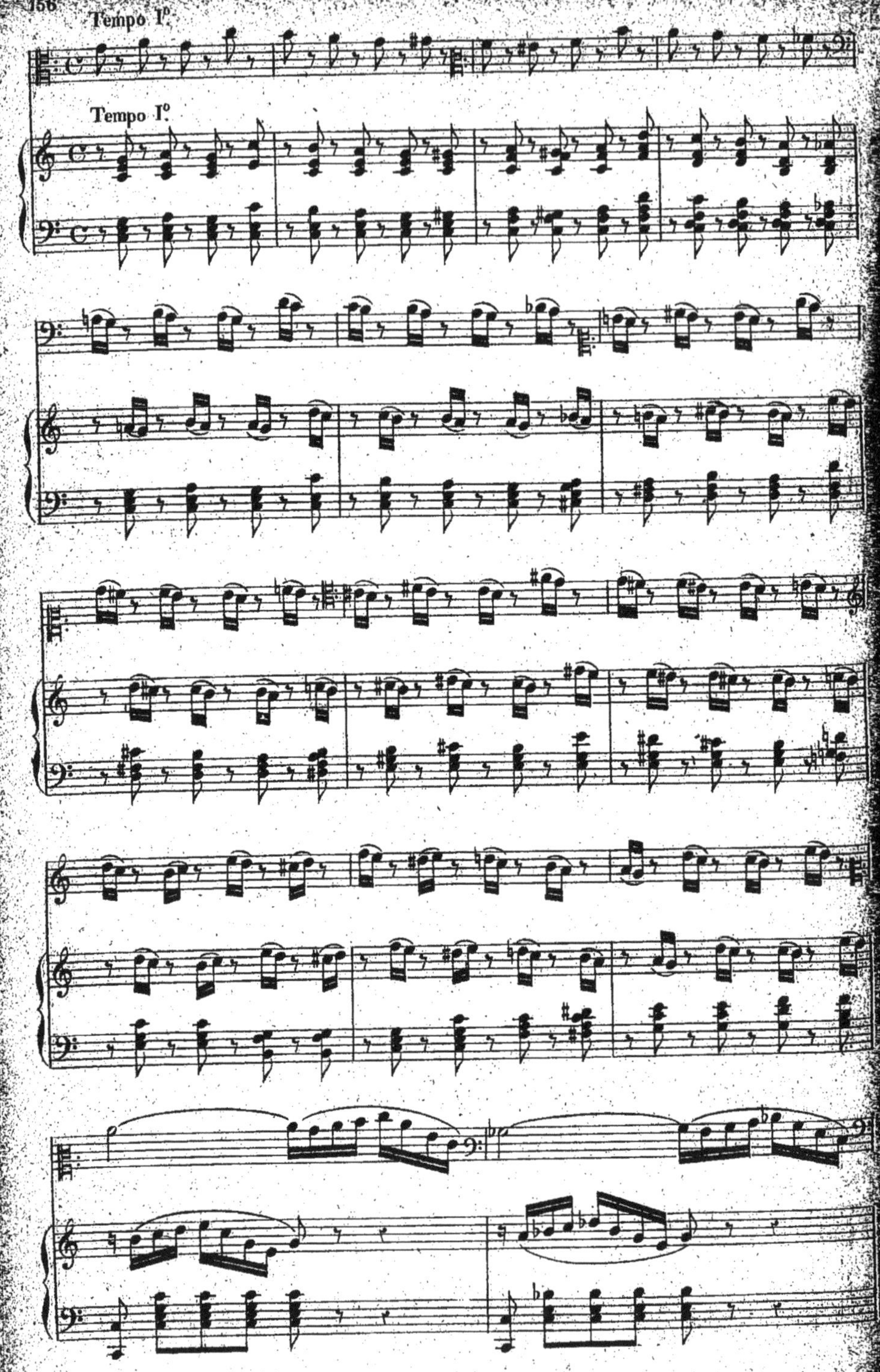
156
Tempo I.°
Tempo I.°

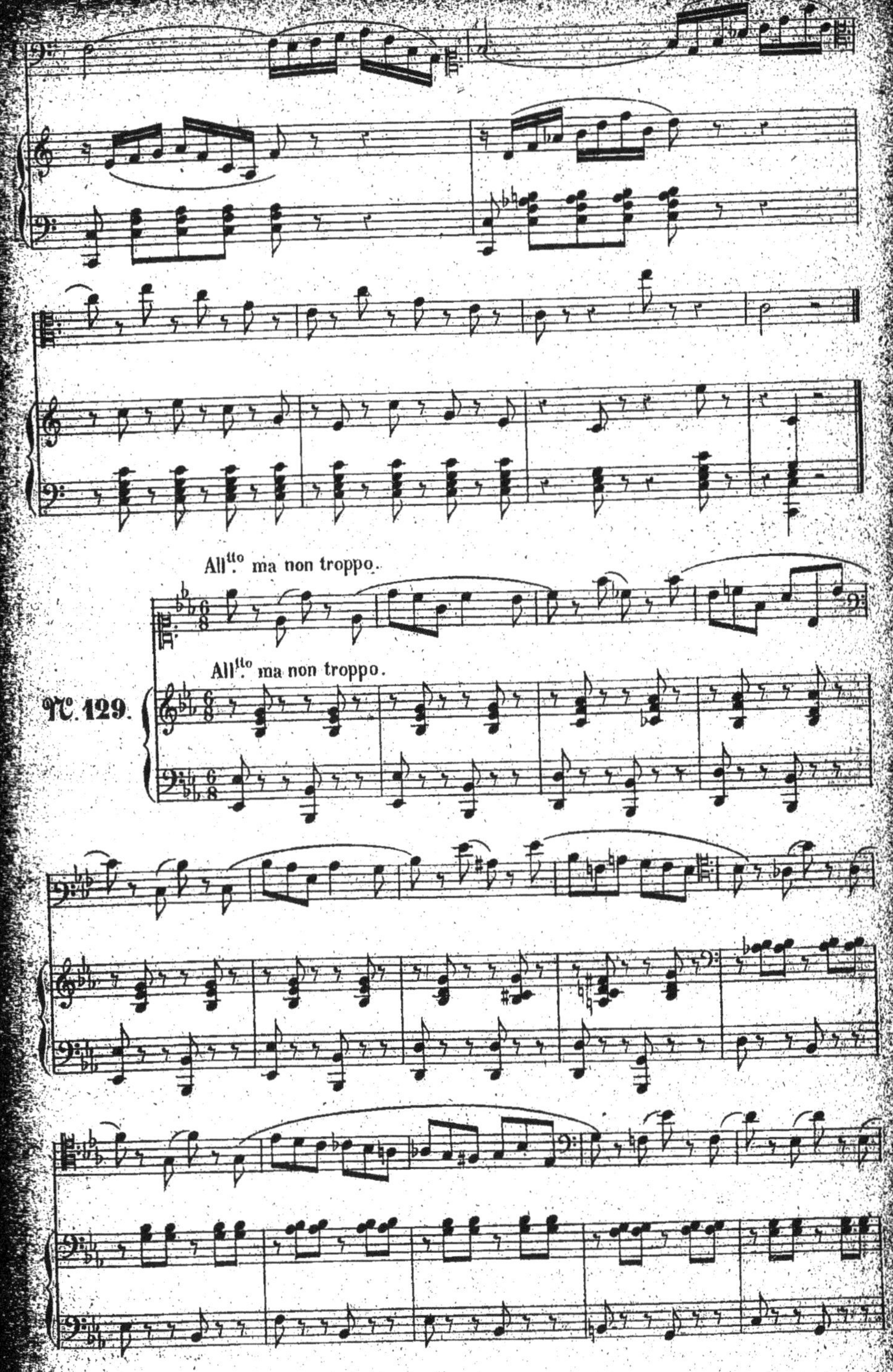
All.tto ma non troppo.
All.tto ma non troppo.
N. 129.

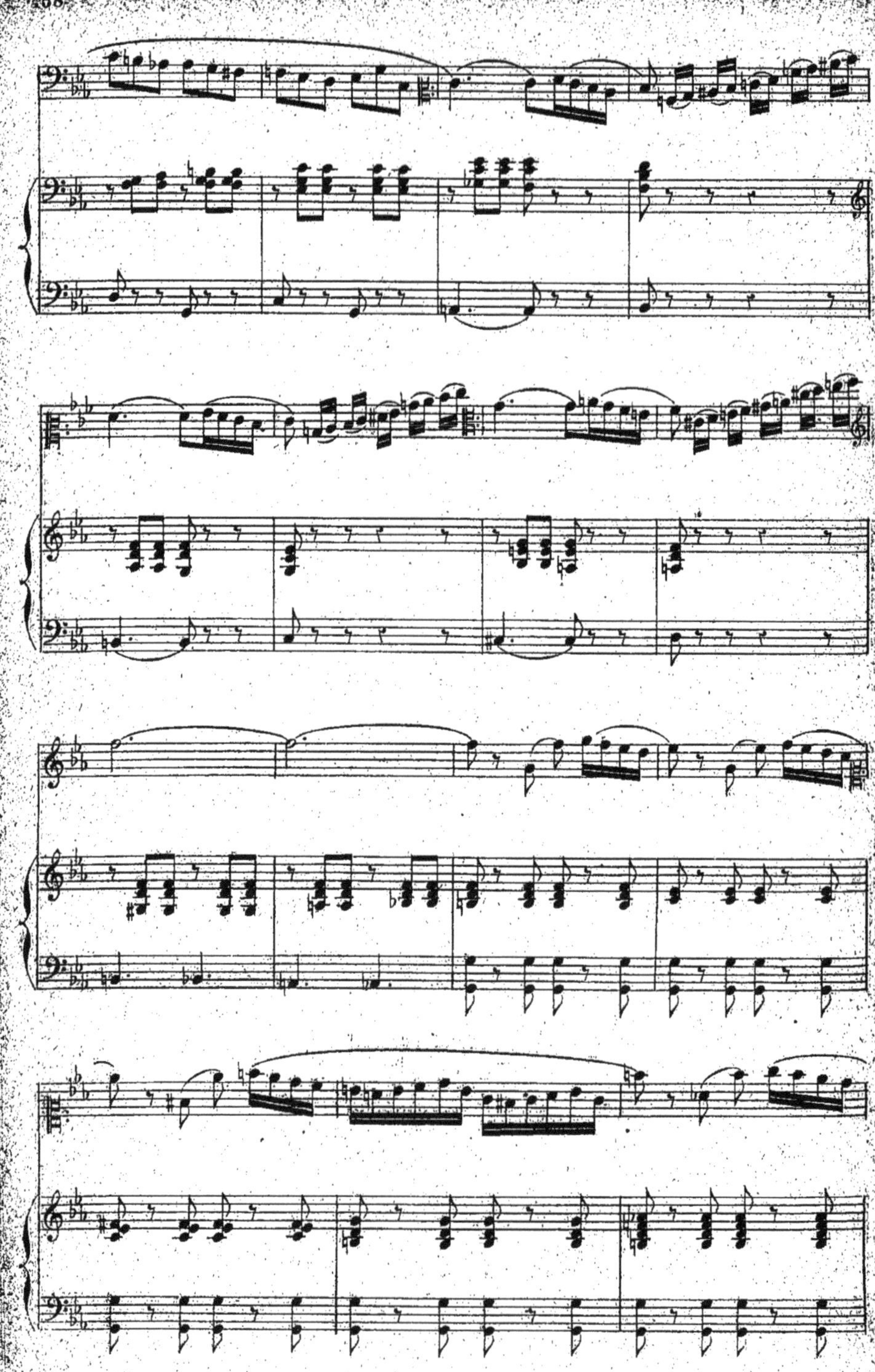
158

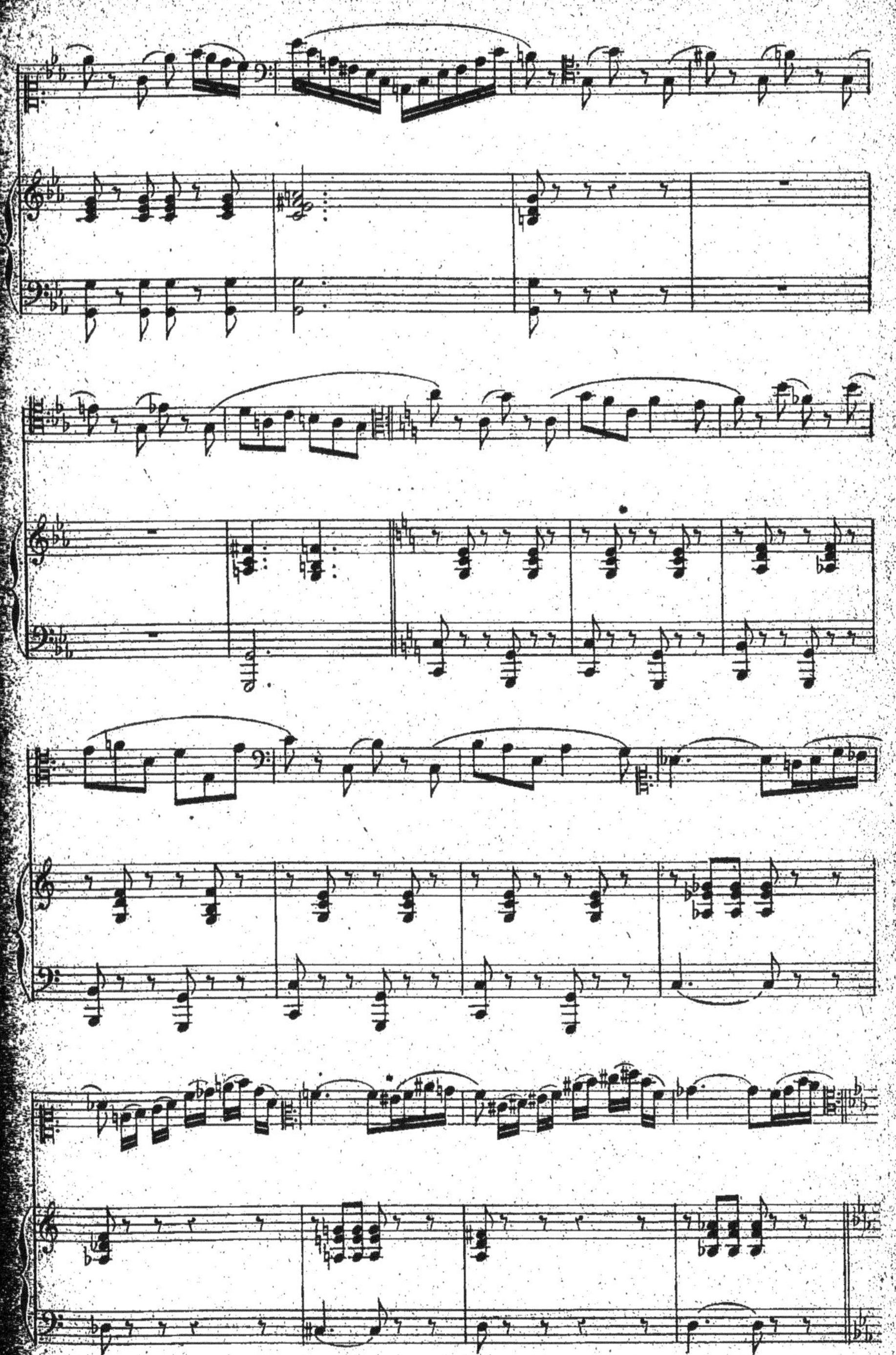

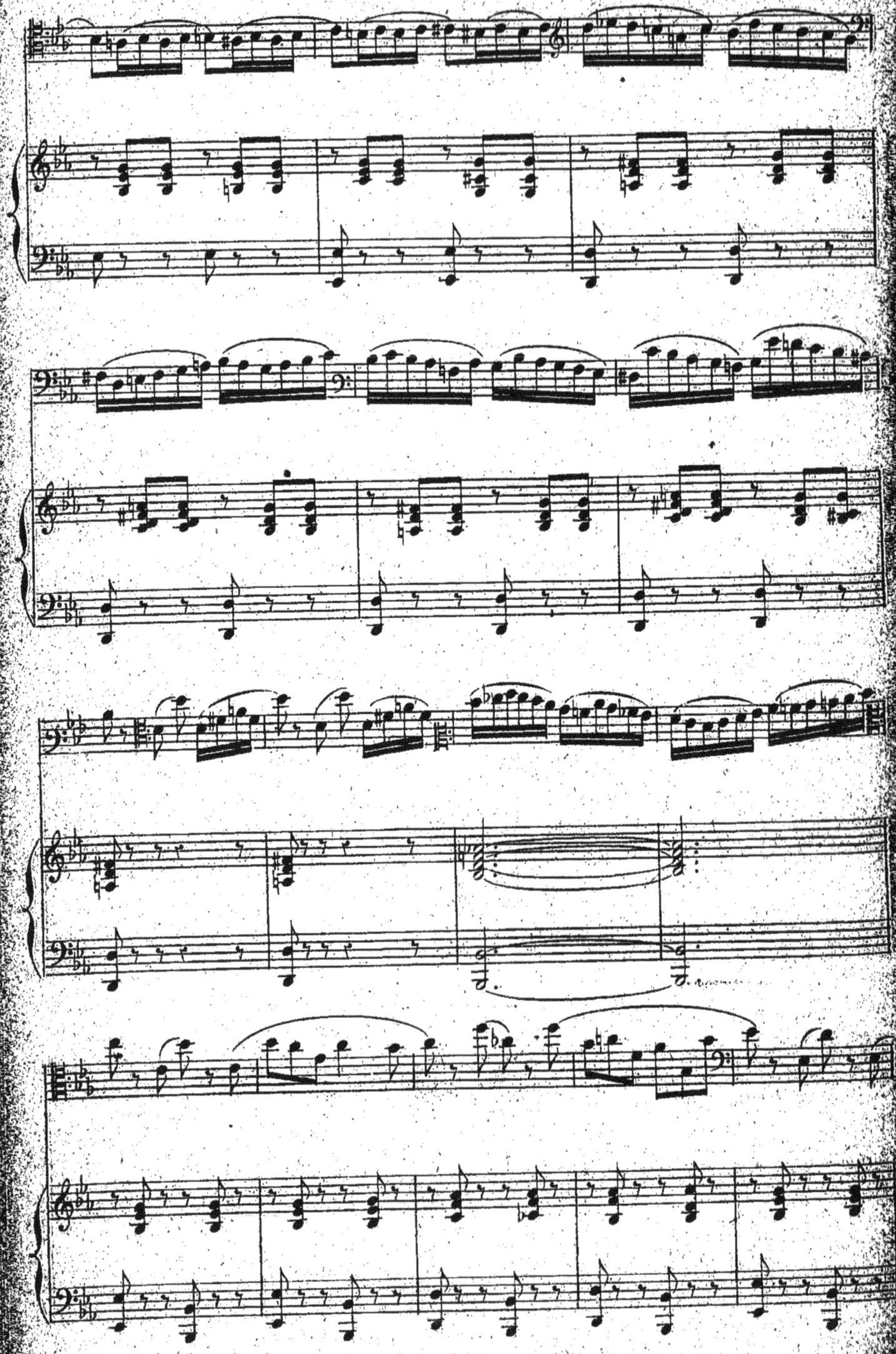

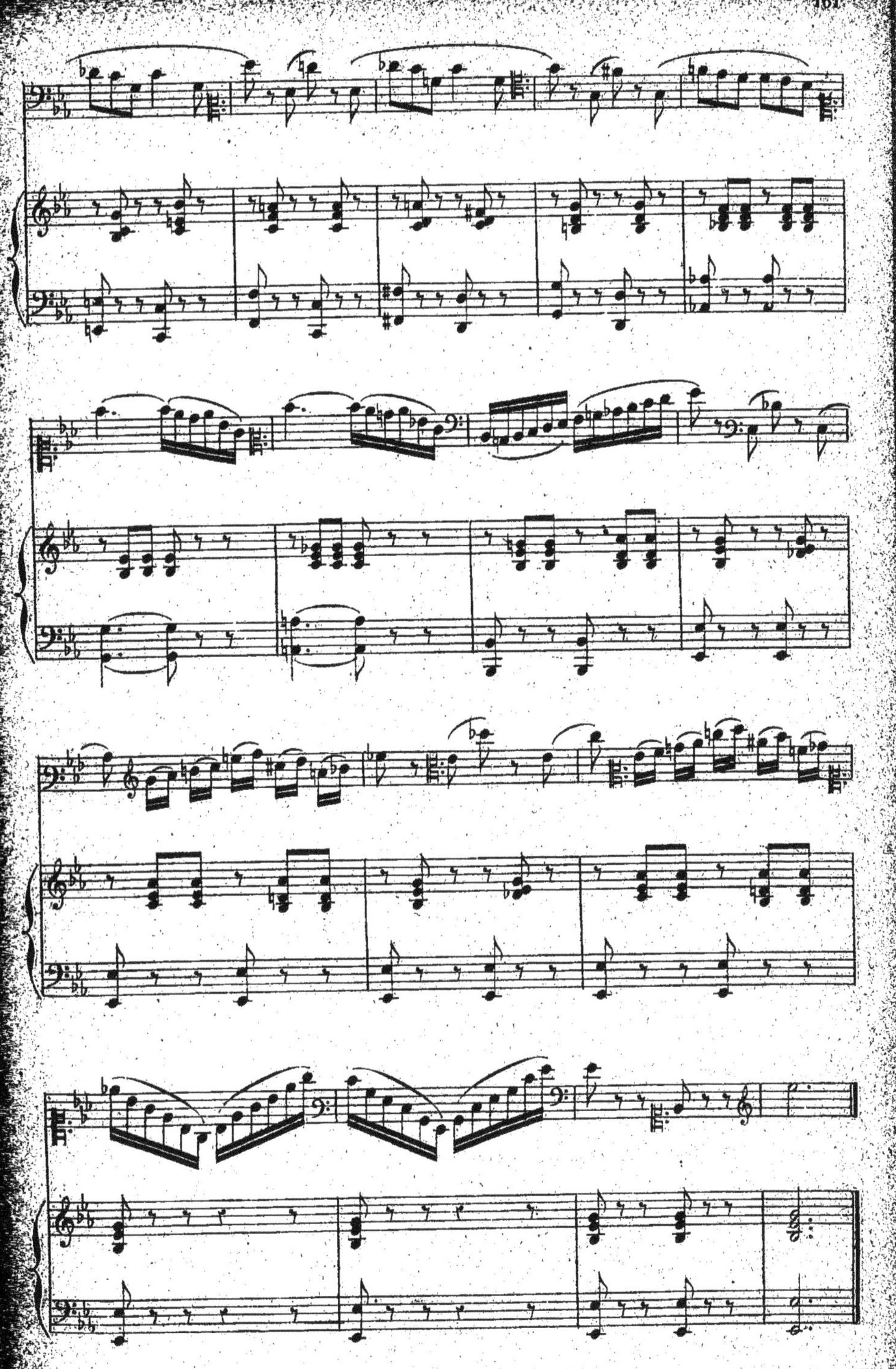

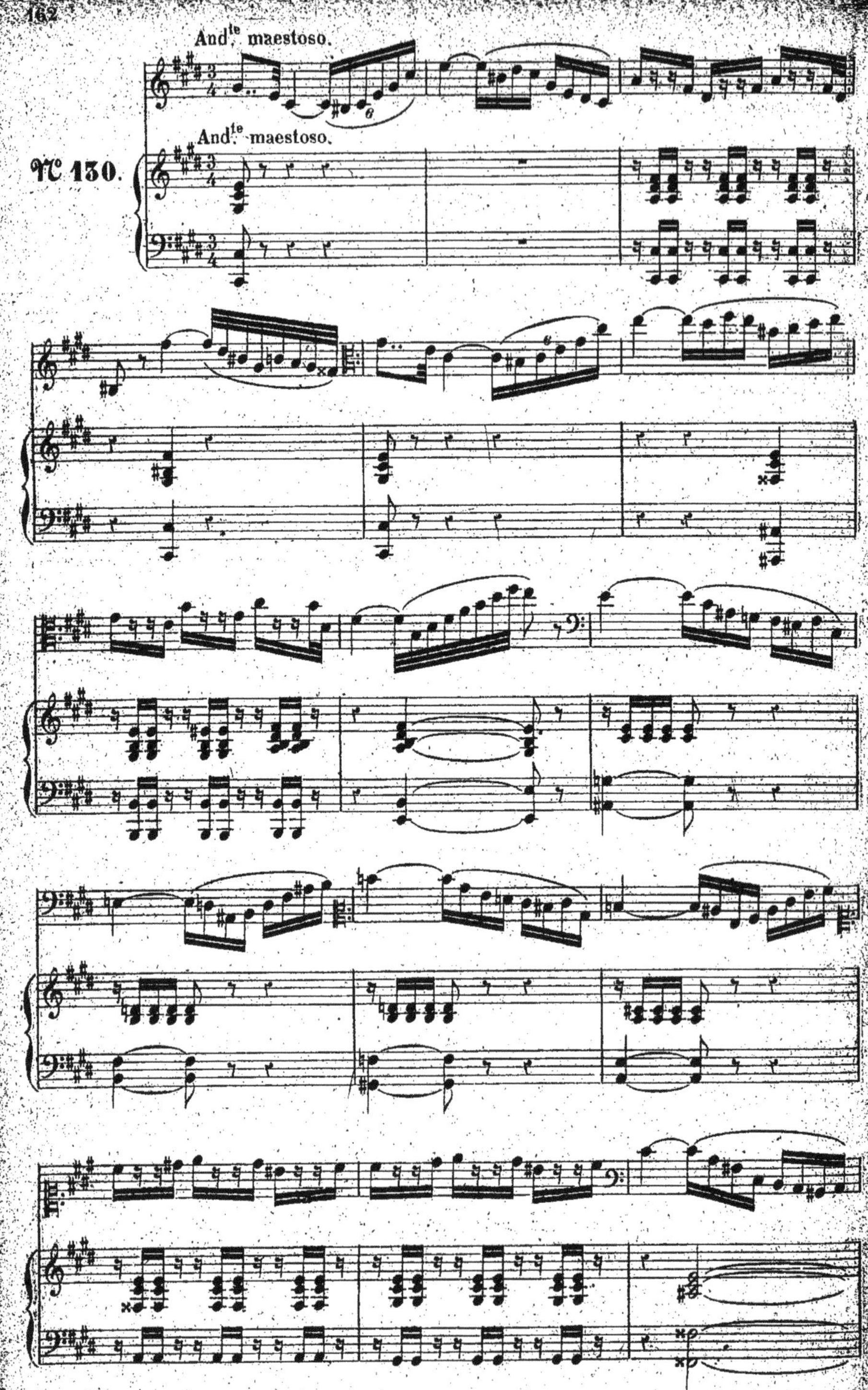
And.te maestoso.
And.te maestoso.
No 130.
6
No 130.

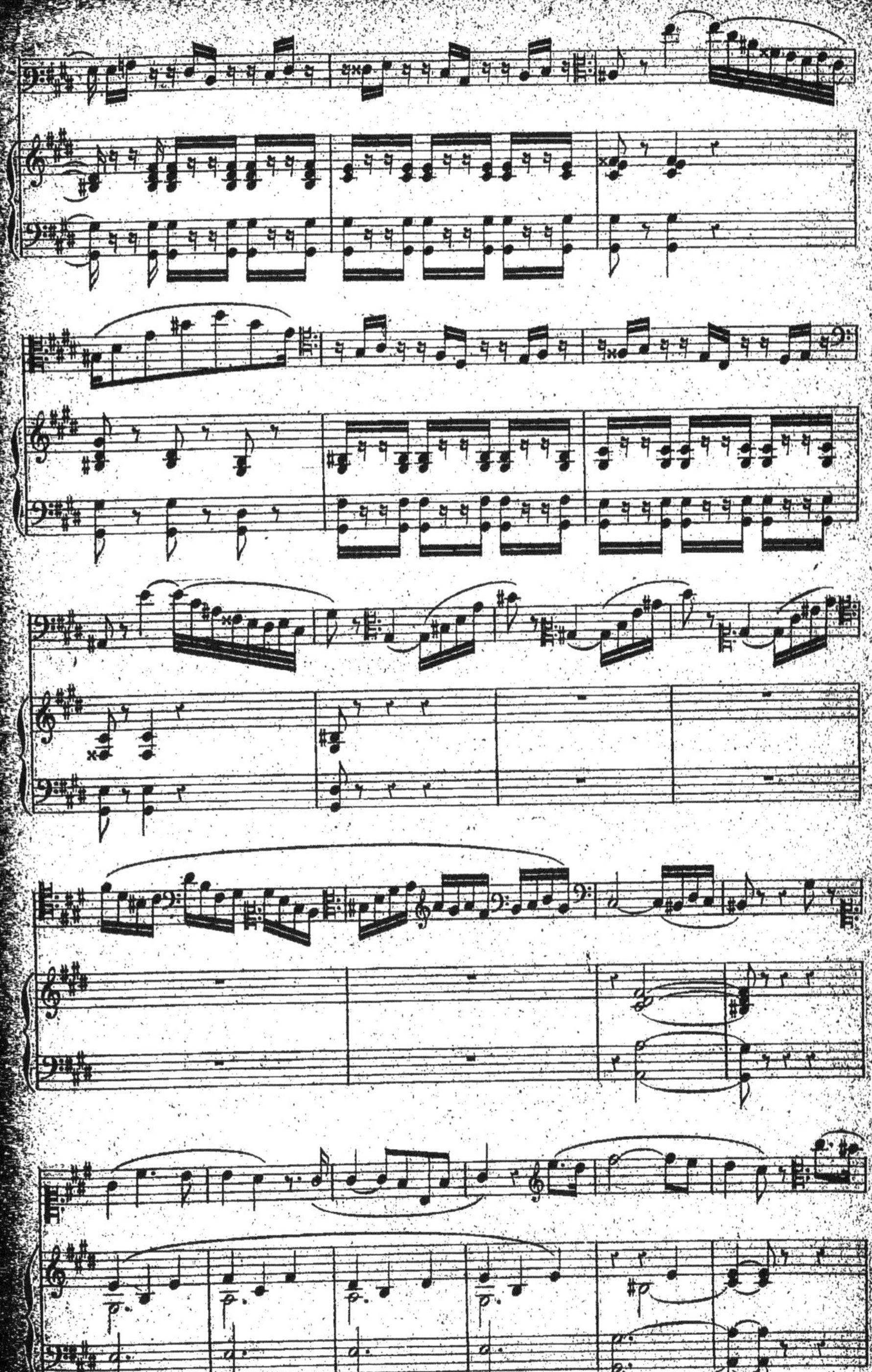

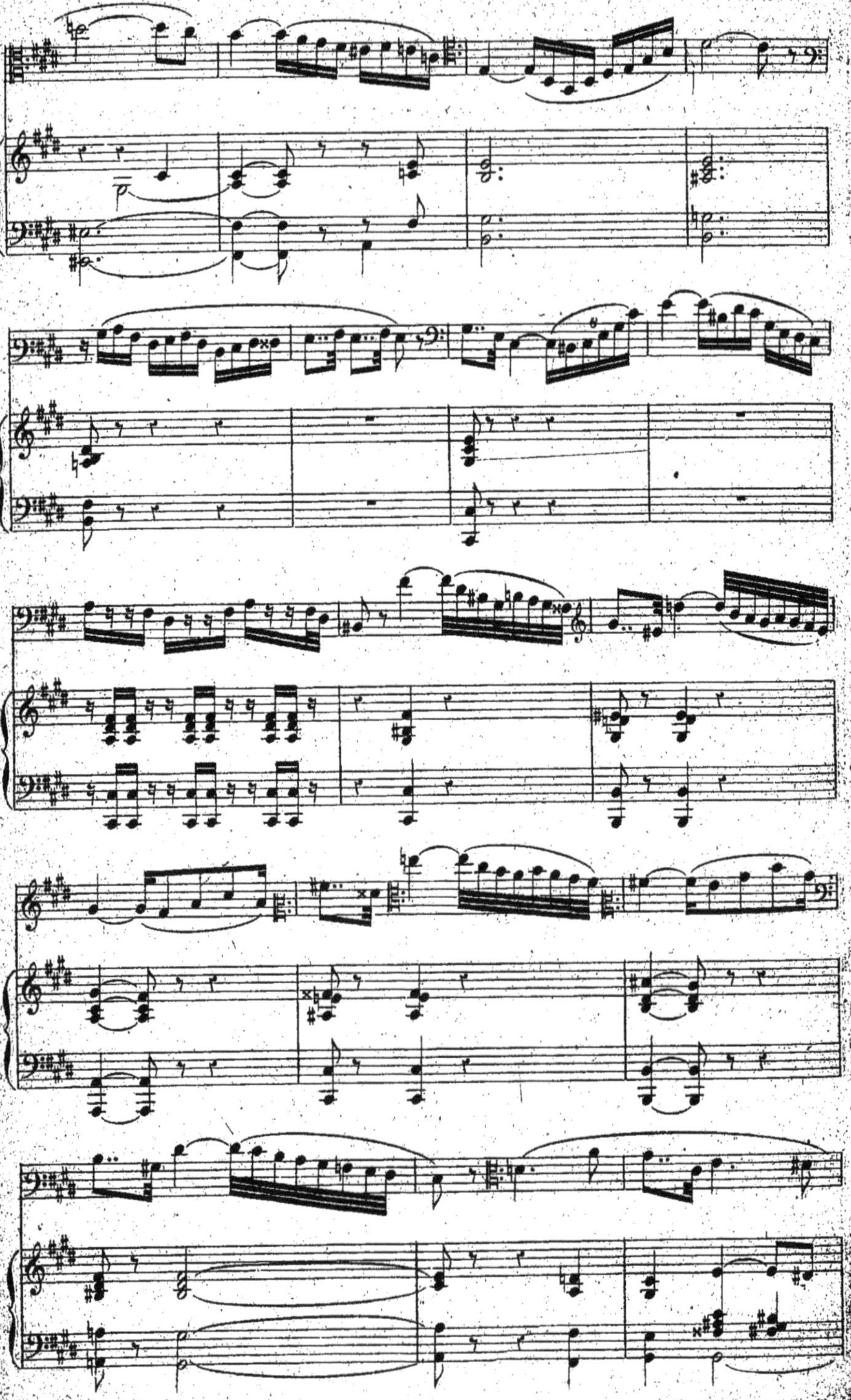

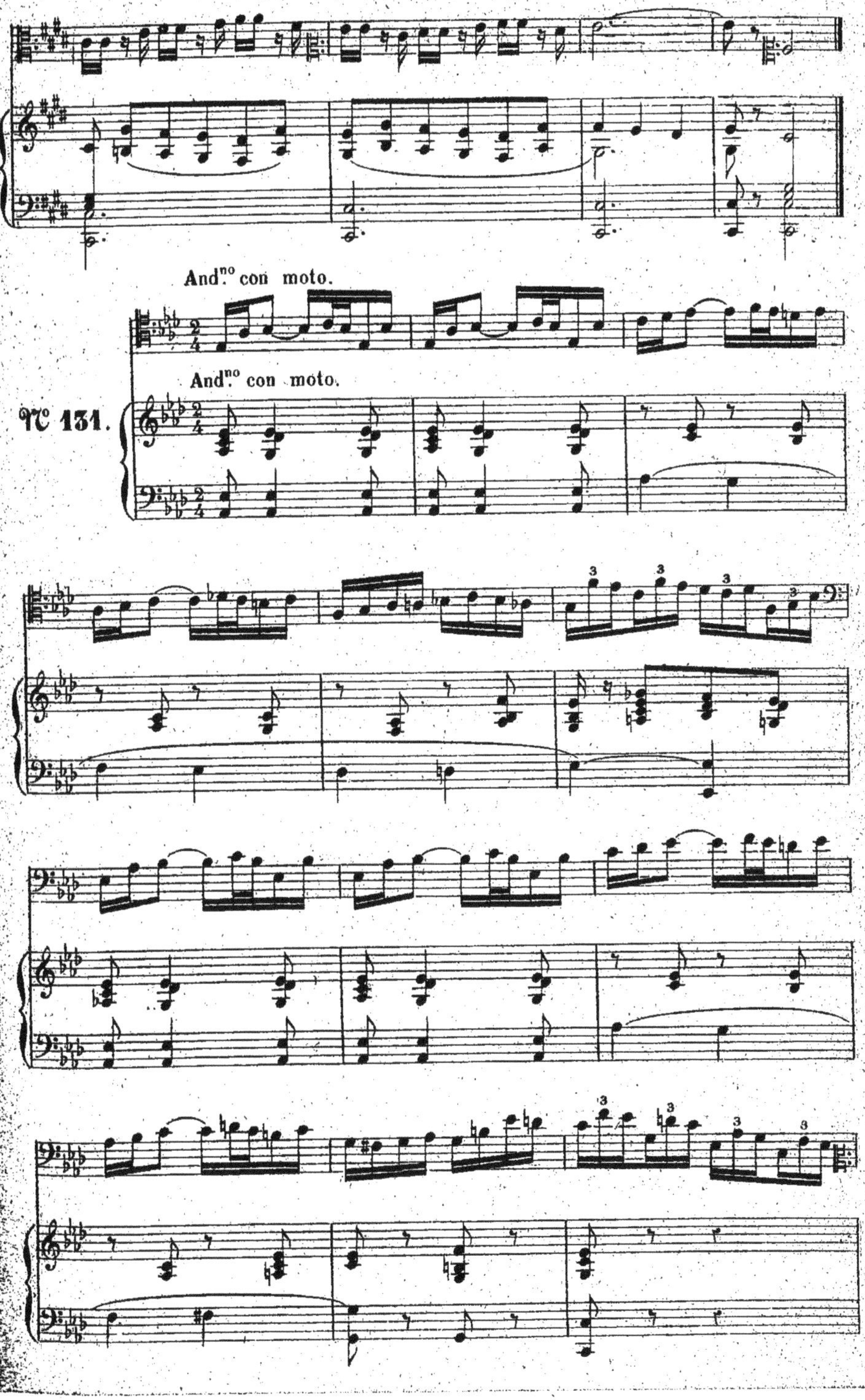

And.no con moto.

And.no con moto.

Nº 131.

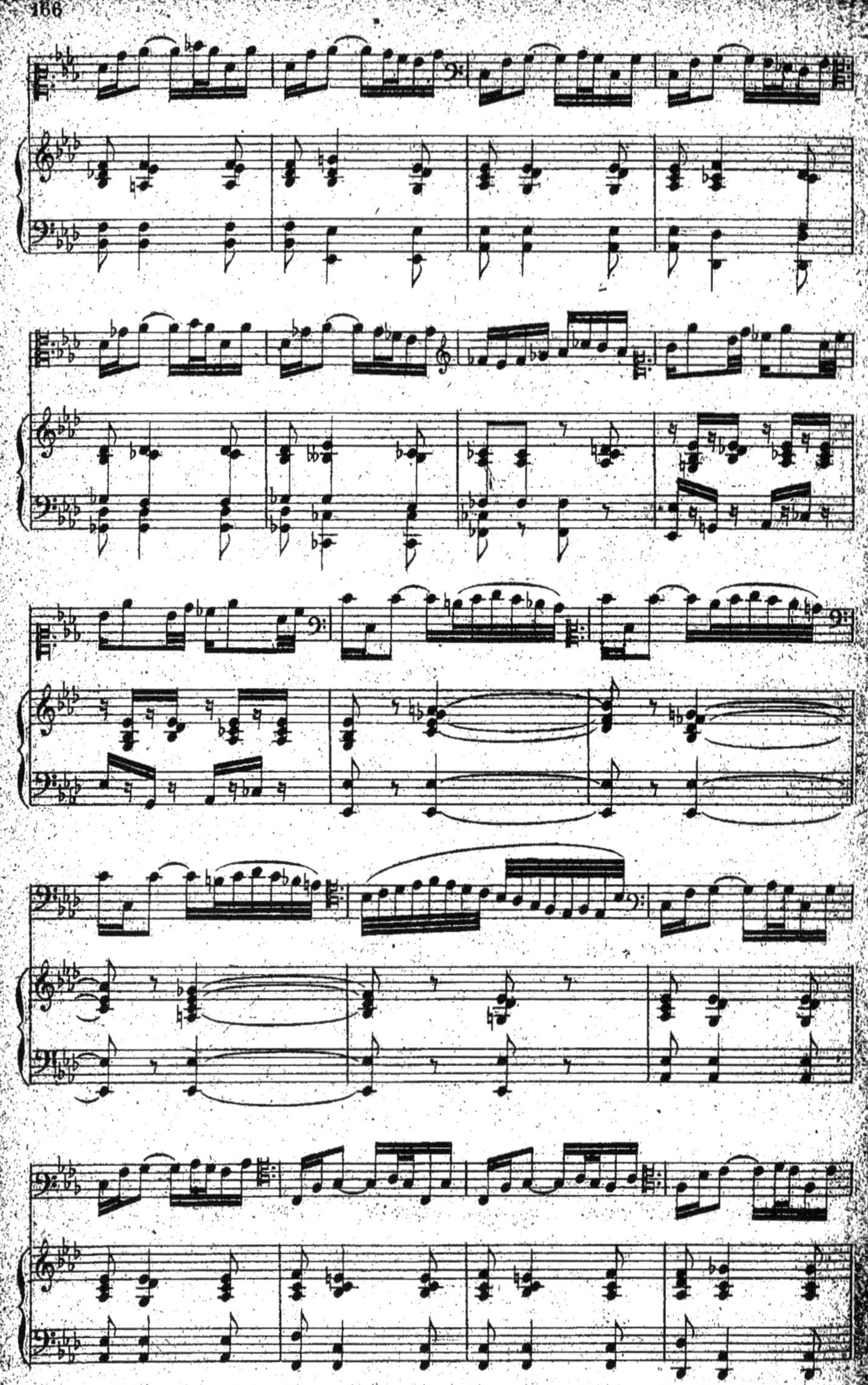

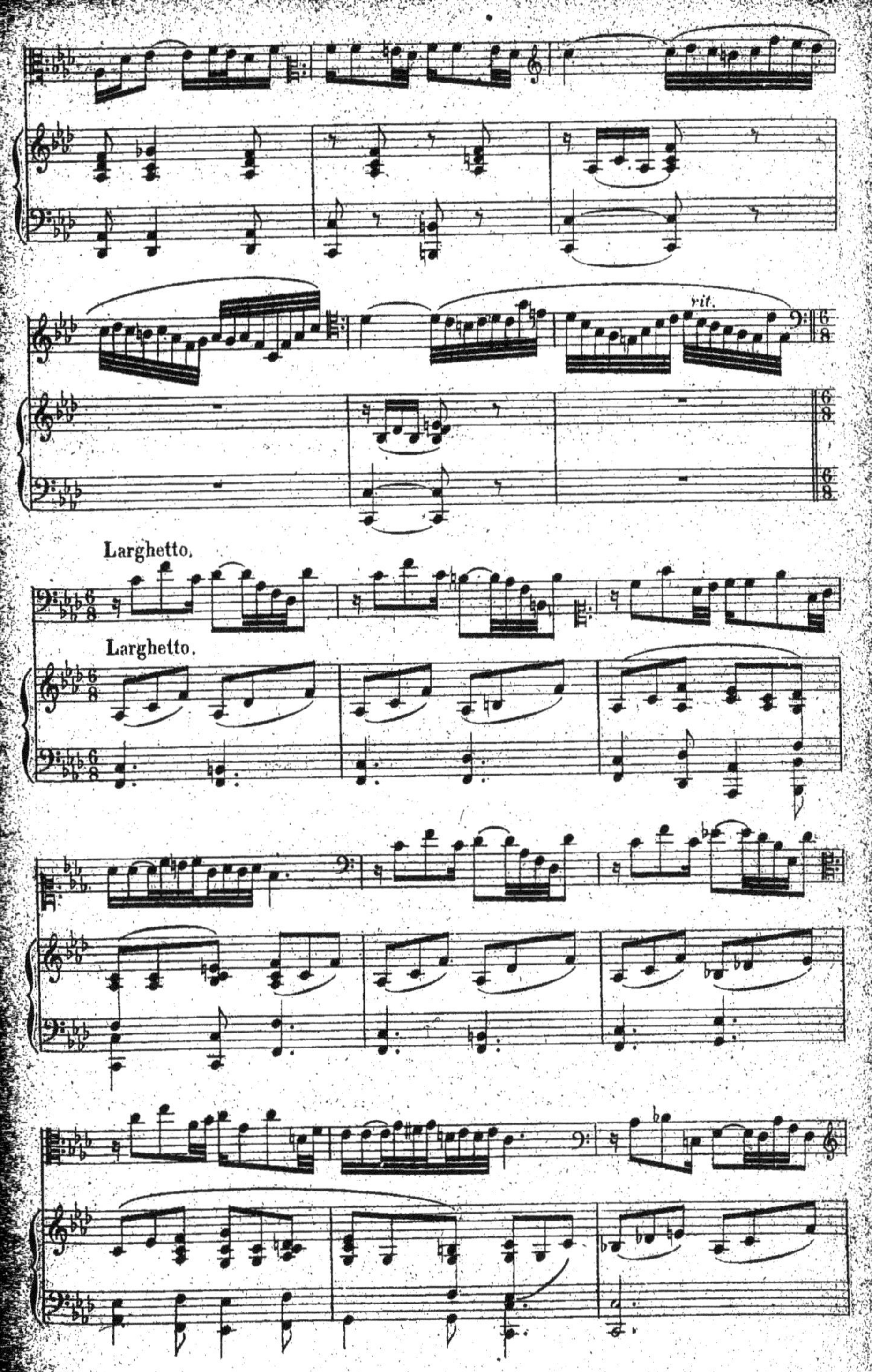
Larghetto.
Larghetto.
rit.

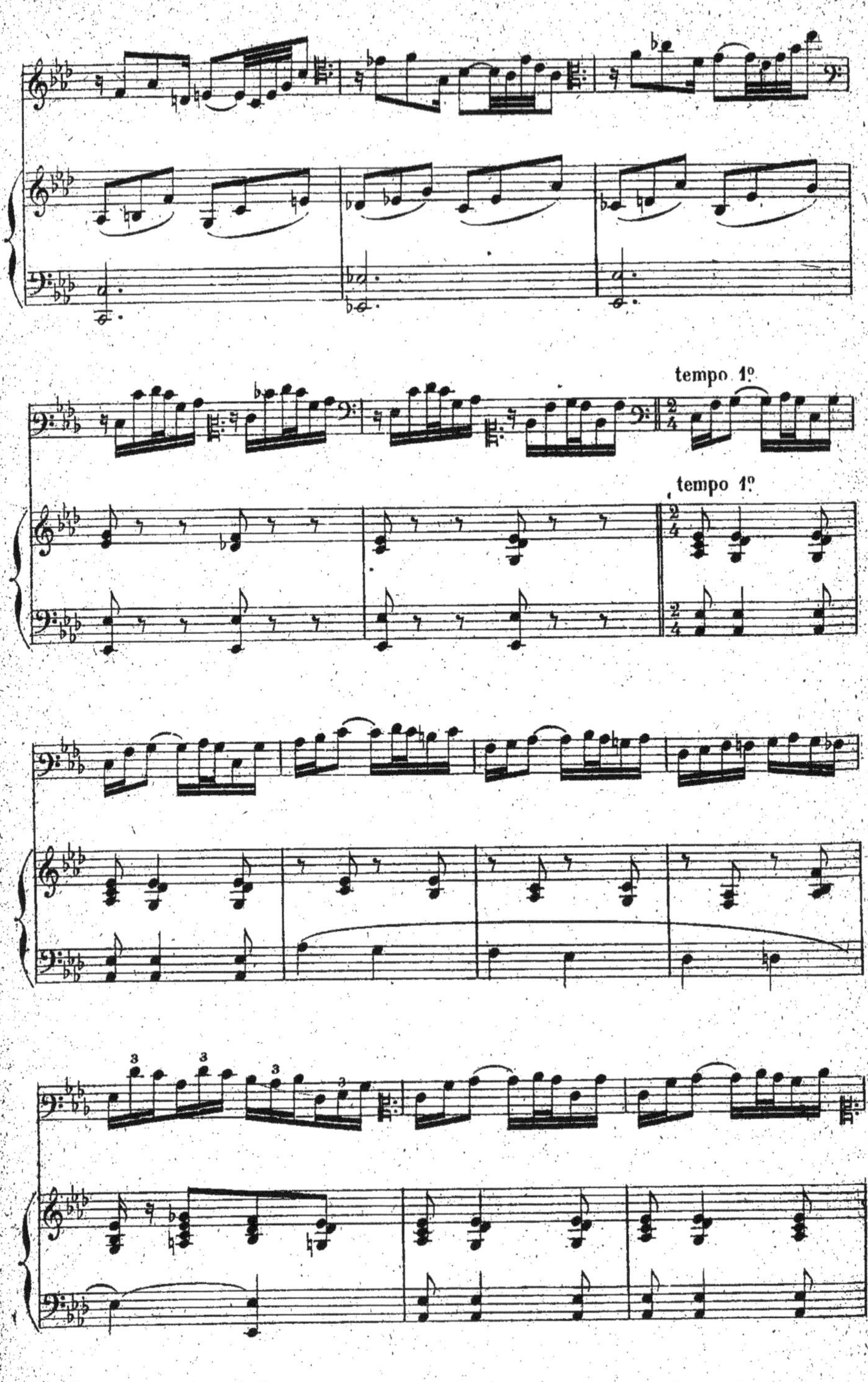

tempo 1º
tempo 1º

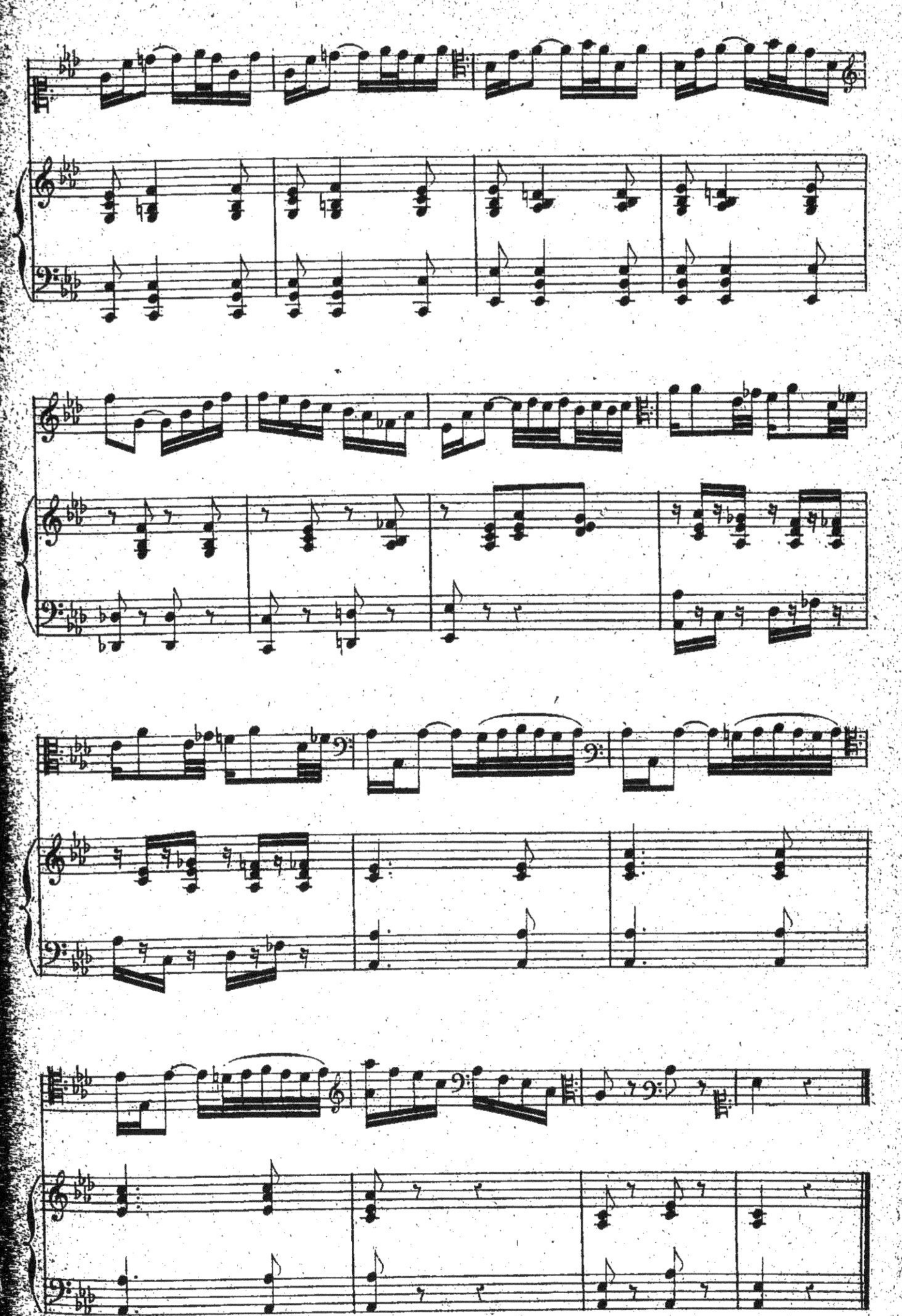

Moderato.

No 132.

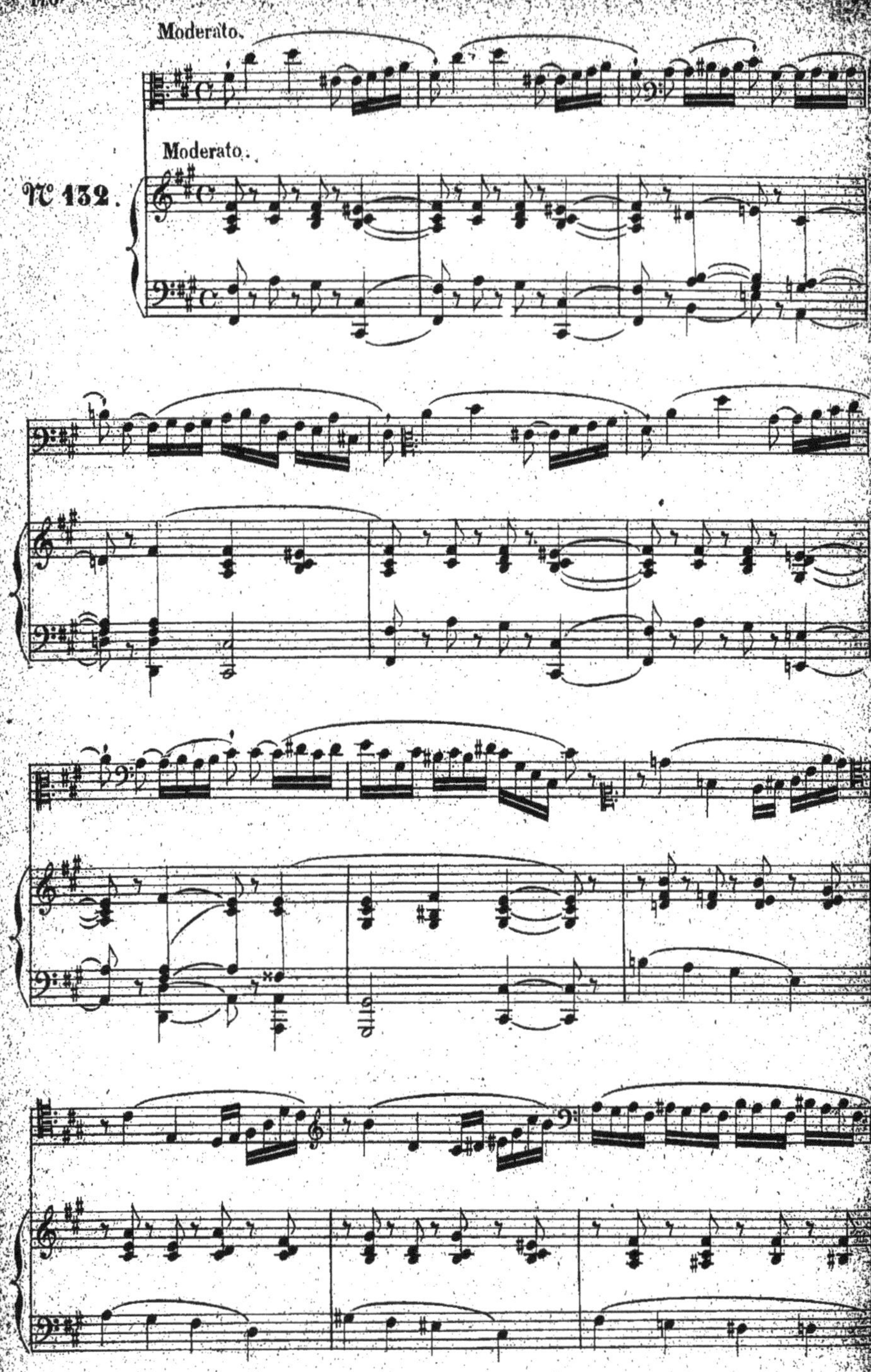

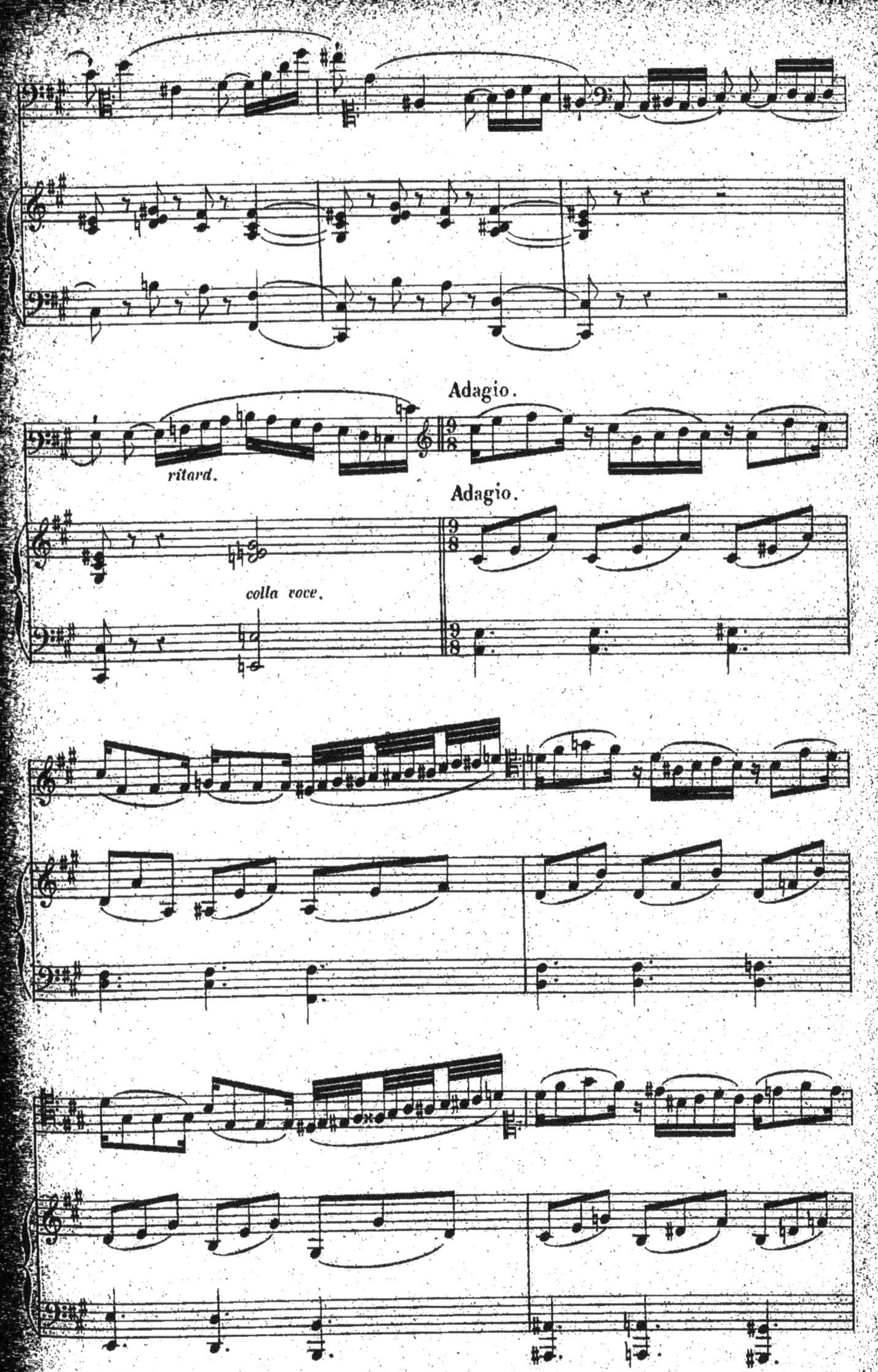

Adagio.
ritard.
Adagio.
colla voce.

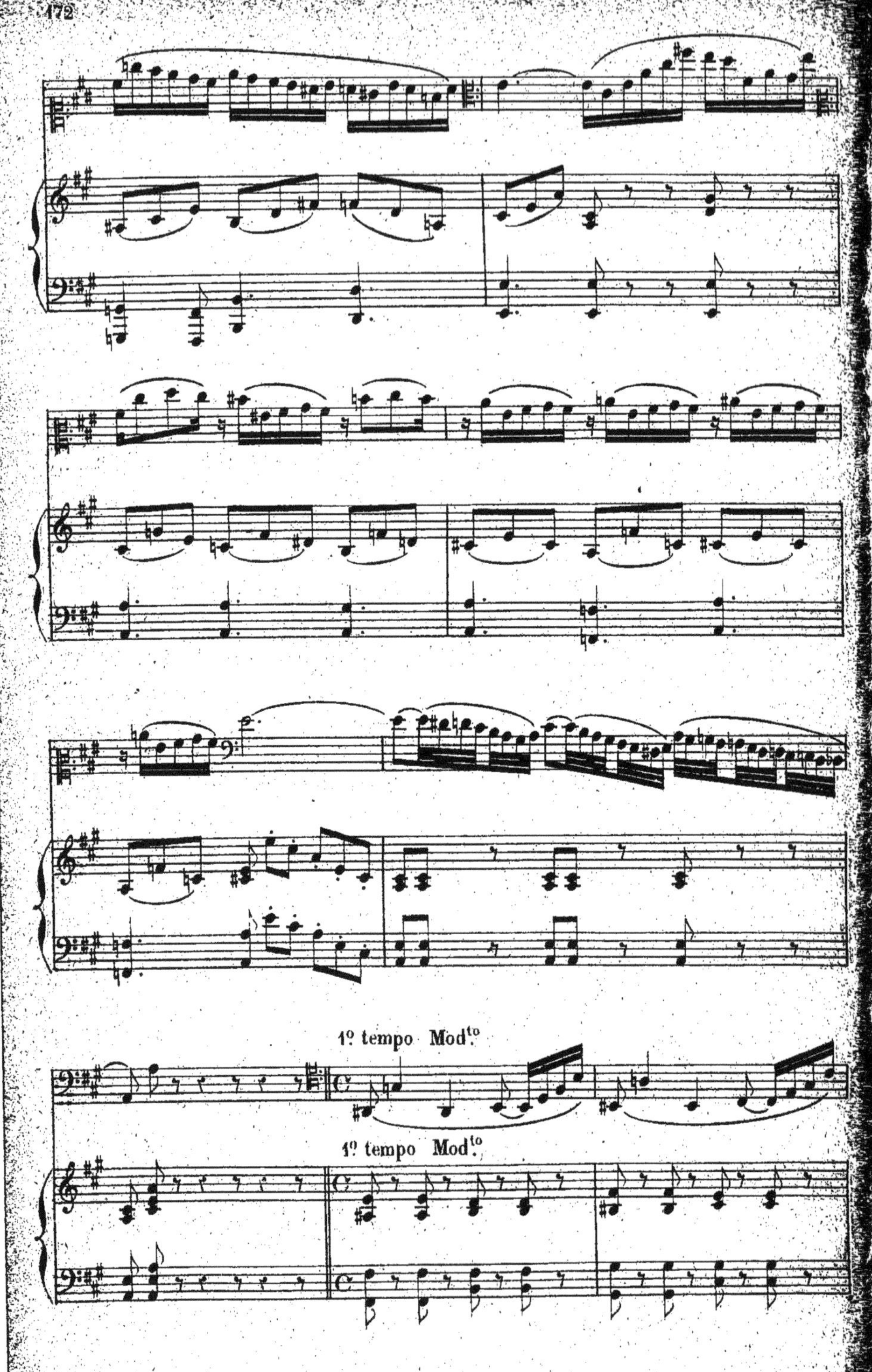
1º tempo Mod.to
1º tempo Mod.to

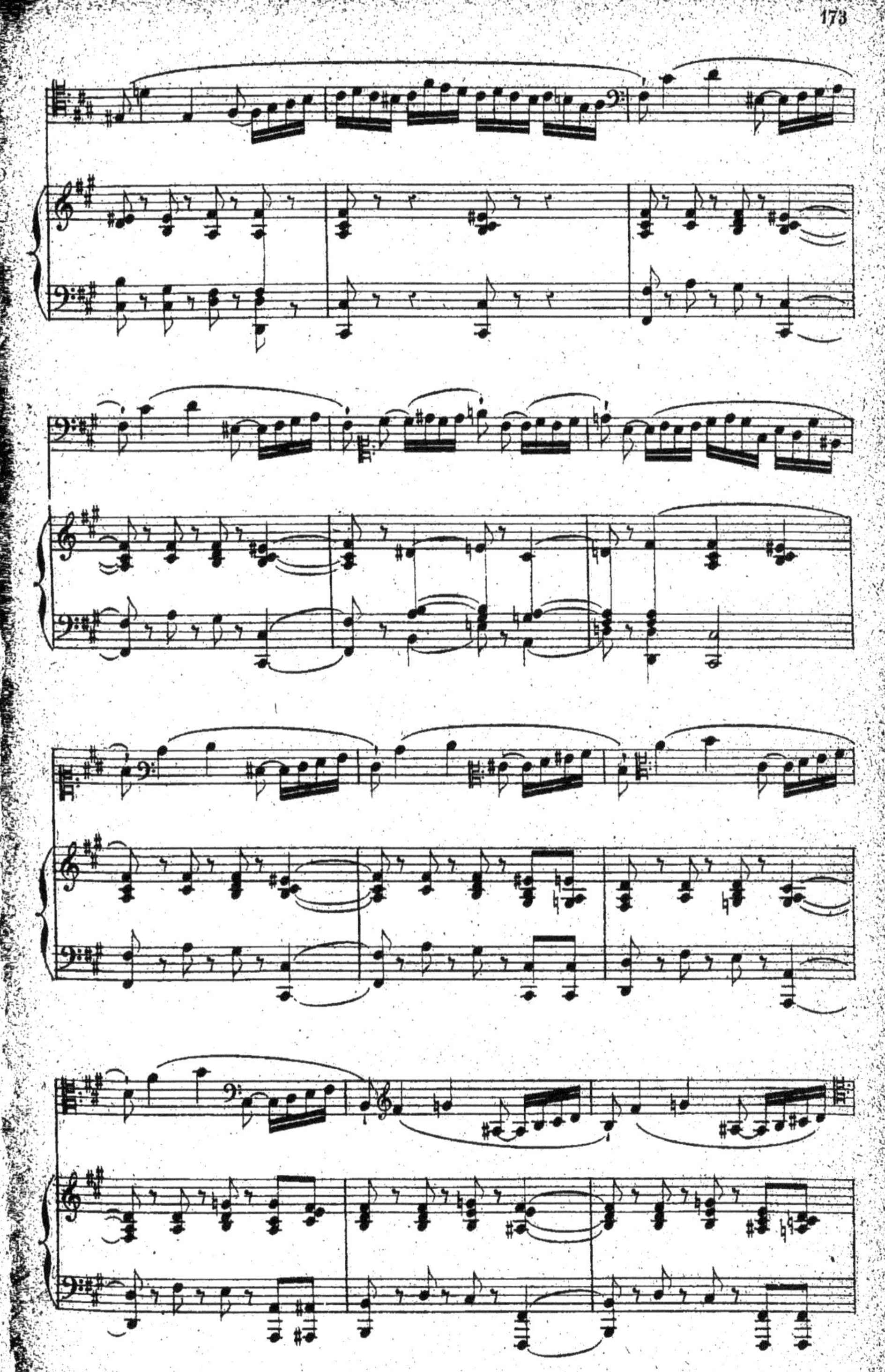

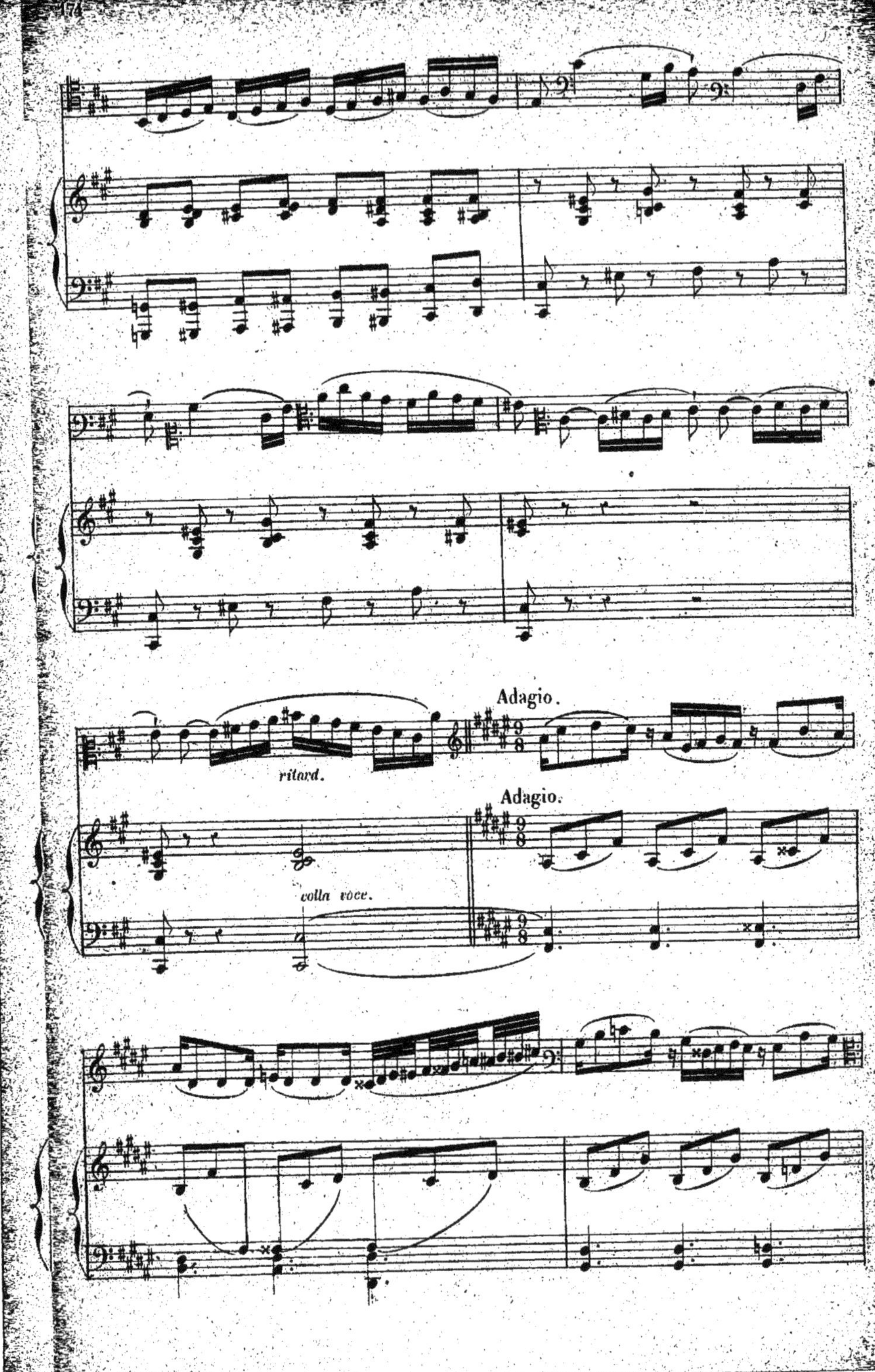

Adagio.
Adagio.
ritard.
colla voce.

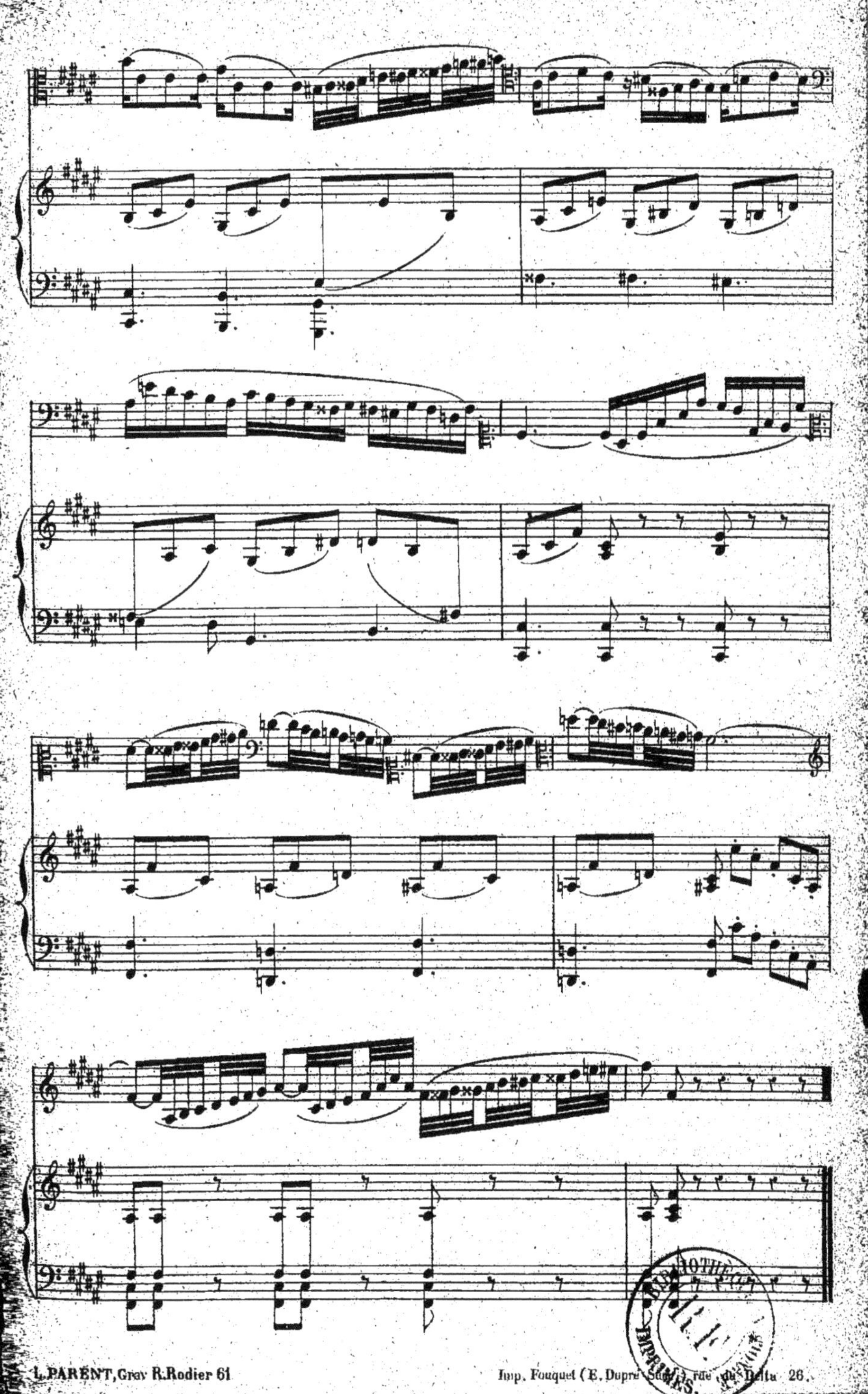

L.PARENT, Grav. R.Rodier 61
Imp. Fouquet (E. Dupré S.) 13, rue du Delta. 26.

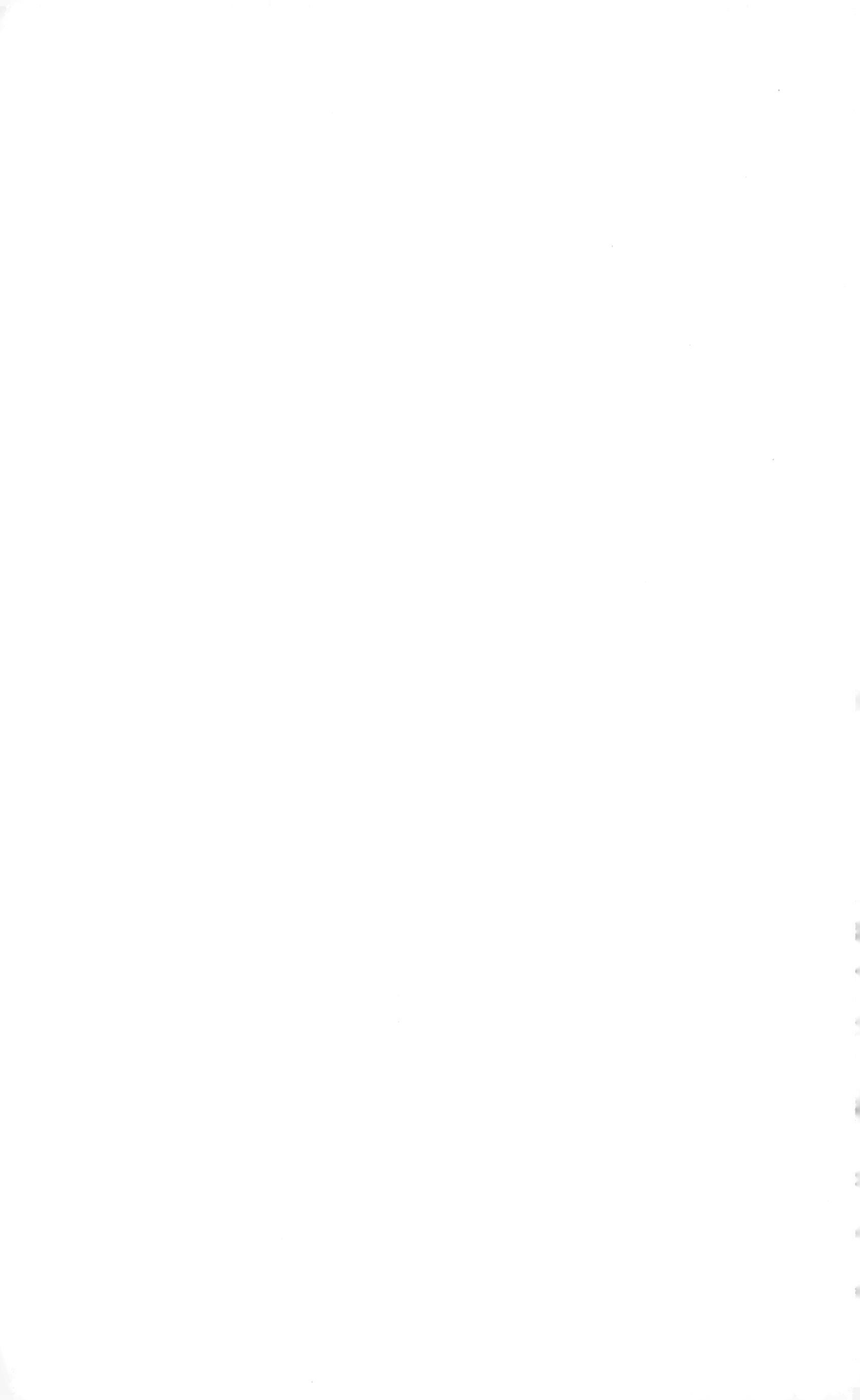